読んで 書いて 聞いて

PRACTICAL KANJI
現代社会を読む
700漢字 Vol.2

AJALT 公益社団法人 国際日本語普及協会

Intermediate Level

はじめに
Getting Started

　本書は、「PRACTICAL KANJI」シリーズ『基礎500漢字』に続く、「現代社会を読む700漢字」Vol.1、Vol.2の第2巻目です。全2巻を通して、現代社会に関するさまざまなトピックやニュース記事によく使われる漢字や語彙を学習することにより、専門的な情報を読み取れるようになることを目標としています。

　学習者のみなさんが漢字の基礎力や知識を活用し、さまざまなトピックやニュース記事を読み取る漢字力をつけるにはどうしたらよいのでしょうか。それには、各分野での使用頻度が高い漢字を優先的に学習し、漢字語彙を増やし、使い方を身に付けることが有用であると私たちは考えています。

　本書では、効果的に学習する工夫がなされています。扉ページでは日本の地理、経済、政治、社会に関するトピックやニュースの記事を取り上げ、漢字や漢字語彙を厳選しました。各課の漢字や既に学習した漢字が相互につながり、新しい語彙が増えるようになっています。

　漢字表では使用頻度が高い語彙を選び、今覚えるものと紹介にとどめるものを区別しました。

　練習問題には「読む」「書く」「聞く」の3種類の問題があります。特に読み練習では、意味と使い方が理解できるようにしてあります。そして、まとめの問題で2〜3課ごとに繰り返し練習できるようにしました。

　コラム・付録では、よくある言葉の組み合わせ、同じ読み方の漢字の言葉、国名や県名、日本人の名前に使われる漢字など、情報を読み取る際に役立つものを取り上げています。

　各課の練習問題の「読む」「聞く」問題には音声ファイルがあります。音と漢字を結び付ける練習に、ぜひご活用ください。

　本書がシリーズの最後となりますが、今後は、それぞれのニーズに合った実際の記事を読み、日本への理解が一層深まることを願っています。

　出版にあたり、編集にご協力くださいました皆さまに心から御礼を申し上げます。

2019年7月
執筆者一同

この本の構成と使い方

1）扉

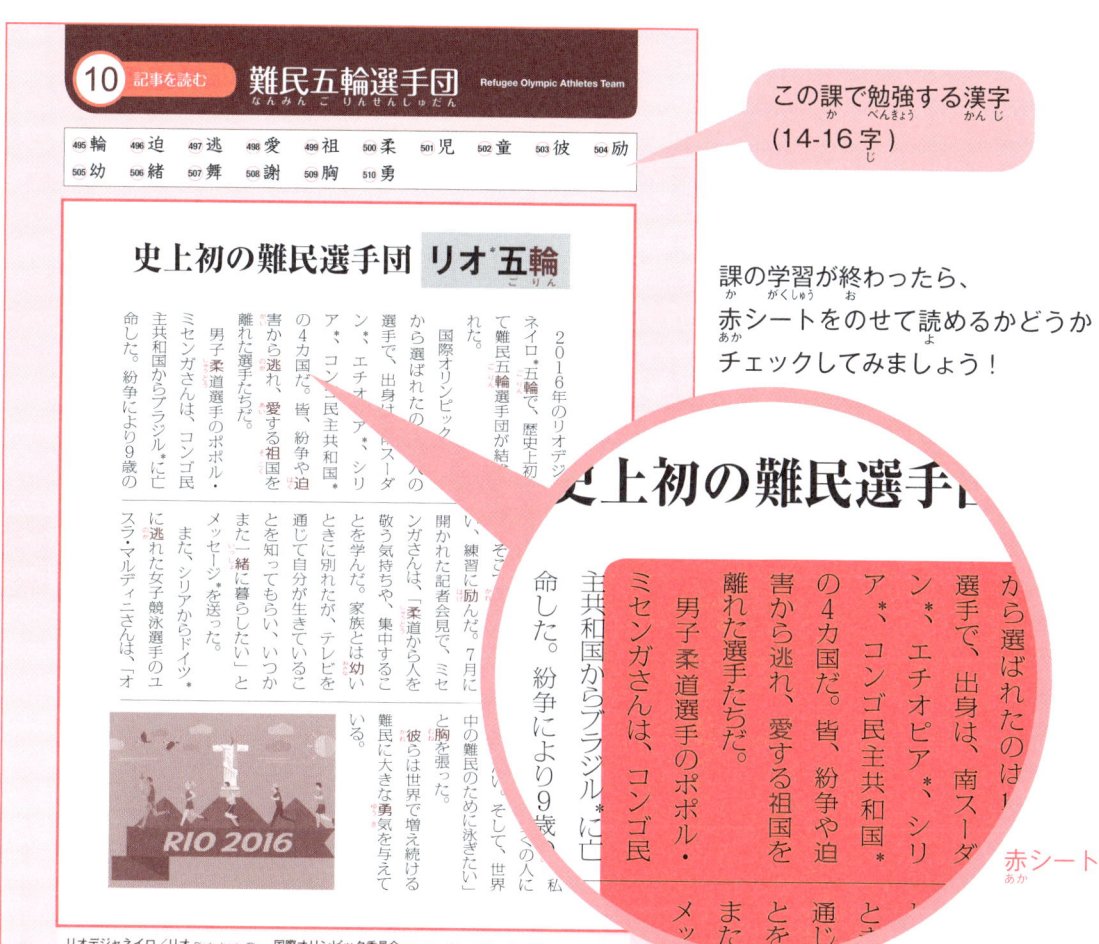

この課で勉強する漢字（14-16字）

課の学習が終わったら、赤シートをのせて読めるかどうかチェックしてみましょう！

赤シート

これも覚えよう！
扉に出てくる言葉で、漢字表には出てこない、ぜひ覚えてほしい言葉を集めました。

2）漢字表

漢字番号 → 495
[扉に出てくる言葉]
漢字の意味 → ring, wheel
書き順 → 一 F 戸 百 百 亘 車 乾 乾 軩 軩 輪 輪
画数 → 15

リ	五輪 the Olympic Games	車輪 (car) wheel	
わ	人の輪 circle of people	指輪 ring (for a finger)	

MEMO 侖：輪 論　　輪 vs 輸

---

496 迫 urge　　★1
ノ 亻 冂 白 白 泊 迫　　8

音読み → ハク／バク
[迫害(する)] to persecute　緊迫(する) to become tense, to become strained　迫力 power, impact, force

訓読み → せま-る　迫る to press (someone for something), to approach, to draw near

MEMO 迫 vs 追　　白：迫 泊
　　　　　　　　　　はく はく

---

497 逃 escape　　★2
ノ ノ ナ 儿 北 兆 兆 逃 逃　　9

トウ　逃走(する) to escape from, to run away　逃亡(する) to desert

のが-れる・のが-す　逃れる to escape　～を逃す to miss (a chance)
に-げる・に-がす　　～が逃げる to run away　～を逃がす to let – get away, to let – escape

MEMO 兆：逃 兆　　逃 vs 迷

---

498 愛 love　　★2
一 ＾ ＾ ＾ 爫 爫 爫 巫 巫 恶 爱 愛 愛　　13

アイ　愛(する) to love　恋愛 romance

日本語能力試験相当レベル

漢字番号インデックス

MEMO
覚えるヒントです。
1）同じパーツがある漢字
　　侖：輪 論
2）似ている漢字
　　迫 vs 追
3）同じパーツがあって読み方が同じ漢字
　　白：迫 泊
　　はく はく

● 大きい字、赤い読み仮名の言葉はこの課で覚えてほしい言葉です。
　赤シートをのせて読めるかどうかチェックしてみましょう！
　（言葉の中に未習の漢字があるときは、黒い読み仮名が付いています。）
● 小さい字、黒い読み仮名の言葉は、余裕があったら覚えましょう。

3）練習問題

Ⅰ．読みましょう（音声あり）：文単位の読み練習
Ⅱ．書きましょう：語句単位の書き練習など
Ⅲ．聞きましょう（音声あり）：音声を聞いて適切な漢字語いを選ぶ練習

4）まとめの問題

2〜3課ごと、全9回

5）コラム・付録

議員と政党、名字によく使われる漢字、新聞によく出てくる国・地域の名前の略語、県名・地名によく使われる漢字、よくある言葉の組み合わせ、同じ読み方の言葉など

6）索引

音訓索引、語い索引

〈 使い方の一例 〉

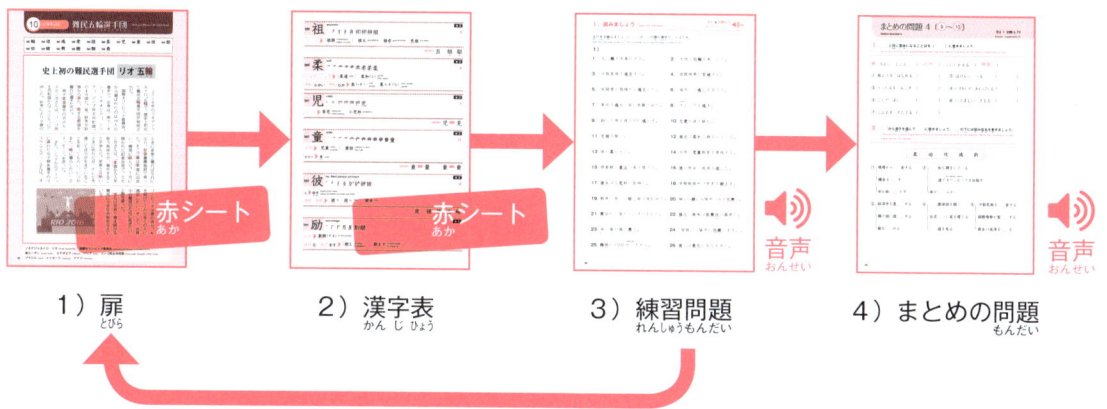

1）扉　　　2）漢字表　　　3）練習問題　　　4）まとめの問題

〈 音声について 〉

この本の音声はダウンロードサービスとなっています。
▶ PCをご利用の方は下記サイトよりダウンロードができます。
　　https://www.ask-books.com/support

▶ スマートフォン(iPhone, Androidなど)をご利用の方はオーディオブック配信サービス「audiobook.jp」アプリよりダウンロードができます。下記サイトにアクセスし、シリアルコードを入力してダウンロードしてください。　　https://audiobook.jp/exchange/ask-books　シリアルコード：92837
右のQRコードからもアクセスできます。

お問い合わせ：アスク出版 お客様センター　support@ask-digital.co.jp

How to Use This Book

1) Opening

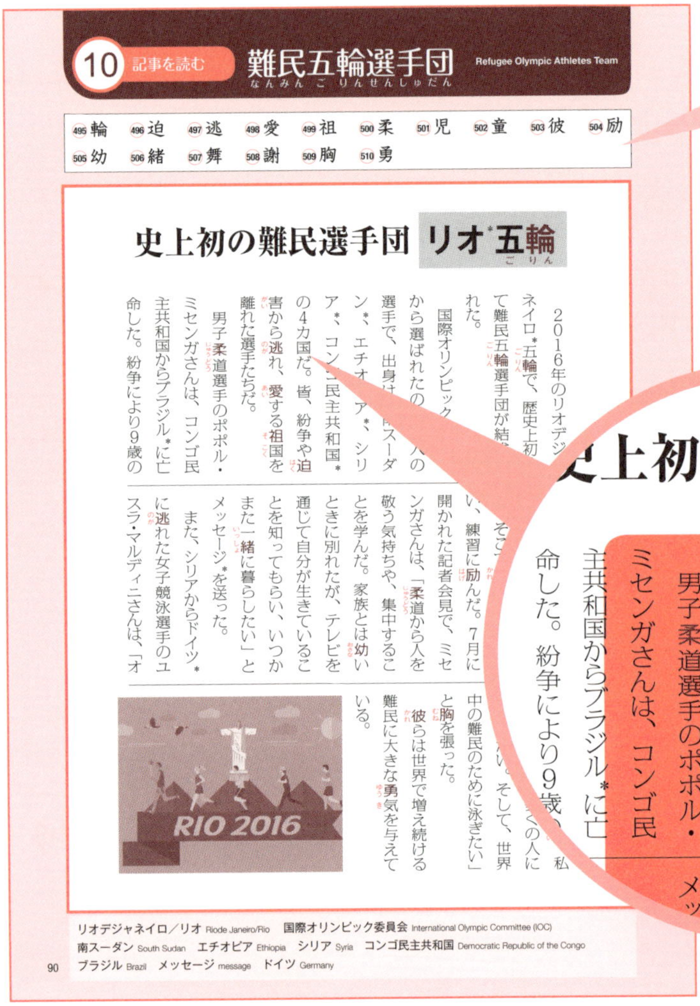

New kanji characters you will learn in this section (14-16)

After you have studied this section, place the red sheet on top of the words to check if you can read the kanji!

Red plastic sheet

これも覚えよう！ Additional words to learn!
These words in the opening will not appear on the kanji character table, but they are still good to know.

2) Kanji Character Table

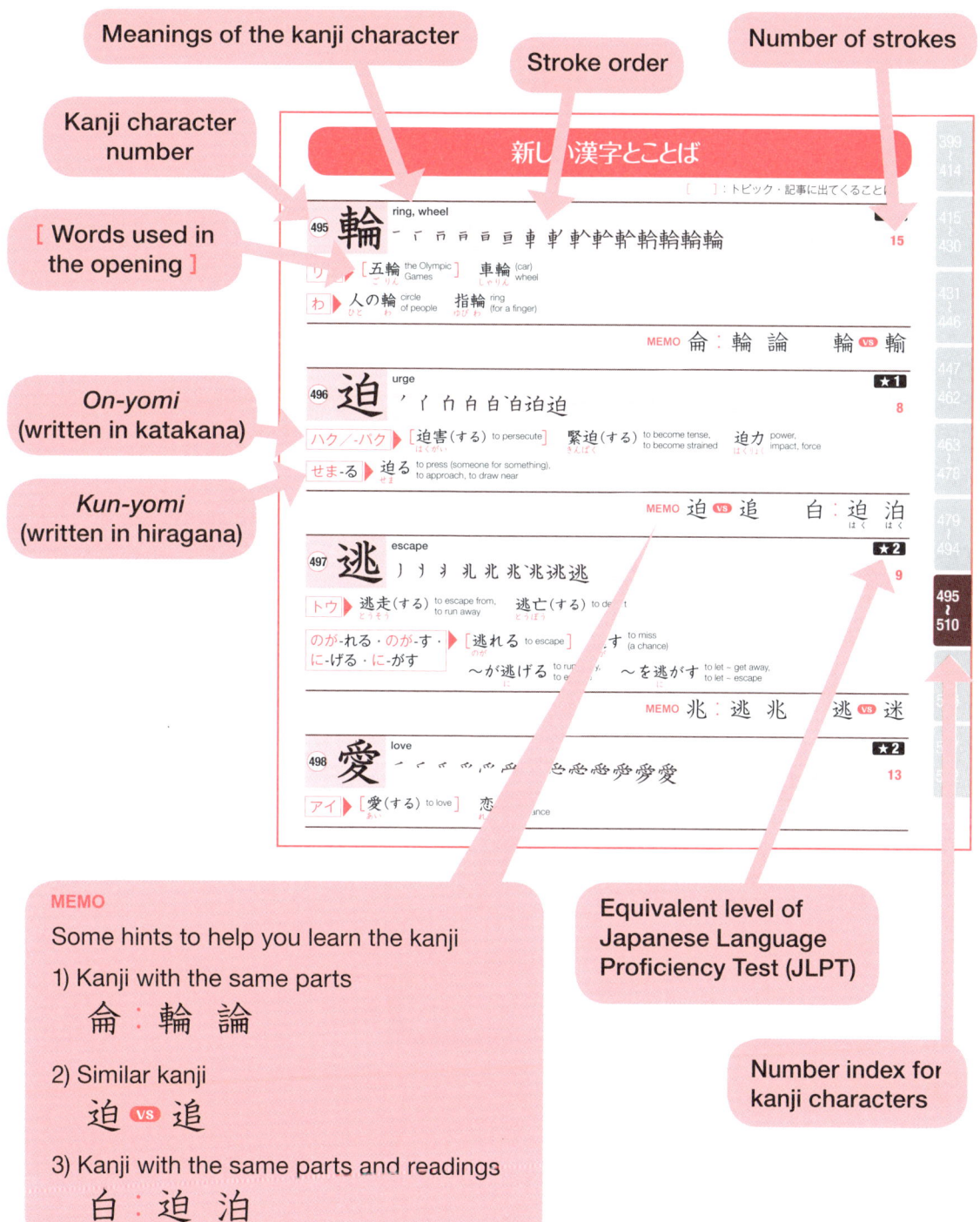

- **Meanings of the kanji character**
- **Stroke order**
- **Number of strokes**
- **Kanji character number**
- **[Words used in the opening]**
- **On-yomi** (written in katakana)
- **Kun-yomi** (written in hiragana)
- **Equivalent level of Japanese Language Proficiency Test (JLPT)**
- **Number index for kanji characters**

MEMO
Some hints to help you learn the kanji

1) Kanji with the same parts
   侖 : 輪 論

2) Similar kanji
   迫 vs 追

3) Kanji with the same parts and readings
   白 : 迫 泊
   はく　はく

- Words in large characters with readings in red are words that you should learn for this section. Place the red sheet over the kanji to check if you can read them. (Kanji that have not been introduced yet will have their readings in black.)
- Words in smaller characters with readings in black are words to learn when you feel ready.

3) Practice Questions

I. Let's read (with audio): Practice reading one character at a time
II. Let's write: Practice writing individual words and phrases
III. Let's listen (with audio): Practice listening to audio and choosing the appropriate kanji

4) Review Questions

For every 2 to 3 sections, 9 in all

5) Columns, Appendixes

Diet Members and Political Parties, Kanji That Are Often Used in Surnames, Country and Place Name Abbreviations Often Seen in Newspapers, Prefecture Names, Place Names, Frequent Combinations of Words, Words with the Same Readings, etc.

6) Index

On-kun index, Word index

〈 Usage Example 〉

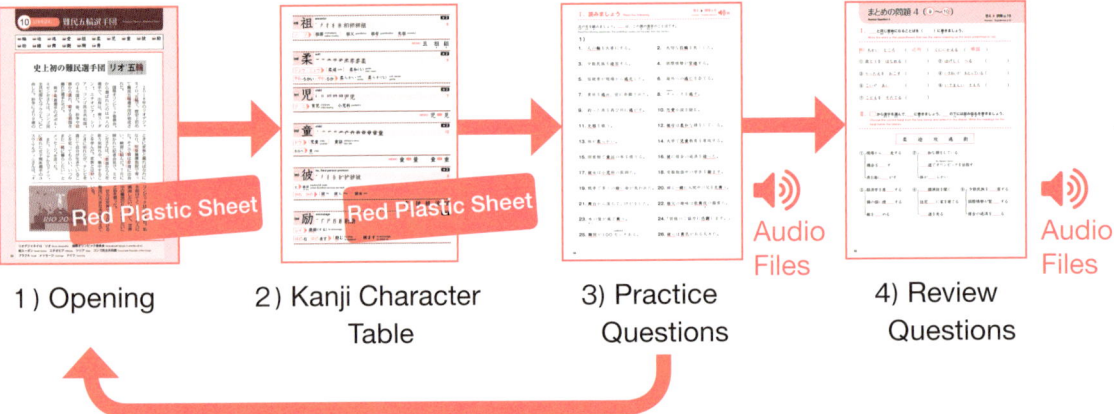

1) Opening   2) Kanji Character Table   3) Practice Questions   4) Review Questions

〈 About the audio files 〉

The audio files for this book are available for free download.

▶ For PC, files can be downloaded from the following customer support center website.
https://www.ask-books.com/support

▶ For smartphone, files can be downloaded by first downloading the audiobook application available at <audiobook.jp>. Access the following site and enter the serial code shown below to download the files.
https://audiobook.jp/exchange/ask-books   Serial code: 92837
You can also access the files using the QR code shown to the right.

Contact: Ask Publishing Customer Support Center   support@ask-digital.co.jp

もくじ
Table of Contents

はじめに　Getting Started　2　　この本の構成と使い方　How to Use This Book　3

① 宮崎駿監督　Animation Director Miyazaki Hayao　12
㉞ 監　㉟ 督　㊱ 誉　㊲ 賞　㊳ 贈　㊴ 偉　㊵ 績　㊶ 栄　㊷ 団
㊸ 芸　㊹ 編　㊺ 範　㊻ 隠　㊼ 城　㊽ 邦　㊾ 才

② 大相撲　Grand Sumo Tournament　20
㊸ 星　㊹ 臨　㊺ 致　㊻ 恥　㊼ 精　㊽ 祝　㊾ 乾　㊿ 杯　㉛ 泣
㊲ 姿　㊳ 涙　㊴ 辛　㊵ 厳　㊶ 剣　㊷ 余　㊸ 詰

③ 夏目漱石　Natsume Soseki　28
㊳ 執　㊴ 筆　㊵ 拾　㊶ 捨　㊷ 徳　㊸ 誌　㊹ 冊　㊺ 刊　㊻ 並
㊼ 根　㊽ 焦　㊾ 裏　㊿ 劇　㊗ 扱　㊘ 版　㊙ 札

まとめの問題1　(①〜③)　Review Question 1　36

④ 日本人の信仰　Japanese and Religion　38
㊈ 敬　㊉ 巨　㊊ 岩　㊋ 聖　㊌ 居　㊍ 序　㊎ 秩　㊏ 宗　㊐ 拝
㊑ 殿　㊒ 清　㊓ 宝　㊔ 幸　㊕ 祈　㊖ 徒　㊗ 除

⑤ 文化のニュース　Cultural News　46
㊒ 己　㊓ 庭　㊔ 悩　㊕ 描　㊖ 章　㊗ 兼　㊘ 養　㊙ 典　㊚ 涼
㊛ 趣　㊜ 混　㊝ 仮　㊞ 腰　㊟ 鑑　㊠ 露　㊡ 喫

⑥ 防災―自然災害　Disaster Prevention - Natural Disasters　54
㊶ 災　㊷ 震　㊸ 倒　㊹ 揺　㊺ 看　㊻ 板　㊼ 避　㊽ 崩　㊾ 河
㊿ 寄　㊀ 署　㊁ 救　㊂ 泉　㊃ 沢　㊄ 草　㊅ 毒

まとめの問題2　(④〜⑥)　Review Question 2　62

⑦ 防災―地震　Disaster Prevention - Earthquakes　64
㊼ 敷　㊽ 凶　㊾ 固　㊿ 築　㊀ 念　㊁ 購　㊂ 耐　㊃ 床　㊄ 壁
㊅ 柱　㊆ 抜　㊇ 勧　㊈ 免　㊉ 撃　㊊ 緩　㊋ 頃

⑧ 社会のニュース　Social News　72
㊣ 騒　㊤ 怖　㊥ 託　㊦ 旨　㊧ 湾　㊨ 岸　㊩ 浜　㊪ 撤　㊫ 請　㊬ 措
㊭ 縁　㊮ 恩　㊯ 匿　㊰ 津　㊱ 沿　㊲ 浜　㊳ 潜

9

まとめの問題 3 (⑦〜⑧) Review Question 3 **80**

📖 コラム 1 議員と政党（ぎいん せいとう） **81**

⑨ 選挙（せんきょ） Elections **82**

④⁷⁹ 党　④⁸⁰ 馬　④⁸¹ 討　④⁸² 幹　④⁸³ 激　④⁸⁴ 訴　④⁸⁵ 街　④⁸⁶ 是　④⁸⁷ 踏
④⁸⁸ 緊　④⁸⁹ 劣　④⁹⁰ 施　④⁹¹ 乱　④⁹² 幅　④⁹³ 層　④⁹⁴ 攻

⑩ 難民五輪選手団（なんみん ごりん せんしゅだん） Refugee Olympic Athletes Team **90**

④⁹⁵ 輪　④⁹⁶ 迫　④⁹⁷ 逃　④⁹⁸ 愛　④⁹⁹ 祖　⑤⁰⁰ 柔　⑤⁰¹ 児　⑤⁰² 童　⑤⁰³ 彼
⑤⁰⁴ 励　⑤⁰⁵ 幼　⑤⁰⁶ 緒　⑤⁰⁷ 舞　⑤⁰⁸ 謝　⑤⁰⁹ 胸　⑤¹⁰ 勇

まとめの問題 4 (⑨〜⑩) Review Question 4 **98**

⑪ 密輸の取り締まり（みつゆ とし） Cracking Down on Smuggling **100**

⑤¹¹ 密　⑤¹² 迎　⑤¹³ 銃　⑤¹⁴ 偽　⑤¹⁵ 締　⑤¹⁶ 戒　⑤¹⁷ 糖　⑤¹⁸ 粉　⑤¹⁹ 靴
⑤²⁰ 底　⑤²¹ 麻　⑤²² 探　⑤²³ 訓　⑤²⁴ 怒　⑤²⁵ 暴　⑤²⁶ 摘

⑫ 核兵器禁止条約（かくへいき きんし じょうやく） Treaty on the Prohibition of Nuclear Weapons **108**

⑤²⁷ 兵　⑤²⁸ 核　⑤²⁹ 包　⑤³⁰ 括　⑤³¹ 威　⑤³² 廃　⑤³³ 絶　⑤³⁴ 筋　⑤³⁵ 縮
⑤³⁶ 圧　⑤³⁷ 棄　⑤³⁸ 爆　⑤³⁹ 弾　⑤⁴⁰ 宣　⑤⁴¹ 双　⑤⁴² 針

まとめの問題 5 (⑪〜⑫) Review Question 5 **116**

📖 コラム 2 名字によく使われる漢字（みょうじ つか かんじ） **117**

⑬ 経済政策（けいざいせいさく） Economic Policies **118**

⑤⁴³ 承　⑤⁴⁴ 狙　⑤⁴⁵ 枠　⑤⁴⁶ 誘　⑤⁴⁷ 永　⑤⁴⁸ 久　⑤⁴⁹ 懸　⑤⁵⁰ 誕　⑤⁵¹ 称
⑤⁵² 揭　⑤⁵³ 滞　⑤⁵⁴ 創　⑤⁵⁵ 喚　⑤⁵⁶ 為　⑤⁵⁷ 裕　⑤⁵⁸ 至

⑭ 働き方改革（はたらきかたかいかく） Work-style Reforms **126**

⑤⁵⁹ 妥　⑤⁶⁰ 渉　⑤⁶¹ 賃　⑤⁶² 抑　⑤⁶³ 束　⑤⁶⁴ 拘　⑤⁶⁵ 罰　⑤⁶⁶ 延　⑤⁶⁷ 遇
⑤⁶⁸ 善　⑤⁶⁹ 暇　⑤⁷⁰ 軟　⑤⁷¹ 認　⑤⁷² 尊　⑤⁷³ 講　⑤⁷⁴ 脈

⑮ 財務諸表（ざいむ しょひょう） Financial Statements **134**

⑤⁷⁵ 須　⑤⁷⁶ 録　⑤⁷⁷ 照　⑤⁷⁸ 損　⑤⁷⁹ 析　⑤⁸⁰ 概　⑤⁸¹ 及　⑤⁸² 預　⑤⁸³ 証
⑤⁸⁴ 券　⑤⁸⁵ 掛　⑤⁸⁶ 債　⑤⁸⁷ 純　⑤⁸⁸ 償　⑤⁸⁹ 却

まとめの問題 6 (⑬〜⑮) Review Question 6 **142**

⑯ ニュースの見出し (1) — News Headline (1) — 144

590 寿 591 遺 592 診 593 併 594 症 595 塩 596 濃 597 浅 598 群
599 畑 600 貴 601 虫 602 菌 603 江 604 毛 605 沈

⑰ 医療情報 (いりょうじょうほう) — Medical Information — 152

606 臓 607 胃 608 肩 609 肺 610 炎 611 操 612 虚 613 抗 614 抵
615 索 616 液 617 秘 618 骨 619 折 620 肌 621 皮

まとめの問題 7 (⑯〜⑰) Review Question 7 — 160

⑱ AI (人工知能) (じんこうちのう) — Artificial Intelligence — 162

622 卸 623 蓄 624 駐 625 庫 626 既 627 伴 628 薄 629 載 630 跡
631 撮 632 端 633 即 634 我 635 奪 636 抽 637 傾

⑲ 宇宙開発 (うちゅうかいはつ) — Space Development — 170

638 航 639 宇 640 宙 641 測 642 放 643 布 644 秒 645 功 646 船
647 衣 648 装 649 系 650 浮 651 射 652 片 653 戻

まとめの問題 8 (⑱〜⑲) Review Question 8 — 178

⑳ 刑事事件 (けいじじけん) — Criminal Cases — 180

654 刑 655 罪 656 犯 657 訟 658 捜 659 検 660 捕 661 逮 662 廷
663 弁 664 了 665 控 666 聴 667 傍 668 猶

㉑ 裁判員制度 (さいばんいんせいど) — Citizen Judge System — 188

669 忠 670 象 671 殺 672 尋 673 評 674 互 675 詳 676 慮 677 充
678 促 679 脅 680 途 681 触 682 似 683 陪 684 釈

㉒ ニュースの見出し (2) — News Headline (2) — 196

685 令 686 陳 687 脱 688 仲 689 貯 690 賄 691 黙 692 皇 693 赦
694 紋 695 拐 696 偵 697 譲 698 滅 699 謀 700 窒

まとめの問題 9 (⑳〜㉒) Review Question 9 — 204

付録 (ふろく) Appendixes — 206
よくある言葉の組み合わせ・新聞によく出てくる国・地域の名前の略語・県名によく使われる漢字・地名によく使われる漢字・体の漢字・同じ読み方の言葉

音訓索引 (おんくんさくいん) On-kun Index — 214
語い索引 (ごさくいん) Word Index — 222

1 トピックを読む 宮崎駿監督 Animation Director Miyazaki Hayao

(351) 監	(352) 督	(353) 誉	(354) 賞	(355) 贈	(356) 偉	(357) 績	(358) 栄	(359) 団	(360) 芸
(361) 編	(362) 範	(363) 隠	(364) 城	(365) 邦	(366) 才				

世界的に有名なアニメ*映画**監督**、宮崎駿氏に、アカデミー*名**誉賞**が**贈**られることになった。世界の映画界に**偉**大な業**績**を残した人に**贈**られる**栄誉**ある賞だ。日本人では故黒澤明**監督**以来2人目の受**賞**になる。2014年8月28日(日本時間29日)、受**賞**者を選ぶ**団**体「映画**芸**術科学アカデミー*」の発表によると、授**賞**式は11月8日にアメリカ・ロサンゼルスのハリウッド*で行われる。

宮崎氏は2013年に長**編**アニメからの引退を表明しているが、記者会見で、「大きなものは無理ですけど、小さいものでチャンス*があるときは、できる**範**囲でやっていこうと思ってます」と述べた。

宮崎氏の作品は、2003年に「千と千尋の神**隠**し」*が長**編**アニメ部門でアカデミー**賞**を受**賞**。2006年に「ハウルの動く**城**」*、2014年に「風立ちぬ」*が同部門で受**賞**候補になった。いずれも長く人気があり、「千と千尋の神**隠**し」は現在も**邦**画の歴代興行収入*第1位である。これらの作品に影響を受けた人は多く、**才**能あふれるアニメーション*作家が数多く生まれている。

千と千尋の神隠し ©2001 Studio Ghibli・NDDTM

アニメ anime　アカデミー(賞) Academy Award　映画芸術科学アカデミー Academy of Motion Picture Arts and Sciences
アメリカ・ロサンゼルスのハリウッド Hollywood, Los Angeles, U.S.A.　チャンス chance
「千と千尋の神隠し」"Spirited Away"　「ハウルの動く城」"Howl's Moving Castle"　「風立ちぬ」"The Wind Rises"
歴代興行収入 box-office revenue in history　アニメーション animation

これも覚えよう！

- 世界的に（せかいてき）globally, world-wide
- 映画界（えいがかい）film industry, world of movies
- 日本時間（にほんじかん）Japanese time
- 表明する（ひょうめい）to express
- 記者会見（きしゃかいけん）press conference
- 歴代（れきだい）successive generations
- 興行（こうぎょう）entertainment industry; show; performance
- 数多く（かずおおく）many, in great numbers

新しい漢字とことば

[　]：トピック・記事に出てくることば

351 監 oversee ★1　15画
カン
- 監視（する）（かんし）to watch, to keep under observation
- 監査（する）（かんさ）to audit

352 督 supervise, commander ★1　13画
トク
- [監督（する）（かんとく）to supervise]

353 誉 honor ★1　13画
ヨ
- [名誉（な）（めいよ）honorable]
ほまれ
- 誉（ほまれ）honor

MEMO 兴：誉 挙

354 賞 prize ★3　15画
ショウ
- 賞（しょう）prize, award
- 受賞（する）（じゅしょう）to win an award
- 受賞者（じゅしょうしゃ）award winner
- 授賞式（じゅしょうしき）award ceremony
- 賞与（しょうよ）bonus
- 賞金（しょうきん）prize money, reward
- 入賞（する）（にゅうしょう）to win a prize, to win an award

MEMO 員：賞 員　　 ⺌：賞 堂 常

355 贈 present a gift ★2　18画
ゾウ・ソウ
- 贈与（する）（ぞうよ）to give, to donate
- 寄贈（する）（きぞう）/寄贈（する）（きそう）to donate, to present
おく-る
- [贈る（おくる）to present a gift, to give]
- 贈り物（おくりもの）present

MEMO 曽：贈（ぞう）増（ぞう）

① 宮崎駿監督　Animation Director Miyazaki Hayao

356 偉 — great ★2
ノ亻亻′亻″伊伊伊偉偉偉偉 — 12

- **イ** ▶ [偉大(な) いだい — great, magnificent]
- **えら-い** ▶ 偉い えら — remarkable, distinguished

MEMO 韋 : 偉い 違い

357 績 — achievements ★2
く幺幺幺糸糸糸゛糸十糸主紟結結績績績績 — 17

- **セキ** ▶ [業績 ぎょうせき — achievement, performance] 実績 じっせき — actual results, accomplishments 成績 せいせき — results, (school) grades

MEMO 責 : 績せき 責せき 積せき

358 栄 — flourish, glory ★2
丶丷丷丷巛学学栄栄 — 9

- **エイ** ▶ [栄誉 えいよ — honor]
- **さか-える・は-え・は-える** ▶ 栄える さか — to prosper, to flourish 栄えある は — glorious 栄える は — to shine, to look nice

MEMO 栄 vs 学

359 団 — group ★2
丨冂冂用団団 — 6

- **ダン・トン** ▶ [団体 だんたい — group, party, organization] 集団 しゅうだん — group, mass, crowd 調査団 ちょうさだん — investigation committee 布団 ふとん — futon, comforter

MEMO 口 : 団 困 因 固

360 芸 — art ★2
一十十艹艹芸芸 — 7

- **ゲイ** ▶ [芸術 げいじゅつ — art] 芸術的(な) げいじゅつてき — artistic 芸術家 げいじゅつか — artist 芸能 げいのう — performing arts 文芸 ぶんげい — literature

MEMO 云 : 芸 雲 伝

361 編 — compile, knit ★2
く幺幺幺糸糸糸゛糸′糸″糸゠絎絎絎編編編 — 15

- **ヘン／-ペン** ▶ [長編 ちょうへん — long story, long novel] 編集(する) へんしゅう — to edit 編成(する) へんせい — to organize, to arrange 再編(する) さいへん — to reorganize
  短編 たんぺん — short story, short novel
- **あ-む** ▶ 編む あ — to knit, to braid, to edit

362 範 — model
ノ ト ヶ ゲ 竹 竹 竹 竹 笃 笃 笋 笋 範 範 範 ★1 15

- ハン → [範囲 はんい] range, extent, scope

MEMO 巳：範 危

363 隠 — hide
フ ヨ ア ア ア ア 阡 阡 陷 陷 隠 隠 隠 ★1 14

- イン → 隠蔽(する) いんぺい to cover up, to suppress
- かく-れる・かく-す → [〜を隠す かく] to hide　〜が隠れる かく to be hidden

MEMO 急：隠 急　　阝：隠 障 降 陸

364 城 — castle
一 十 土 切 圻 圻 城 城 城 ★2 9

- ジョウ → 大阪城 おおさかじょう Osaka Castle
- しろ → [城 しろ] castle

MEMO 戊：城 成 蔵 歳

365 邦 — state, Japan
一 二 三 丰 丰 丰 邦 ★1 7

- ホウ／-ポウ → [邦画 ほうが] Japanese movie　連邦 れんぽう commonwealth, union　邦人 ほうじん Japanese nationals

MEMO 阝：邦 都 郵 郊

366 才 — talent, age suffix
一 ナ 才 ★2 3

- サイ → 才能 さいのう ability, talent　天才 てんさい genius　25才 さい 25 years old

※「歳 さい」のかわりに年齢 ねんれい に使 つか うことがある。 The character 才 may be used instead of 歳 at times when referencing someone's age

MEMO 才：才 材 閉 財

 宮崎駿監督　Animation Director Miyazaki Hayao

I. 読みましょう　Read the following

答え ▶ 別冊 p.2
Answers　Supplement p.2　01

次の文を読みましょう。____は、この課の漢字のことばです。
Read the following sentences. The underlined words use the kanji from this section.

1)

1. 火山活動を<u>監視</u>する。
2. <u>名誉</u>を守る。
3. <u>授賞</u>式に出席する。
4. 100万円の<u>賞金</u>を得た。
5. オリンピック（the Olympic Games）で5位に<u>入賞</u>した。
6. 父から土地を<u>贈与</u>された。
7. プレゼント（present, gift）を<u>贈</u>る。
8. <u>贈</u>り物には文化の違いが現れる。
9. この会社では会長が一番<u>偉</u>い。
10. 会社の<u>業績</u>が悪化した。
11. よい<u>成績</u>で卒業できた。
12. B国は2世紀ごろに<u>栄</u>えた。
13. <u>集団</u>で行う活動は苦手だ。
14. 作家のB氏は<u>長編</u>小説が得意だ。
15. 雑誌を<u>編集</u>する。
16. 次年度の予算を<u>編成</u>する。
17. 組織を<u>再編</u>する。
18. セーターを<u>編</u>む。
19. 行動の<u>範囲</u>を広げる。
20. 事実を<u>隠</u>す。
21. 月が雲に<u>隠</u>れた。
22. <u>大阪城</u>（おおさか）は1496年に建てられた。
23. この<u>城</u>で多くの<u>芸術</u>作品を見た。
24. ロシア<u>連邦</u>（Russia）は1991年に生まれた。
25. Aさんは<u>天才</u>だ。
26. 25<u>才</u>で社長になった。

2)

1. A市では毎年、行政、財政などの監査が行われている。

2. 当社では年に2回、賞与が支給される。

3. 「偉大な日本人100人」という記事を読んだ。

4. 昨年は仕事で大きな実績を残すことができた。

5. この賞は私にとって最高の栄誉だ。

6. 日本政府は南スーダン(South Sudan)に調査団を派遣した。

7. A氏は芸術的な作品を次々と生み出している。

8. この村には芸術家が多く住んでいる。

9. A教授は日本の伝統的な芸能の歴史について研究している。

10. 新聞の文芸(section (in a newspaper/magazine))コーナーで紹介された小説を読んだ。

11. 日本人監督の短編映画が国際的な賞を受賞した。

12. 第二次大戦前に隠蔽(ぺい)されていた事件が明るみに出た。

13. ロンドン(London)でテロ(terrorism)事件があり、邦人が被害にあった。

14. 今週、このサイトでは人気の邦画(webpage)が無料で見られる。

15. うちの子供には音楽の才能がある。

① 宮崎駿監督 Animation Director Miyazaki Hayao

Ⅱ. 書きましょう
Write the following

答え ▶ 別冊 p.2
Answers Supplement p.2

1) 次のことばの＿＿の漢字を書きましょう。送り仮名があれば書きましょう。
Write the missing kanji for the following words in the blanks. Write additional *okurigana* if needed.

1. ＿＿ ＿＿
   かん　とく

2. アカデミー＿＿ (Academy Award)
   　　　　　　しょう

3. ＿＿
   おくる

4. ＿＿
   えらい

5. 成＿＿
   せい　せき

6. ＿＿ ＿＿
   えい　よ

7. ＿＿ 体
   だん　たい

8. ＿＿ 術
   げい　じゅつ

9. ＿＿
   あむ

10. ＿＿ 囲
    はん　い

11. ＿＿
    かくす

12. 大 阪 ＿＿
    おおさか じょう

13. ＿＿ 画
    ほう　が

14. ＿＿ 能
    さい　のう

2) 【　】から漢字を選んで、＿＿に書きましょう。送り仮名があれば書きましょう。
Choose the correct kanji from inside the brackets and write them in the blanks. Write additional *okurigana* if needed.

1. 【増・贈】　息子に不動産を＿＿ 与＿＿した。
   　　　　　　　　　　　　　ぞう　よ

2. 【偉・違】　＿＿ 大 な人
   　　　　　　い　だい

3. 【績・積】　業＿＿ を上げる。
   　　　　　ぎょう　せき

4. 【栄・学】　産業が＿＿＿＿＿＿。
   　　　　　　　　　　さかえる

5. 【成・城】　有名な＿＿に行った。
   　　　　　　　　　しろ

6. 【急・隠】　事実を＿＿ 蔽する。
   　　　　　　　　　いん　ぺい

18

3) 【　】から適切なことばを選んで、＿＿＿に書きましょう。
＿＿＿の下には読み仮名を書きましょう。
Choose the correct words from inside the brackets and write them in the blanks. Write the readings for the kanji below the blanks.

1. 【 監視・監査 】　＿＿＿＿＿カメラを設置した。

2. 【 受賞・入賞 】　アカデミー賞を＿＿＿＿＿した。

3. 【 編集・編成 】　ビデオ(video)を＿＿＿＿＿する。

4. 【 成績・業績 】　高校生の時は、とても良い＿＿＿＿＿だった。

5. 【 才能・天才 】　モーツアルト(Mozart)は音楽の＿＿＿＿＿と言われている。

6. 【 隠れる・隠す 】　事実を＿＿＿＿＿。

III. 聞きましょう
Listen to the following

答え ▶ 別冊 p.2
Answers　Supplement p.2

音声に含まれていることばを選んで、○をつけましょう。
Choose and circle the words that are included in the audio clip.

1. 【　贈る・送る　】

2. 【　贈与・賞与　】

3. 【　邦人・法人　】

2 トピックを読む 大相撲(おおずもう) — Grand Sumo Tournament

367 星　368 臨　369 致　370 恥　371 精　372 祝　373 乾　374 杯　375 泣　376 姿
377 涙　378 辛　379 厳　380 剣　381 余　382 詰

大相撲は1年に6回（6場所*）開催され、1場所は15日間だ。幕内*力士*は毎日取り組み*があり、勝つと白星、負けると黒星がつく。白星が8個以上だと、その場所は勝ち越し*で、次の場所で番付*が上がったり、昇進したりする。また、白星が一番多い力士が優勝する。

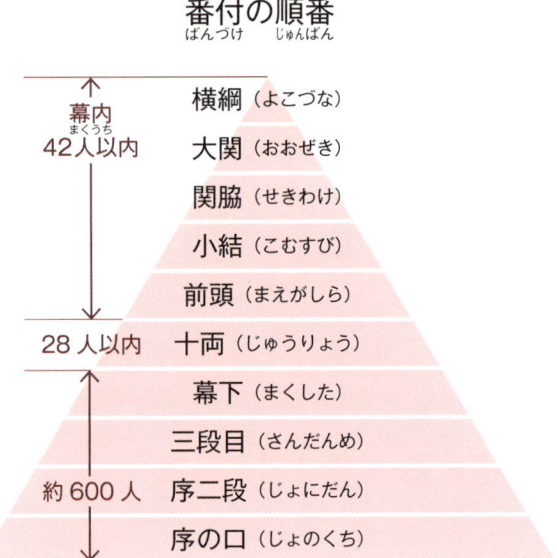

番付の順番(ばんづけ じゅんばん)

幕内 42人以内
- 横綱（よこづな）
- 大関（おおぜき）
- 関脇（せきわけ）
- 小結（こむすび）
- 前頭（まえがしら）

28人以内
- 十両（じゅうりょう）

約600人
- 幕下（まくした）
- 三段目（さんだんめ）
- 序二段（じょにだん）
- 序の口（じょのくち）

星取表の例（小結 貴景勝、13勝2敗、平成30年11月場所）

稀勢の里	豪栄道	竜電	正代	逸ノ城	魁聖	御嶽海	妙義龍	栃ノ心	北勝富士	栃煌山	玉鷲	碧山	高安	錦木
○	○	○	○	○	○	●	○	○	○	○	○	○	●	○

　大関*が優勝すると、横綱*に昇進できる可能性がある。横綱昇進は、日本相撲協会*が臨時理事会を開き、全会一致で決まる。昇進した力士は、「横綱の名に恥じないよう精進します。」などと決意を述べる。出身地でのパレード*には大勢のファン*が集まり、優勝や昇進を祝う。みんなで乾杯する光景や、うれし泣きする家族の姿が報道される。

　外国出身の力士も大勢いる。日本語を覚え、ときには涙を流しながらも、辛抱強く、厳しい稽古*に真剣に取り組み、10人余りの外国人力士が優勝した。その中で、横綱まで上り詰めた力士が6人もいる（2018年現在）。

場所 sumo tournament　幕内 the senior division in sumo　力士 sumo wrestler　取り組み (sumo) match　勝ち越し a majority of wins
番付 ranking list (of sumo wrestlers)　大関 ōzeki (second highest rank in sumo)　横綱 yokozuna (highest rank in sumo)
日本相撲協会 the Japan Sumo Association　パレード parade　ファン fan　稽古 practice, training

これも覚えよう！

- 昇進する (しょうしん) to get promotion
- 理事会 (りじかい) board of directors
- 〜を開く (ひら) to hold
- 出身地 (しゅっしんち) birthplace
- 光景 (こうけい) scene, spectacle
- 報道する (ほうどう) to report

新しい漢字とことば

[ ]：トピック・記事に出てくることば

367 星 star
一 口 曰 日 戸 旦 早 屋 星   ★2 9

- セイ・ショウ／-ジョウ ▶ 衛星 (えいせい) satellite　火星 (かせい) Mars　小惑星 (しょうわくせい) asteroid　明星 (みょうじょう) Venus
- ほし／-ぼし ▶ [白星 (しろぼし) victory mark]　[黒星 (くろぼし) defeat mark]　[星取表 (ほしとりひょう) score sheet]　[星 (ほし) star]

MEMO　生：星 (せい)　性 (せい)　姓 (せい)

368 臨 face to, confront
一 丨 匚 匚 匚 匚 匡 臣 臣 臣 臣 臣 臣 臨 臨 臨 臨 臨   ★1 18

- リン ▶ [臨時 (りんじ) temporary, special]　臨海 (りんかい) coastal, seaside
- のぞ-む ▶ 臨む (のぞむ) to face (onto), to be present at

MEMO　臣：臨　監

369 致 bring about, do humbly
一 工 互 至 至 至 到 致 致   ★1 10

- チ ▶ [全会一致 (ぜんかいいっち) unanimously, without dissent]　一致(する) (いっち) to agree, to coincide, to correspond　招致(する) (しょうち) to invite, to summon
- いた-す ▶ 致す (いたす) to do (humble form)

MEMO　至：致　到　室

370 恥 shame
一 丆 丆 丆 丆 耳 耳 耴 恥 恥   ★2 10

- チ ▶ 羞恥 (しゅうち) bashfulness
- は-じる・は-ずかしい・はじ ▶ [恥じる (はじる) to feel ashamed]　恥ずかしい (はずかしい) embarrassing, ashamed　恥 (はじ) shame, humiliation

MEMO　耳：恥　取

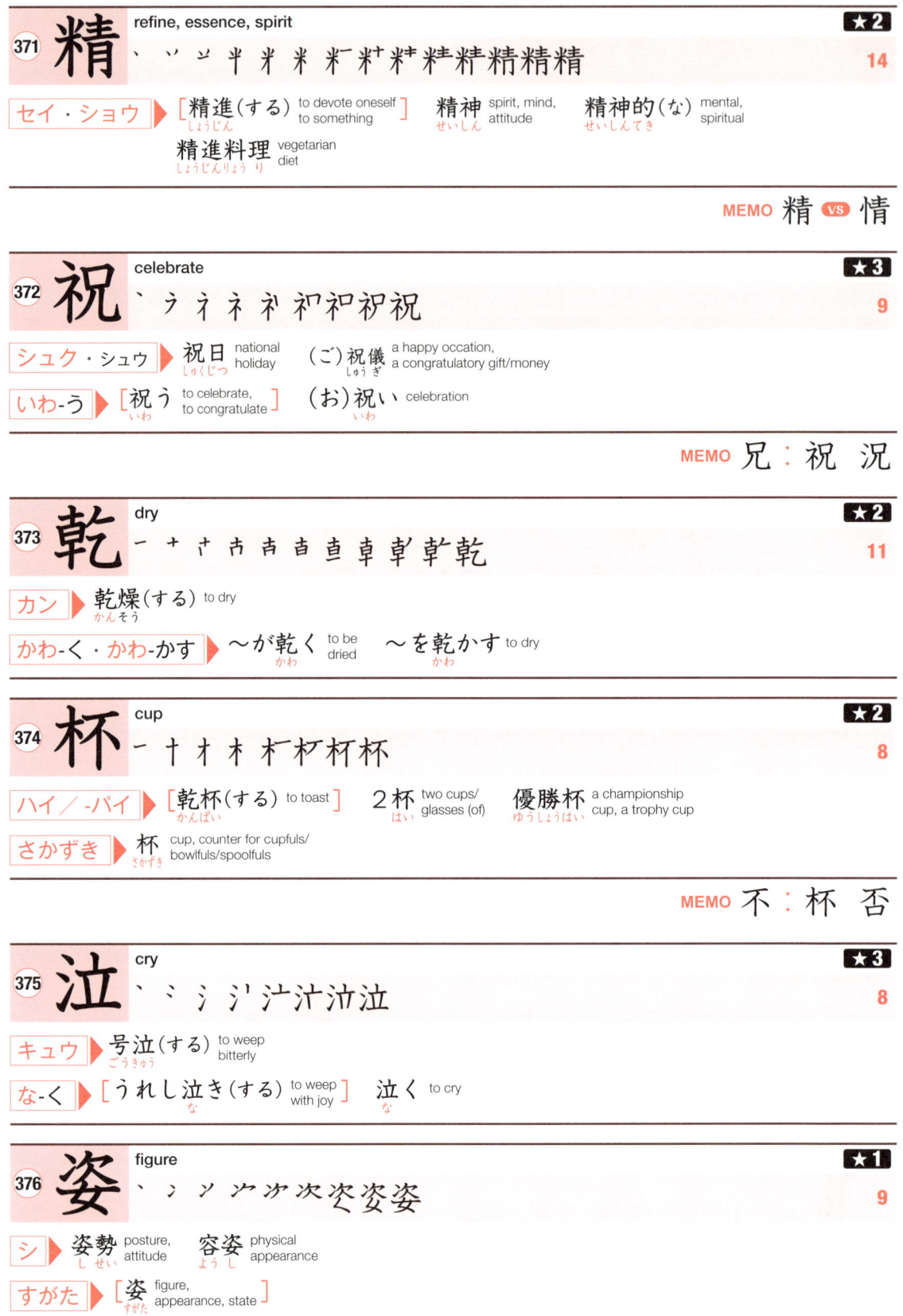

377 涙 — tear ★3

、 丶 氵 氵 汀 沪 泸 沪 涙 涙 — 10

- **ルイ** ▶ 感涙（かんるい）tears of gratitude, tears from being deeply moved
- **なみだ** ▶ [涙（なみだ）tear, teardrop] 涙ぐむ（なみだぐむ）to be moved to tears

MEMO 涙 vs 波

378 辛 — pungent, hard ★2

、 一 ナ 立 立 辛 — 7

- **シン** ▶ [辛抱強い（しんぼうづよい）patient, persevering] 辛抱（する）（しんぼう）to persevere, to bear
- **から-い** ▶ 辛い（からい）spicy, strict 辛口（からくち）dry (wine, sake, etc.), severe

379 厳 — severe ★1

、 丷 丷 ⺍ 严 严 严 严 严 岸 岸 嵌 嚴 嚴 厳 厳 — 17

- **ゲン・ゴン** ▶ 厳重（な）（げんじゅう）strict, severe 厳格（な）（げんかく）strict, rigid 荘厳な（そうごん）solemn, magnificent
- **きび-しい・おごそ-か** ▶ [厳しい（きびしい）strict, intense] 厳か（な）（おごそか）solemn

380 剣 — sword ★1

ノ 人 ㇉ 仒 侖 侖 刍 剣 剣 — 10

- **ケン** ▶ [真剣（な）（しんけん）serious, earnest] 剣（けん）sword 剣道（けんどう）kendo (Japanese fencing)
- **つるぎ** ▶ 剣（つるぎ）sword

MEMO 僉 : 剣（けん） 険（けん） 験（けん）

381 余 — remaining, excess ★2

ノ 𠆢 𠆢 𠆢 𠆢 余 余 — 7

- **ヨ** ▶ 30余年（よねん）more than 30 years, 30-odd years 余地（よち）place, room 余分（な）（よぶん）extra, superfluous
- **あま-る** ▶ [余り（あま）remainder, leftovers, more than/over/above] 余る（あまる）to remain, to be left over

382 詰 — reprimand, stuff ★2

、 二 二 三 言 言 言 計 詰 詰 詰 詰 — 13

- **キツ** ▶ 詰問（する）（きつもん）to question closely
- **つ-まる・つ-める／-づめ** ▶ [上り詰める（のぼりつめる）to climb to the top] 〜が詰まる（つまる）to be clogged, to be stuck 〜を詰める（つめる）to stuff, to plug, to bring to an end 行き詰まる（いきづまる）to reach a dead end 大詰め（おおづめ）finale, final stage

MEMO 吉 : 詰 結

② 大相撲 Grand Sumo Tournament

I. 読みましょう　Read the following

答え ▶ 別冊 p.2
Answers　Supplement p.2

次の文（つぎ・ぶん）を読（よ）みましょう。＿＿＿は、この課（か）の漢字（かんじ）のことばです。
Read the following sentences. The underlined words use the kanji from this section.

1)

1. 人工衛<u>星</u>を<u>打ち上</u>げる。(launch / う・あ)
2. 初めての首脳会談に<u>臨</u>む。
3. 「<u>星</u>の観察会は中止<u>致</u>します。」
4. 全員の意見が完全に<u>一致</u>した。
5. 発表で失敗して<u>恥</u>をかいた。(was ashamed, was humiliated)
6. 助け合いの<u>精神</u>を持つ。
7. 結婚の<u>お祝</u>いに食器を贈った。
8. 空気が<u>乾燥</u>している。(そう)
9. 室内で洗濯物を<u>乾</u>かす。(laundry / かく)
10. 洗濯物が<u>乾</u>いた。(かく)
11. <u>杯</u>で日本酒を２<u>杯</u>飲んだ。
12. Ｂ氏は恋人が亡くなり<u>号泣</u>した。
13. 赤ちゃんが<u>泣</u>いている。
14. Ａさんは<u>姿勢</u>がいい。
15. 優勝して<u>感涙</u>にむせぶ。(be choked, be stifled)
16. 社長の長い話を<u>辛抱</u>して聞く。
17. <u>辛</u>い食べ物が苦手だ。
18. <u>辛口</u>のコメントを書いた。(comment)
19. 個人情報を<u>厳重</u>に管理する。
20. 神社で<u>厳</u>かに結婚式を行う。
21. 1,500年前の<u>剣</u>が発見された。
22. 年度末に予算が<u>余</u>った。
23. <u>厳</u>しい上司に<u>詰問</u>された。
24. 両国が貿易協定の内容を<u>詰</u>める。
25. <u>パイプ</u>にごみが<u>詰</u>まっている。(pipe)
26. 開催準備が<u>大詰</u>めになってきた。

2)

1. 火星の調査が進むことへの期待が高まっている。

2. 臨海地区でコンサートがあり、会社は臨時にバスを増やした。

3. 京都のA寺では、土日祝日に精進料理が食べられる。

4. 事務所設立一周年を祝って、ビールで乾杯した。

5. A社はB社との経営統合に否定的な姿勢を示している。

6. 卒業式で思わず涙が出て、少し恥ずかしかった。 <!-- 涙: unconsciously, involuntarily -->

7. A課長は精神的なストレスがあるようで、時々涙ぐんでいる。 <!-- 精神的: stress -->

8. 厳格な父から、容姿で人を判断してはいけないと教えられた。

9. 剣道の大会で優勝した息子の姿を今も覚えている。

10. 大会招致に真剣に取り組み、開催が決定し、優勝杯などを準備する。

11. ファンはAが出てくるのを、2時間余り辛抱強く待っていた。 <!-- ファン: fan -->

12. 女性の社会的地位は、まだ向上の余地がある。

13. 出席者が増えるかもしれないので、資料を余分に用意しておいた。

14. 新製品の開発が行き詰まっている。

15. A氏は派遣社員で入社してから30余年、ついに社長まで上り詰めた。 <!-- ついに: finally, at last -->

II. 書きましょう
Write the following

答え ▶ 別冊 p.3
Answers   Supplement p.3

1) 次のことばの＿＿の漢字を書きましょう。送り仮名があれば書きましょう。
Write the missing kanji for the following words in the blanks. Write additional *okurigana* if needed.

1. ＿＿を見る（ほし）
2. ＿＿時（りん／じ）
3. 招＿＿する（しょう／ち）
4. ＿＿（はずかしい）
5. ＿＿進料理（しょう／じん／りょう／り）
6. ＿＿日（しゅく／じつ）
7. ＿＿する（かん／ぱい）
8. 赤ちゃんが＿＿（なく）
9. ＿＿勢（し／せい）
10. ＿＿（なみだ）
11. ＿＿抱する（しん／ぼう）
12. ＿＿重な（げん／じゅう）
13. ＿＿道を習う（けん／どう）
14. ＿＿地がある（よ／ち）
15. ＿＿（つまる）

2) 【　】から漢字を選んで、＿＿に書きましょう。送り仮名があれば書きましょう。
Choose the correct kanji from inside the brackets and write them in the blanks. Write additional *okurigana* if needed.

1. 【波・涙】　＿＿＿＿。（なみだぐむ）
2. 【祝・況】　昇進を＿＿＿＿。（いわう）
3. 【到・致】　「お願い＿＿＿＿。」（いたします）
4. 【情・精】　＿＿神＿的なストレスがある。（せい／しん／てき）stress
5. 【恥・取】　＿＿をかいた。（はじ）
6. 【剣・険】　真＿＿に取り組む。（しん／けん）

3)【　】から漢字を選んで、＿＿に漢字と送り仮名を書きましょう。＿＿の下には読み仮名を書きましょう。使わない漢字もあります。

Choose the correct kanji from inside the brackets and write them and their *okurigana* in the blanks. Write the readings for the kanji below the blanks. Some kanji may not be used.

【　厳　乾　辛　恥　詰　余　姿　】

1. この料理は＿＿＿＿＿＿＿です。

2. 資料が10枚＿＿＿＿＿＿＿ました。

3. 部屋で洗濯物を＿＿＿＿＿＿＿ます。
   （laundry／たく）

4. 計画の内容を＿＿＿＿＿＿＿ます。

5. 上司はとても＿＿＿＿＿＿＿です。

III. 聞きましょう
Listen to the following

答え ▶ 別冊 p.3
Answers　Supplement p.3　

音声に含まれていることばを選んで、○をつけましょう。
Choose and circle the words that are included in the audio clip.

1. 【　一致・位置　】

2. 【　衛生・衛星　】

3. 【　鳴く・泣く　】

3 トピックを読む 夏目漱石 — Natsume Soseki

㊧執 ㊨筆 ㊤拾 ㊥捨 ㊦徳 ㊧誌 ㊨冊 ㊤刊 ㊥並 ㊦根
㊧焦 ㊨裏 ㊤劇 ㊥扱 ㊦版 ㊧札

　夏目漱石（1867年～1916年）は、日本近代の作家である。英国留学から帰国後、大学で英文学*を教えながら、小説の執筆を始めた。

　「吾輩*は猫である」は、教師の家に拾われた一ぴきの捨て猫の視点から書かれた代表作である。道徳的な知識人を風刺し*、雑誌に発表され、注目を集めて、後に一冊の本として刊行された。また、「坊ちゃん」*も有名だ。四国の中学校で数学を教え始めた若い江戸っ子*の教師を主人公に、教育現場の人間模様をとらえ、多くの読者に親しまれている。

　ユーモア*のある作品と並んで、「こころ」は人間の根源的な部分に焦点を当てた名作だ。主人公の「先生」が、ひとりの女性をめぐって友人を裏切り、その結果、友人が自ら死を選ぶという悲劇だ。10代の若者が一度は読み、作品を通して人生について考える。

　漱石の小説には、日本が著しく発展し、欧米化に向かう明治時代に英国留学を経験したこと、また、子供のころより複雑な家庭環境に育ったことなどが影響している。

　漱石は、さまざまなテーマを扱い、読者の心を打つ*作品を数多く残した。亡くなるまでの10年間に何十冊もの小説が出版され、広く読まれ続けている。150周年を経た今でも、根強い人気があり、漱石は千円札の肖像*としても使われている

英文学 English literature　吾輩 I, me, myself (nuance of arrogance)　風刺する to satirize　「坊ちゃん」 "Botchan"
江戸っ子 person born and raised in Edo (Tokyo)　ユーモア humor　心を打つ to touch the heart, to impress　肖像 portrait, likeness

これも覚えよう！

英国留学	えいこくりゅうがく	studying abroad to England
小説	しょうせつ	novel
教師	きょうし	teacher
視点	してん	point of view
代表作	だいひょうさく	masterpiece, representative work (of art)
知識人	ちしきじん	intellectual
発表する	はっぴょう	to announce
注目を集める	ちゅうもく・あつ	to gain publicity
主人公	しゅじんこう	main character hero
教育現場	きょういくげんば	field of education (in) the classroom
人間模様	にんげんもよう	fabric of human relations
名作	めいさく	famous work, masterpiece
結果	けっか	result, outcome
著しく	いちじるしく	considerably, remarkably
発展する	はってん	to develop
欧米化	おうべいか	westernization
経験する	けいけん	to experience
複雑な	ふくざつ	complicated, complex
家庭環境	かていかんきょう	home environment
影響する	えいきょう	to influence, to affect
150周年	しゅうねん	150-year anniversary
経る	へる	to elapse, to pass

新しい漢字とことば

[　]：トピック・記事に出てくることば

383 執 — excute, adhere to, seize ★1
一十十十古古古幸幸幸執執　11

- **シツ／シッ-・シュウ**
  - 執行部（しっこうぶ）executive
  - 執行（する）（しっこう）to execute, to administer
  - 執着（する）（しゅうちゃく）to be attached to, to cling to
  - 固執／固執（する）（こしつ／こしゅう）to stick to, to adhere to
- **と-る**
  - 執り行う（とりおこな）to hold a ceremony
  - （ペンを）執る（と）to pen, to write

MEMO 丸：執 丸

384 筆 — brush, writing ★2
ノ ト ト ト 竹 竹 竹 竺 笁 筆筆　12

- **ヒツ／ヒッ-／-ピツ**
  - [執筆（する）]（しっぴつ）to write
  - 筆者（ひっしゃ）writer, author
  - 筆頭（ひっとう）head, chief
  - 筆順（ひつじゅん）stroke order
- **ふで**
  - 筆（ふで）brush; pen; writing

385 拾 — pick up ★2
一十十才才护拾拾拾　9

- **シュウ**
  - 収拾（する）（しゅうしゅう）to control, to bring under control
- **ひろ-う**
  - [拾う]（ひろう）to pick up, to gather

386 捨 — discard, abandon, throw away ★2
一十十才才护护捨捨捨捨　11

- **シャ**
  - 取捨選択（する）（しゅしゃせんたく）to sort out, to sift through
  - 四捨五入（ししゃごにゅう）rounding off (to the nearest whole number)
- **す-てる**
  - [捨て猫]（すてねこ）stray cat
  - 捨てる（す）to throw away
  - 切り捨てる（きす）to cast away
  - 使い捨て（つかす）disposable

MEMO 捨 vs 拾

③ 夏目漱石　Natsume Soseki

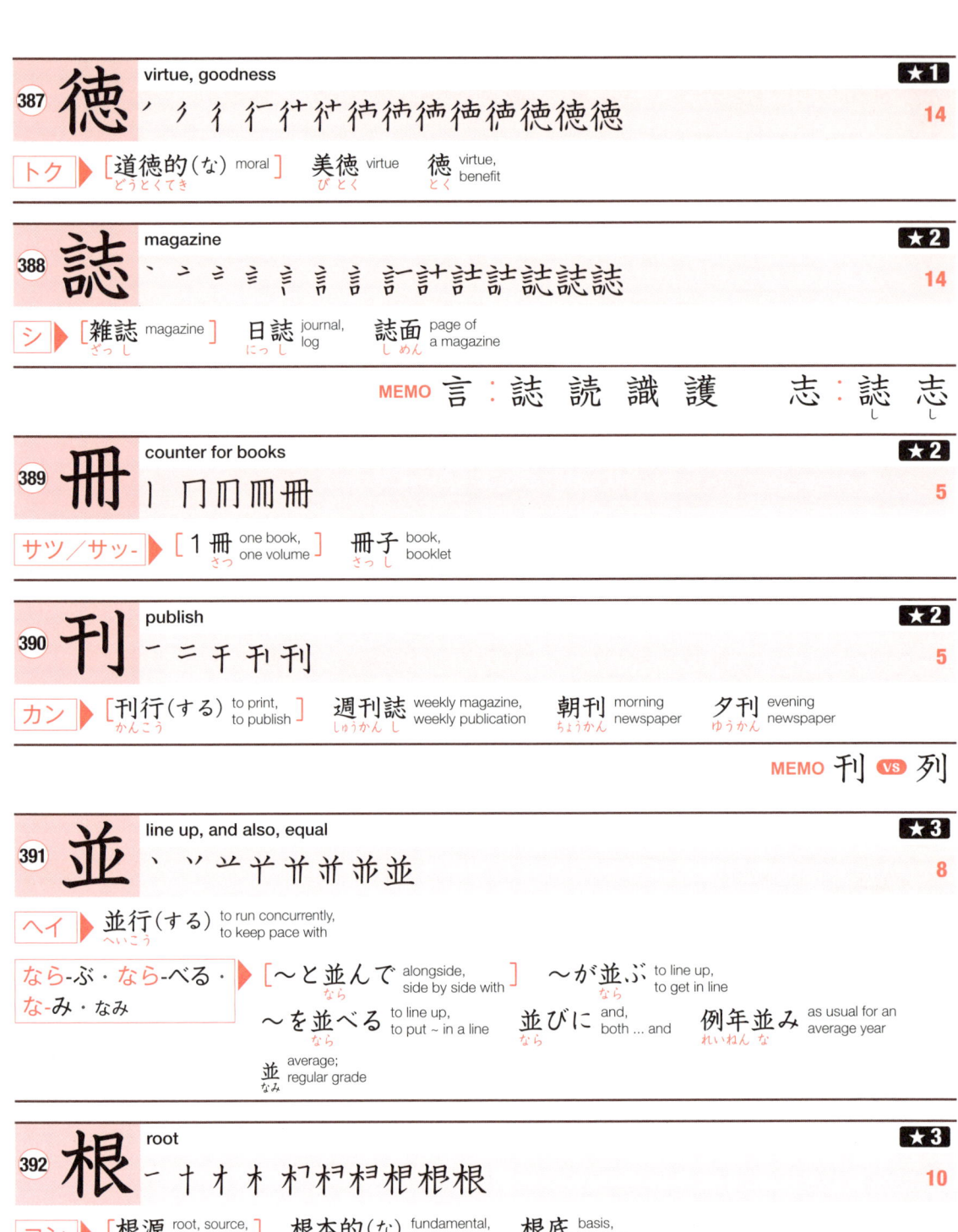

393 焦 — scorch, be impatient ★1 — 12 strokes

ノ 亻 亻 广 什 乍 隹 隹 隹 焦 焦 焦

- ショウ ▶ [焦点 (しょうてん) focus, focal point]
- あせ-る・こ-げる・こ-がす ▶ 焦る (あせる) to be in a hurry, to be flustered / 〜が焦げる (こげる) to be burned, to be charred / 〜を焦がす (こがす) to burn, to char / 焦げ付く (こげつく) to get burned and stuck on, be irrecoverable

MEMO 隹：焦 雇 確 催　焦 vs 黒

394 裏 — rear ★3 — 13 strokes

丶 亠 广 亡 宁 审 审 审 裏 裏 裏 裏 裏

- リ ▶ 裏面 (りめん) back, other side / 表裏一体 (ひょうりいったい) two sides of the same coin
- うら ▶ 裏切る (うらぎる) to betray, to stab in the back / 裏 (うら) back, rear, opposite side, hidden side / 裏側 (うらがわ) the reverse, other side / 裏付け (うらづけ) support, backing, proof / 裏金 (うらがね) bribe, secret fund

395 劇 — drama ★2 — 15 strokes

丶 卜 广 广 卢 卢 卢 虍 虐 虜 豦 豦 豦 劇 劇

- ゲキ ▶ [悲劇 (ひげき) tragedy] / 劇場 (げきじょう) theater / 演劇 (えんげき) drama, theater / 劇 (げき) play, drama / 劇団 (げきだん) troupe, theatrical company / 劇的 (げきてき)(な) dramatic

MEMO 刂：劇 刊 列

396 扱 — handle ★1 — 6 strokes

一 十 扌 扨 扱 扱

- あつか-う ▶ [扱う (あつかう) to deal with, to handle, to treat] / 扱い (あつかい) treatment, handling / 取り扱い (とりあつかい) treatment, management

MEMO 扌：扱 拾 捨

397 版 — printing plate, publishing ★2 — 8 strokes

丿 丿 丬 片 片 片 版 版

- ハン／-パン ▶ [出版 (しゅっぱん)(する) to publish] / 第2版 (だいはん) second issue / 版画 (はんが) block print, lithograph

MEMO 反：版 反(はん)

398 札 — tag, bank note ★2 — 5 strokes

一 十 オ 木 札

- サツ ▶ [千円札 (せんえんさつ) 1,000-yen bill] / 入札 (にゅうさつ)(する) to bid, to tender / 落札 (らくさつ)(する) to make a successful bid / (お)札 (さつ) bill, bank note
- ふだ ▶ 値札 (ねふだ) price tag / 名札 (なふだ) name plate, name tag / 札 (ふだ) tag

MEMO し：札 礼 乳

③ 夏目漱石 Natsume Soseki

I. 読みましょう Read the following

次の文を読みましょう。＿＿は、この課の漢字のことばです。
Read the following sentences. The underlined words use the kanji from this section.

1)

1. 予算を正しく<u>執行</u>する。
2. 私は物にはあまり<u>執着</u>しない。
3. 一つの見解に<u>固執</u>する。
4. <u>執行</u>部の決定に従う。
5. 歴史小説を<u>執筆</u>する。
6. この本には<u>筆者</u>の性格が表れている。
7. A社は親会社を<u>筆頭</u>株主とする。
8. 状況が混乱して、<u>収拾</u>できない。
9. 情報を<u>取捨</u>選択する。
10. 引っ越す前に、不要な物を<u>捨</u>てる。
11. だれも切り<u>捨</u>てることがない社会
12. 正直は日本人の<u>美徳</u>だ。
13. 一日の終わりに<u>日誌</u>を書く。
14. 次々に新しい<u>週刊誌</u>が<u>刊行</u>される。
15. 毎日、<u>朝刊</u>、<u>夕刊</u>に目を通す。　(look over)
16. プロジェクトが複数<u>並行</u>している。　(project)
17. 赤い<u>屋根</u>が<u>並</u>んでいる。
18. 今年の収益は例年<u>並</u>みだった。
19. 少子高齢化が<u>根本</u>的な問題だ。
20. <u>根</u>回しは日本型の会議の進め方だ。
21. 魚を<u>焦</u>がしてしまった。
22. 「<u>冊子</u>の裏に地図があります。」
23. <u>劇場</u>で授賞式を<u>執</u>り行う予定だ。
24. 妹は<u>演劇</u>部で<u>劇</u>の基本を学んだ。
25. 「<u>版画</u>の取り扱いにご注意ください。」
26. ご<u>祝儀</u>（しゅうぎ）には新しいお<u>札</u>を使う。　(gift money)

2)

1. 正しい筆順を覚えれば、漢字がきれいに書ける。

2. A氏は徳の高いことで知られている。

3. この作品は芸術的並びに道徳的な価値がある。

4. 日本社会の根底には農業を中心とする村社会がある。

5. 無理な投資の結果、多額の資金が焦げ付いた。

6. 「何かが焦げたようなにおいがします。」

7. この自動車メーカー(manufacturer, maker)は売り上げを回復しようと焦り、不正を行った。

8. 巨額の裏金が動いたという情報はあるが、裏付けがない。

9. 「千円札の裏側は富士山のあるほうです。」

10. Z劇団の公演は誌面に大きく取り上げられた。

11. 非正規社員への不当な(unfair)扱いは、根の深い問題だ。

12. この作家の代表作は、すぐに第2版が出た。

13. ビル建設の工事に数社が入札し、D社が落札した。

14. 夕方になると、割引の値札がついた食品がスーパーに並ぶ。

15. パーティー会場の受付に名札が並べてある。

II. 書きましょう
Write the following

答え ▶ 別冊 p.3
Answers Supplement p.3

1) 次のことばの＿＿の漢字を書きましょう。送り仮名があれば書きましょう。
Write the missing kanji for the following words in the blanks. Write additional *okurigana* if needed.

1. ＿＿着 する
   しゅう ちゃく

2. ＿＿者
   ひっ しゃ

3. ＿＿
   ひろう

4. 道＿＿的 な
   どう とく てき

5. 日＿＿
   にっ し

6. ＿＿
   ならぶ

7. ＿＿底
   こん てい

8. ＿＿点
   しょう てん

9. ＿＿側
   うら がわ

10. 演＿＿
    えん げき

11. 取り＿＿い
    あつか

12. ＿＿子
    さっ し

13. 出＿＿する
    しゅっ ぱん

2) 【 】から漢字を選んで、＿＿に書きましょう。送り仮名があれば書きましょう。
Choose the correct kanji from inside the brackets and write them in the blanks. Write additional *okurigana* if needed.

1. 【列・刊】 人気歌手の本が＿＿行＿＿され、書店の前に
   かん こう
   人の＿＿ができた。
   れつ

2. 【焦・黒】 パンを真っ＿＿に＿＿＿＿しまった。
   ま くろ こがして

3. 【礼・札】 千円＿＿を両替してくれた人にお＿＿を言った。
   さつ れい

4. 【誌・読】 この科学雑＿＿は世界中で＿＿まれている。
   ざっ し よ

34

3) 【　】から漢字を選んで、＿＿に漢字と送り仮名を書きましょう。＿＿の下には読み仮名を書きましょう。

Choose the correct kanji from inside the brackets and write them and their *okurigana* in the blanks. Write the readings for the kanji below the blanks.

【　裏　　拾　　表　　捨　】

1. 冊子の＿＿＿側にはバレエ(ballet)の写真、＿＿＿側には劇場の地図がある。

2. 「みんなが＿＿＿てごみを＿＿＿って、公園をきれいにしましょう。」

4) 【　】の中の漢字を適当な形にして、＿＿に書きましょう。送り仮名も書きましょう。＿＿の下には読み仮名を書きましょう。

Convert the kanji in the brackets to the correct form and write it in the blanks. Write any additional necessary *okurigana*. Write the readings for the kanji below the blanks.

1. 【並】　1) テーブルにお皿が＿＿＿＿＿＿あります。

　　　　　2) 店の入り口に、お客さんが＿＿＿＿＿＿います。

2. 【焦】　1) 魚の＿＿＿＿＿＿においがします。

　　　　　2) 急にスピーチ(speech)を頼まれて、＿＿＿＿＿＿しまいました。

III. 聞きましょう
Listen to the following

答え ▶ 別冊 p.4
Answers Supplement p.4
🔊 06

音声に含まれていることばを選んで、○をつけましょう。
Choose and circle the words that are included in the audio clip.

1. 【　収拾・収集　】

2. 【　誌面・裏面　】

3. 【　値札・名札　】

③ 夏目漱石　Natsume Soseki

まとめの問題 1 (①〜③)

Review Question 1

答え ▶ 別冊 p.17
Answers Supplement p.17

I. □から漢字を選んで、＿＿に書きましょう。＿＿の下には読み仮名を書きましょう。
Choose the correct kanji from the box below and write it in the blanks. Write the readings for the kanji below the blanks.

邦　杯　編　版　精　執

例) ┌ 邦人を助ける　　　① ┌ 精進料理　　　　　② ┌ 乾杯する
　　│ ほうじん　　　　　　　│ 　　　stress　　　　　 │ 　　　wine
　　└ 連邦政府　　　　　　└ 精神的なストレス　　　└ ワインを2杯飲む
　　　れんぽう

③ ┌ 版画を買った　　　④ ┌ 編行部　　　　　　⑤ ┌ 長編小説
　　│ 　　　　　　　　　　│ 　　　　　　　　　　 │
　　└ 出版する　　　　　　└ 編着する　　　　　　└ 短編小説

II. □から適当な漢字を選んで、＿＿に書きましょう。（　）に助詞も書き、文を完成させましょう。＿＿の下には読み仮名も書きましょう。2回使う漢字もあります。
Choose the correct kanji from the box below and write it in the blanks. Write the necessary particle in the parentheses to complete the sentence. Write the readings for the kanji below the blanks. Some kanji may be used twice.

祝　致　捨　並　乾　拾　詰　臨

例) 昇進 (を) 祝う。　　　　　　① 試合（　）＿＿＿＿＿。
　　　　　　　　　いわ

② 髪の毛（　）＿＿＿＿＿。　　　③ 髪の毛（　）＿＿＿＿＿。
　かみ　け　　　　　　　　　　　　　　かみ　け

④ 人（　）＿＿＿＿＿いる。　　　⑤ いす（　）＿＿＿＿＿。

⑥ ごみ（　）＿＿＿＿＿。　　　　⑦ 昨日駅前でさいふ（　）＿＿＿＿＿。

⑧ パイプにごみ（　）＿＿＿＿＿いる。　⑨「ご連絡＿＿＿＿＿ます。」
　pipe

III. 読みましょう。
Read the following.

① 「SUKIYAKI」

芸術の世界では、海外から賞が贈られることがある。1964年に全米レコード協会*から栄誉あるゴールデン・ディスク*を贈られた「SUKIYAKI」は日本の歌で、「上を向いて歩こう」が日本語のタイトル*だ。悲しくて泣く若者が、辛抱して涙がこぼれない*ように、星を見ながら上を向いて歩くという歌詞*だ。この若者の姿は、海外の人にもわかるものだったのだろう。

② フェンシング*

オリンピックの種目*にフェンシングがある。西洋の騎士*たちによる剣術*から始まったと言われている。演劇や映画で見るのとは違い、剣は長さや重さなどの範囲が決められている。勝負は電気信号で判定され*、個人戦と団体戦が行われる。日本も才能のある選手を集め、ナショナルチーム*を編成し、国際経験が豊富な監督が指導している。

③ 日本文化を知る本

日本文化を説明する本は数多くある。執筆された本の中には、日本独自の美意識*や武士道*の精神に着目した*ものがある。また、「恥の文化」などのキーワード*で有名なものもある。これらは日本文化を理解する助けになるが、著者や出版された時代によって扱う話題の取捨選択が異なる。何冊か読み比べることをすすめる。

④ お札のデザイン*

お札（紙幣*）のデザインには、その国の文化が反映される*。日本では、表側に偉い人の肖像画*が使われることがある。昔は厳しい顔をした政治家が選ばれたが、最近は教育者や小説家や医学者が選ばれている。裏側は富士山や日本銀行本店が多く、沖縄*の城が使われたお札もある。偽造*を防止するため、お札には様々な隠れた工夫*がされているが、最近はコピー機が進歩したため、ホログラム*などの新しい技術が導入されている。

全米レコード協会 Recording Industry Association of America (RIAA)　**ゴールデン・ディスク** golden disk　**タイトル** title
こぼれる to trickle down, to spill　**歌詞** song lyrics　**フェンシング** fencing　**種目** event　**騎士** knight　**剣術** swordsmanship
判定する to judge, to decide　**ナショナルチーム** national team　**美意識** sense of beauty, aesthetic sense
武士道 bushido, samurai code of chivalry　**着目する** to focus on　**キーワード** keyword　**デザイン** design
紙幣 paper money, note, bill　**反映する** to reflect　**肖像画** portrait　**沖縄** Okinawa (place name)
偽造 forgery, fabrication; counterfeiting　**工夫** scheme, figuring out　**ホログラム** hologram

4 トピックを読む 日本人の信仰

Japanese and Religion

399 敬　400 巨　401 岩　402 聖　403 居　404 序　405 秩　406 宗　407 拝　408 殿
409 清　410 宝　411 幸　412 祈　413 徒　414 除

　日本人は、太古から自然に神々が宿ると信じ、自然を**敬**ってきた。例えば、山や**巨**大な**岩**、木を**聖**なるものと考え、神の存在を感じた。「八百万の神*」という言葉があるが、これは多くの神が**居**ることを表し、日本人は多くの神々を広く信じ、祀った*。やがて、その祀られた場所に神社が建てられ、地域社会の中心となった。人々は、**秩序**を重んじ、神々とのつながりを保った。

　6世紀に仏教が伝来した際、この自然神*への信仰*は、仏教と区別して神道と呼ばれるようになった。日本人は仏教も日本の**宗**教として受け入れ、仏教の精神もまた、生活の中に生きている。

　神社の入口には鳥**居**がある。これは神が住むところと、人間が住むところを区別する意味がある。鳥**居**から**拝殿**まで続く道を参道と呼ぶ。お参りする前には必ず手と口を洗い、**清**める。

　神社は豊かな自然の中にあることも多く、国**宝**に指定されている例もあり、四季を通じて多くの観光客が訪れる。

　日本人は正月になると神社に参**拝**し、健康や**幸**福を**祈**る。キリスト教**徒**ではないが、教会で結婚式を挙げる人もいる。葬式*は仏教で執り行う人が多い。

　そもそも日本には「八百万の神」への信仰があるので、他の宗教を排**除**することなく自然に受け入れられるのだろう。

拝殿　はいでん
参道
鳥居　とりい

八百万の神 all the gods and goddesses　祀る to deify, to worship　自然神 God dwelling in Nature, Natural God　信仰 belief, faith
葬式 funeral

これも覚えよう！

太古 (たいこ) ancient times	自然に (しぜんに) naturally	宿る (やどる) to dwell, to lodge at	地域社会 (ちいきしゃかい) regional community
伝来する (でんらいする) to be handed down	区別する (くべつする) to distinguish, to identify	神道 (しんとう) Shintoism, Shinto	参道 (さんどう) road approaching a shrine
お参りする (おまいりする) to visit (a shrine/temple/grave), to worship		指定する (していする) to designate, to assign	～を通じて (〜をつうじて) through ~
観光客 (かんこうきゃく) tourist	教会 (きょうかい) church	受け入れる (うけいれる) to take in, to accept, to receive	

新しい漢字とことば

[ ]：トピック・記事に出てくることば

399　敬　respect
一 十 艹 艹 苟 苟 苟 苟 敬 敬 敬　★2　12

- **ケイ** ▶ 敬意 (けいい) respect, reverence　敬遠(する) (けいえん) to keep at a distance, to avoid　敬語 (けいご) honorific language
- **うやま-う** ▶ [敬う (うやまう) to show respect for, to revere, to worship]

MEMO 敬(けい)：敬 警(けい)

400　巨　huge
｜ 「 厂 斤 巨　★2　5

- **キョ** ▶ [巨大(な) (きょだい) huge, gigantic]　巨人 (きょじん) giant　巨額 (きょがく) great sum　巨万 (きょまん) huge fortune

MEMO 巨 vs 臣

401　岩　rock
｜ 山 山 屵 屵 岩 岩 岩　★3　8

- **ガン** ▶ 溶岩 (ようがん) lava　岩石 (がんせき) stones and rocks
- **いわ** ▶ [岩 (いわ) rock, stones and rocks]　岩手県 (いわてけん) Iwate prefecture

MEMO 山：岩 炭　石：岩 研 破 確　MEMO 岩 vs 名 vs 君

402　聖　holy, saint
一 丁 F F 耳 耳 耳 耵 聖 聖 聖 聖　★1　13

- **セイ** ▶ [聖なる (せいなる) holy, sacred]　神聖(な) (しんせい) holy, divine　聖域 (せいいき) sanctuary　聖書 (せいしょ) scriptures, the Bible

MEMO 口：聖 程 器 呼 和　耳：聖 聞

403 居 — reside, be present ★4

Strokes: フ ⇁ ｱ ｱ ｱ 尸 居 居 (8)

- **キョ**
  - 住居 (じゅうきょ) residence, house
  - 入居(する) (にゅうきょ) to move into
  - 同居(する) (どうきょ) to live together
- **い-る**
  - [居る (い) to be, to exist]
  - 鳥居 (とりい) torii, Shinto shrine gateway
  - 居間 (いま) living room

MEMO 古：居 苦 故

404 序 — preface, order ★1

Strokes: 丶 亠 广 庐 庐 序 (7)

- **ジョ**
  - 順序 (じゅんじょ) sequence, order
  - 序章 (じょしょう) prologue, introduction, foreword

MEMO 予：序 予　　序 vs 庁

405 秩 — order ★1

Strokes: 丿 二 千 千 禾 禾 秒 秩 秩 (10)

- **チツ**
  - [秩序 (ちつじょ) order, discipline]

MEMO 失：秩 鉄

406 宗 — religion, religious sect ★1

Strokes: 丶 丷 宀 宇 宇 宗 宗 (8)

- **シュウ・ソウ**
  - [宗教 (しゅうきょう) religion]
  - 宗派 (しゅうは) sect, denomination
  - 天台宗 (てんだいしゅう) Tendai sect
  - 宗主国 (そうしゅこく) suzerain state

MEMO 示：宗 察 票

407 拝 — worship, humbly ★2

Strokes: 一 十 扌 扌 扩 扩 拝 拝 (8)

- **ハイ／-パイ**
  - [参拝(する) (さんぱい) to visit (a shrine/temple), to go to worship]
  - 拝見(する) (はいけん) to see (humble form)
  - 拝礼(する) (はいれい) to worship, to bow (in worship)
- **おが-む**
  - 拝む (おが) to pray, to assume a prayer position

408 殿 — palace, formal honorific title ★2

Strokes: フ ⇁ ｱ ｱ 尸 尸 屍 屍 展 殿 殿 殿 (13)

- **デン・テン**
  - [拝殿 (はいでん) hall of worship, front shrine]
  - 宮殿 (きゅうでん) palace
  - 殿下 (でんか) His/Her Highness
  - 御殿 (ごてん) palace, court
- **どの・との**
  - 殿 (どの) Mister/Miss, Lord
  - 殿様 (とのさま) lord

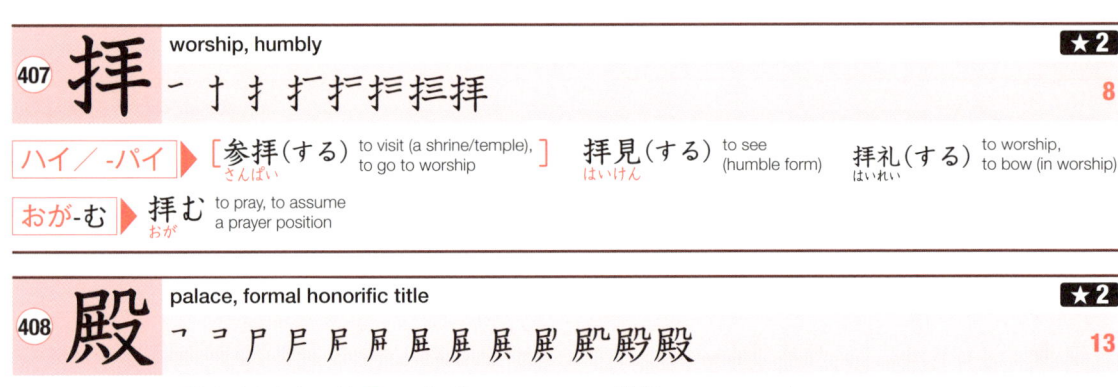

MEMO 殳：殿 段 設 役 般

409 清 — clear, clean ★2

筆順: 丶ミシ汁汁法清清清清 (11)

- セイ・ショウ
  - 清算(する) せいさん — to liquidate, to clear
  - 清潔(な) せいけつ — clean, immaculate
  - 六根清浄 ろっこんしょうじょう — purification of six sense organs
- きよ-い・きよ-める
  - 清める きよ — to purify, to cleanse
  - 清い きよ — clear, pure

MEMO 青：清 静 精 晴 (せい)

410 宝 — treasure ★2

筆順: 丶丶宀宀宁宇宝宝 (8)

- ホウ
  - 国宝 こくほう — national treasure
  - 宝石 ほうせき — precious stone, jewelry
  - 重宝(な) ちょうほう — handy
  - 重宝(する) ちょうほう — to come in handy
- たから
  - 宝 たから — treasure
  - 宝くじ たから — lottery

411 幸 — good fortune, happiness ★3

筆順: 一十土丰去幸幸幸 (8)

- コウ
  - 幸福(な) こうふく — happy, fortunate
  - 不幸(な) ふこう — unfortunate, unlucky
- さいわ-い・さち・しあわ-せ
  - 幸い さいわ — happiness, fortune
  - 幸 さち — good luck, fortune
  - 幸せ(な) しあわ — happy, fortunate

MEMO 幸：幸 執 報　幸 vs 辛

412 祈 — pray ★2

筆順: 丶ラネネ衤祈祈祈 (8)

- キ
  - 祈願(する) きがん — to pray (for something)
- いの-る
  - 祈る いの — to pray, to wish
  - 祈り いの — prayer, wish

MEMO 斤：祈 近 断 新 所 折

413 徒 — walk, follower ★3

筆順: ノクイ彳社社徒徒徒 (10)

- ト
  - キリスト教徒 きょうと — Christian
  - 信徒 しんと — believer, layman
  - 生徒 せいと — student, pupil
  - 徒歩 とほ — walking, going on foot

414 除 — exclude ★2

筆順: ノ3阝阝阶阶险除除除 (10)

- ジョ・ジ
  - 排除(する) はいじょ — to eliminate, to remove
  - 除外(する) じょがい — to exclude, to omit
  - 解除(する) かいじょ — to cancel, to terminate, to release
  - 削除(する) さくじょ — to delete
  - 掃除(する) そうじ — to clean
- のぞ-く
  - 除く のぞ — to remove, to exclude
  - 取り除く とのぞ — to remove, to uninstall

MEMO 余：除 途

4 日本人の信仰　Japanese and Religion　41

I. 読みましょう　Read the following

答え ▶ 別冊 p.4
Answers　Supplement p.4

次の文を読みましょう。＿＿は、この課の漢字のことばです。
Read the following sentences. The underlined words use the kanji from this section.

1)

1. 常に人に<u>敬意</u>を表すことが大切だ。
2. C氏は財界の<u>巨人</u>と呼ばれている。
3. <u>岩手県</u>は東日本に位置する。
4. 先生は長年<u>聖書</u>を研究している。
5. <u>住居</u>表示を見ながら建物を探す。
6. 新しいマンションに<u>入居</u>する。 (condominium, apartment)
7. 来月から姉と<u>同居</u>する予定だ。
8. <u>居間</u>に家族が集まって話す。
9. 「<u>順序</u>よく話してください。」
10. 天台<u>宗</u>は仏教の<u>宗派</u>のひとつだ。(てんだい)
11. 「お手紙を<u>拝見</u>しました。」
12. 神社で手を合わせて<u>拝</u>む。
13. 会社を<u>清算</u>する。
14. 傷口は<u>清潔</u>にしなければならない。(けつ)
15. 「水<u>清</u>ければ魚すまず。」 (Clear water does not breed fish (proverb))
16. 小型のLEDライトは<u>重宝</u>だ。 (LED light)
17. 宮<u>殿</u>に<u>宝</u>石や<u>宝</u>がかざってある。(きゅう)
18. 年末に買った<u>宝</u>くじが当たった。
19. <u>不幸</u>な事件が次々に起こる。
20. 弟の合格を<u>祈願</u>する。
21. 死者のために<u>祈</u>りをささげる。 (dedicate)
22. 友人はキリスト教の<u>信徒</u>だ。
23. 自宅は駅から<u>徒歩</u>5分だ。
24. 契約を<u>解除</u>する。
25. 部屋を<u>掃除</u>する。(そう)
26. 迷惑メールを<u>削除</u>する。

2)

1. A君は人の批判をするので、友だちから<u>敬遠</u>されている。

2. 日本語の<u>敬語</u>は使わなければうまくならない。

3. B社は先月、事業に<u>巨額</u>の投資を行った。

4. 大雨により山から大量の<u>岩石</u>が流れてきた。

5. 山は神が宿る<u>神聖</u>な場所、<u>聖域</u>としてとらえられてきた。

6. <u>秩序</u>が保たれている社会は安心して暮らせる。

7. 名前の最後に「様」の代わりに「<u>殿</u>」を付けることがある。

8. 消すことができるボールペンは仕事で<u>重宝</u>している。

9. 火山が噴火し<u>溶岩</u>(よう)が流れ出したが、<u>幸</u>いけが人はいなかった。 [volcanic eruption]

10. <u>静岡県</u>は海の<u>幸</u>、山の<u>幸</u>が豊富なところだ。(しずおか) [Shizuoka Prefecture]

11. 人はだれでも<u>幸</u>せになりたいと思っている。

12. A中学校は教師と<u>生徒</u>を合わせて300名だ。

13. 酒類・たばこ類は割引の対象から<u>除外</u>する。 [subject, object, target]

14. AJA<u>スーパー</u>は木曜日を<u>除</u>いて営業している。 [supermarket]

15. <u>パイプ</u>に詰まったごみをていねいに取り<u>除</u>いた。 [pipe]

④ 日本人の信仰　Japanese and Religion

II. 書きましょう
Write the following

答え ▶ 別冊 p.4
Answers Supplement p.4

1) 次のことばの＿＿の漢字を書きましょう。送り仮名があれば書きましょう。
Write the missing kanji for the following words in the blanks. Write additional *okurigana* if needed.

1. ＿＿＿＿
   うやまう

2. ＿＿大な
   きょ だい

3. ＿＿
   いわ

4. ＿＿なる
   せい

5. ＿＿
   いる

6. 順＿＿
   じゅん じょ

7. ＿＿＿
   ちつ じょ

8. ＿＿教
   しゅう きょう

9. 参＿＿する
   さん ぱい

10. ＿＿＿
    はい でん

11. ＿＿＿＿
    きよめる

12. 国＿＿
    こく ほう

13. ＿＿福な
    こう ふく

14. ＿＿＿
    いのる

15. キリスト教＿＿
    きょう と

16. 排＿＿する
    はい じょ

2) 【　】から漢字を選んで、＿＿に書きましょう。送り仮名があれば書きましょう。
Choose the correct kanji from inside the brackets and write them in the blanks. Write additional *okurigana* if needed.

1. 【臣・巨】　大＿＿＿＿は途上国への＿＿額＿＿の援助を発表した。
   　　　　　　だい　じん　　　　　　　　きょ　がく

2. 【徒・従】　生＿＿が先生の指示に＿＿＿＿＿＿。
   　　　　　　せい と　　　　　　　　　したがう

3. 【精・清】　座禅をして＿＿神＿＿を＿＿＿＿＿＿。
   　　　　　　ぜん　　せい しん　　　きよめる

4. 【幸・辛】　＿＿＿＿＿料理を食べると、＿＿＿＿＿＿を感じる。
   　　　　　　からい　　　　　　　　　　しあわせ

3) 【 】のパーツを組み合わせて、____に漢字を書きましょう。パーツは何回使ってもいいです。

Assemble the parts in the brackets to form the correct kanji and write it in the blanks. You may use any of the parts more than once.

1. 【 禾 多 失 手 扌 非 】

___出する   ___む   ___序   ___動する
はい しゅつ   おが   ちつ じょ   い どう

2. 【 余 宀 示 阝 玉 】

___る   ___外する   ___教   ___国___
あま   じょ がい   しゅう きょう   こく ほう

3. 【 耳 王 口 里 山 石 哉 】

___書   ___山   ___解する   ___就___
せい しょ いわ やま   り かい   しゅう しょく

4. 【 ネ 迷 斤 展 言 殳 】

___る   ___決___する   ___宮___   ___備
いの   けつ だん   きゅう でん   せつ び

5. 【 尸 古 苟 由 夂 】

___間   ___事   ___語   ___ける
い ま   じ こ   けい ご   とど

III. 聞きましょう
Listen to the following

答え ▶ 別冊 p.4
Answers Supplement p.4

音声に含まれていることばを選んで、○をつけましょう。
Choose and circle the words that are included in the audio clip.

1. 【 祈った ・ 祝った 】

2. 【 敬意 ・ 経緯 】

3. 【 岩石 ・ 原油 】

5 記事を読む 文化のニュース   Cultural News

415 己　416 庭　417 悩　418 描　419 章　420 兼　421 養　422 典　423 涼　424 趣
425 混　426 仮　427 腰　428 鑑　429 露　430 喫

話題の小説が映画化

若手人気作家S氏のベストセラー*小説『自己流に!』が、来年の夏に映画化されることが決まった。この物語は、主人公の少年が複雑な家庭環境や学校でのいじめ*に悩みながらも、力強く成長していく姿を描いている。原作では離婚や貧困など、現代社会の問題が親しみやすい文章で表現されており、大きな話題を集めている。今回の映画ではS氏が演出も兼ねるという。どのような作品になるか、期待が高まる。

和食のすすめ*

今、世界中から和食への関心が高まっている。一般的に、和食は栄養のバランス*がよく、低カロリー*だと言われている。古くから伝わる一汁三菜*は和食の基本で、家庭料理の典型的なスタイル*だ。健康に気をつかう人にぜひおすすめしたい。

さくら納涼花火大会開催

一九五五年に始まった歴史ある花火大会。今年も趣向をこらした*約8千発の花火が打ち上げられる。当日は混雑が予想されるが、仮設の有料席では、ゆっくりと腰をおろして花火を鑑賞できる。また、会場の周辺には露店が並ぶ。祭りと花火を存分に満喫できるイベントだ。

ベストセラー best seller　いじめ bullying　すすめ recommendation　バランス balance　低カロリー low-calorie
一汁三菜 meal of soup and three small dishes　スタイル style　こらす to elaborate

これも覚えよう！

- 話題の（わだいの） topic of conversation, much-talked-about
- 映画化する（えいがかする） to make into a movie version
- 物語（ものがたり） story, fable
- 少年（しょうねん） young boy
- 力強く（ちからづよく） powerfully, encouragingly
- 原作（げんさく） original work
- 親しみやすい（したしみやすい） friendly, easy to like
- 演出（えんしゅつ） production, direction
- 期待が高まる（きたいがたかまる） expectations increase
- 世界中（せかいじゅう） around the world
- 一般的に（いっぱんてきに） generally, commonly
- 古くから（ふるくから） from old times, from long ago
- 伝わる（つたわる） to be conveyed, to be transmitted
- 気をつかう（きをつかう） to take into consideration
- ８千発（はっせんぱつ） 8,000 fireworks
- 打ち上げる（うちあげる） to launch
- 当日（とうじつ） appointed day, that day
- 存分に（ぞんぶんに） to one's heart's content, freely

新しい漢字とことば

[　]：トピック・記事に出てくることば

415　己　oneself　★1
筆順: フ コ 己　　3

- コ・キ ▶ 自己流（じこりゅう） one's own style, self-taught manner　自己（じこ） self, oneself　知己（ちき） acquaintance
- おのれ ▶ 己（おのれ） you; I; myself

MEMO　己：己（き）紀（き）記（き）起（き）

416　庭　court, garden　★2
筆順: 丶 亠 广 庐 庐 庄 庄 庭 庭　　10

- テイ ▶ [家庭（かてい） household, family, home]　校庭（こうてい） school yard, playground
- にわ ▶ 庭（にわ） garden, yard

417　悩　suffer　★2
筆順: ノ 丷 忄 忄 忄 忄 忟 悩 悩　　10

- ノウ ▶ 苦悩（くのう）(する) to suffer, to be in agony
- なや-む・なや-ます ▶ [悩む（なやむ） to be worried, to be troubled]　悩ます（なやます） to afflict, to torment, to harass　悩み（なやみ） trouble, worries

MEMO　凶：悩（のう）脳（のう）

418　描　sketch　★1
筆順: 一 十 扌 扌 扌 扌 扌 拌 描 描 描　　11

- ビョウ ▶ 描写（びょうしゃ）(する) to portray, to describe
- えが-く・か-く ▶ [描く（えがく） to depict, to draw]　描く（かく） to draw, to paint, to sketch

⑤ 文化のニュース　Cultural News　47

419 章 — chapter, badge ★2
丶 亠 ナ 立 产 产 音 音 音 音 章 章 — 11

ショウ: [文章 (ぶんしょう) writing, sentence] 第3章 (だい しょう) the third Chapter　勲章 (くんしょう) decoration, medal

MEMO 章 vs 意　章：章障 (しょう／しょう)

420 兼 — concurrently ★1
丶 丷 丬 当 当 兰 兼 兼 兼 兼 — 10

ケン: 兼務 (けんむ)(する) to hold an additional post, to double as　会長兼社長 (かいちょうけんしゃちょう) a person who is both chairperson and president

か-ねる: [兼ねる (か) to serve two or more functions or roles simultaneously]

MEMO 兼 vs 業

421 養 — foster ★1
丶 丷 䒑 䒑 䒑 芏 并 羊 羊 养 养 養 養 養 養 — 15

ヨウ: [栄養 (えいよう) nutrition]　養成 (ようせい)(する) to train, to develop　養護 (ようご)(する) to nurse, to protect　休養 (きゅうよう)(する) to take a rest

やしな-う: 養う (やしな) to support, to provide for

MEMO 養 vs 義

422 典 — code, ceremony ★1
一 口 巾 曲 曲 典 典 典 — 8

テン: [典型的 (てんけいてき)(な) typical, representative, model]　式典 (しきてん) ceremony, rites　英和辞典 (えいわじてん) English-Japanese dictionary　事典 (じてん) dictionary, encyclopedia

423 涼 — cool ★2
丶 丶 シ 氵 汁 泸 浐 涼 涼 涼 涼 — 11

リョウ: [納涼 (のうりょう) (enjoying the) cool of the evening]

すず-しい・すず-む: 涼しい (すず) cool　涼む (すず) to cool off, to enjoy the cool air

MEMO 京：涼京 (しょう／しょう)

424 趣 — gifts, interest ★1
一 十 土 卞 走 走 走 赴 赴 赶 赶 趄 趣 趣 趣 — 15

シュ: [趣向 (しゅこう) plan, idea, plot]　趣味 (しゅみ) hobby, pastime, tastes

おもむき: 趣 (おもむき) meaning, atmosphere, charm

MEMO 走：趣超越起　取：趣取 (しゅ／しゅ)

425 混 — mix ★3

Stroke order: 丶 氵 氵 氵 沪 沪 沪 涓 混 混 — 11

- コン ▶ [混雑(する) こんざつ to be crowded, to be congested]
- ま-じる・ま-ざる・ま-ぜる・こ-む ▶
  - 〜が混じる to be mixed, to be blended with
  - 〜が混ざる to be mixed, to be blended with
  - 〜を混ぜる to mix, to blend
  - 混む to be crowded, to be packed

426 仮 — temporary ★2

Stroke order: ノ 亻 仁 仮 仮 仮 — 6

- カ・ケ ▶ [仮設(する) かせつ to build temporarily]　仮病 けびょう feigned illness
- かり ▶ 仮に かり provisionally, tentatively　仮契約 かりけいやく provisional contract

427 腰 — waist ★2

Stroke order: ノ 丿 月 月 肝 肝 胪 胪 脾 腰 腰 腰 腰 — 13

- ヨウ ▶ 腰痛 ようつう lower back pain
- こし ▶ [腰 こし hip, lower back]

MEMO 要：腰 よう 要 よう

428 鑑 — appraise, reference volume ★1

Stroke order: ノ 스 人 仁 乍 乍 쇼 쇼 釒 釒 釒 釒 釒 釒 鋻 鋻 鋻 鑑 鑑 鑑 鑑 鑑 — 23

- カン ▶ [鑑賞(する) かんしょう to appreciate (art, music)]　鑑定(する) かんてい to judge, to appraise　図鑑 ずかん picture book
- かんが-みる ▶ 鑑みる かんがみる to take into account, to consider

MEMO 監：鑑 かん 監 かん

429 露 — expose, dew ★1

Stroke order: 一 厂 戶 示 示 雨 雨 雨 雨 雪 雪 霞 霞 霞 霞 露 露 露 — 21

- ロ・ロウ ▶ 露店 ろてん street stall, stand, booth　披露(する) ひろう to announce, to present
- つゆ ▶ 露 つゆ dew

MEMO 路：露 ろ 路 ろ

430 喫 — consume ★2

Stroke order: 一 口 口 口' 叶 吐 哧 哧 喫 喫 — 12

- キツ／キッ- ▶ [満喫(する) まんきつ to have enough of something, to have one's fill, to enjoy fully]　喫煙(する) きつえん to smoke (cigarettes)　喫茶店 きっさてん coffee shop, tearoom

MEMO 契：喫 契

⑤ 文化のニュース　Cultural News

I. 読みましょう　Read the following

次の文を読みましょう。＿＿は、この課の漢字のことばです。
Read the following sentences. The underlined words use the kanji from this section.

1)

1. <u>自己</u>を主張する。
2. 温かい<u>家庭</u>で育つ。
3. 子供たちが<u>校庭</u>で遊ぶ。
4. 大きい<u>庭</u>がある家に引っ越す。
5. <u>苦悩</u>に満ちた表情になる。
6. 友達に<u>悩</u>みを相談する。
7. 将来の夢を<u>描</u>く。
8. 花の絵を<u>描</u>く。
9. 物語の第3<u>章</u>まで読んだ。
10. 会長<u>兼</u>社長に就任する。
11. 技術者を<u>養成</u>する。
12. 特別<u>養護</u>老人ホーム（retirement home）に入る。
13. 家族を<u>養</u>うために働く。
14. <u>典型</u>的な例を挙げて説明する。
15. <u>式典</u>を開催する。
16. 新しい<u>英和辞典</u>を買う。
17. 今夜、<u>納涼</u>祭りが行われる。
18. 今日は昨日より<u>涼</u>しい。
19. 水と油は分離して<u>混</u>ざらない。
20. 業者と売買の<u>仮契約</u>を結ぶ。
21. <u>腰痛</u>に<u>悩</u>む。
22. <u>腰</u>のストレッチ（stretching）をする。
23. 趣味は映画<u>鑑賞</u>だ。
24. <u>図鑑</u>で植物の名前を調べる。
25. 祭りの<u>露店</u>で飲み物を買った。
26. <u>趣</u>がある古い<u>喫茶店</u>が好きだ。

2)

1. 深刻な環境汚染が住民を悩ます。

2. この絵は動物の姿を正確に描写している。

3. 自己流だが栄養のバランスを考えて食事制限をしている。 (balance)

4. 病気で休養中の監督に代わり、B選手が監督を兼務する。

5. この歴史事典はわかりやすい文章で書いてある。

6. イベント会場は大勢の人で混雑している。 (event)

7. 「全ての材料を器に入れて、よく混ぜてください。」

8. 気温が急に下がり、雨に雪が混じるようになってきた。

9. 通勤電車が混んでいるので、運動を兼ねて会社まで歩くことにした。

10. 台風で家が壊れ、今、仮設住宅で暮らしている。

11. 仮にあなたの言うことが正しくても、私は納得できない。

12. 母の宝石が本物かどうか、専門家に鑑定してもらう。

13. 新しいホテルが完成し、関係者に披露された。(ひ)

14. さまざまな趣向をこらした料理を満喫した。

15. 日本では20歳未満の喫煙は法律で禁止されている。

II. 書きましょう
Write the following

答え ▶ 別冊 p.5
Answers Supplement p.5

1) 次のことばの＿＿＿の漢字を書きましょう。送り仮名があれば書きましょう。
Write the missing kanji for the following words in the blanks. Write additional *okurigana* if needed.

1. 自＿＿ (じ こ)
2. ＿＿ (にわ)
3. ＿＿ (なやみ)
4. 絵を＿＿ (かく)
5. 第3＿＿ (しょう)
6. 仕事を＿＿務する (けん む)
7. ＿＿成する (よう せい)
8. ＿＿型＿＿的な (てん けい てき)
9. ＿＿ (すずしい)
10. ＿＿味 (しゅ み)
11. ＿＿雑する (こん ざつ)
12. ＿＿設のトイレ (か せつ)
13. ＿＿ (こし)
14. 図＿＿ (ず かん)
15. 披＿＿する (ひ ろう)
16. ＿＿煙する (きつ えん)

2) 【　】から漢字を選んで、＿＿＿に書きましょう。送り仮名があれば書きましょう。
Choose the correct kanji from inside the brackets and write them in the blanks. Write additional *okurigana* if needed.

1. 【義・養】　栄＿＿が足りない。(えい よう)
2. 【喫・契】　旅行を満＿＿する。(まん きつ)
3. 【阪・仮】　＿＿契約を結ぶ。(かり けい やく)
4. 【兼・業】　自宅と職場を＿＿＿＿。(かねる)
5. 【悩・脳】　苦＿＿を抱える。(く のう)
6. 【意・章】　日本語で文＿＿を書く。(ぶん しょう)

52

3) 【　】から漢字を選んで、＿＿に漢字と送り仮名を書きましょう。＿＿の下には読み仮名を書きましょう。

Choose the correct kanji from inside the brackets and write them and their *okurigana* in the blanks. Write the readings for the kanji below the blanks.

【　描　　悩　　兼　　養　　混　】

1. コーヒーに牛乳を入れて＿＿＿＿＿＿ます。

2. 首相が外務大臣を＿＿＿＿＿＿ます。

3. 実力を＿＿＿＿＿＿ます。

4. 就職するか、進学するか＿＿＿＿＿＿ます。

5. 自分の理想を＿＿＿＿＿＿ます。

III. 聞きましょう
Listen to the following

答え ▶ 別冊 p.5
Answers　Supplement p.5

音声に含まれていることばを選んで、○をつけましょう。
Choose and circle the words that are included in the audio clip.

1. 【　納涼・同僚　】

2. 【　事故・自己　】

3. 【　腰痛・様子　】

6 記事を読む　防災―自然災害

Disaster Prevention - Natural Disasters

431 災　432 震　433 倒　434 揺　435 看　436 板　437 避　438 崩　439 河　440 寄
441 署　442 救　443 泉　444 沢　445 草　446 毒

自然災害から身を守ろう！

日本は自然災害が非常に多い。災害が発生した時の行動を知っておこう。

地震

建物の中にいる時に地震が発生した場合は、倒れてくる家具などから身を守るために、大きなテーブルなどの下にもぐり、揺れが収まったら、火の元をチェックし、窓やドアを開け、出口を確保しよう。

外にいる時は、ブロック塀*が倒れたり、看板が落ちてきたりと、非常に危険である。安全な建物に入るか、広い場所に避難しよう。

台風

台風が接近し、風雨が強くなってから、外出するのは危険である。停電や避難に備えて、非常持ち出し品*を準備しておくことが大切だ。警報や避難情報を注意して聞き、避難をする時は、川の近くや土砂崩れが起きそうな場所を避けて歩こう。

洪水*

台風や大雨で著しく河川の水量が増えると洪水が起きる。川が氾濫した*場合は、すさまじい勢いで水が押し寄せてくるので、テレビやラジオ、地域の役場や消防署、警察署からの指示を聞き、氾濫する前に早めに避難しよう。遅れた場合は、自宅や近所の高い場所に避難し、救助を待とう。

火山

火山活動が活発になり、危険な状態になると、地域の役場や消防署、警察署などから避難の指示が出る。それに従って行動しよう。温泉や登山に行った時は火山ガス*にも注意しよう。谷や沢などに鳥や小動物*が死んでいたり、草花が枯れて*いたら、有毒ガスが出ている可能性がある。

ブロック塀 concrete-block wall　非常持ち出し品 emergency bag, survival kit　洪水 flood, flooding　氾濫する to flood
火山ガス volcanic gas　小動物 small animal　枯れる to wither (plant)

これも覚えよう！

- 身（み） body, oneself
- 行動（こうどう） action, behavior
- 火の元（ひのもと） origin of fire
- 風雨（ふうう） wind and rain
- 警報（けいほう） alarm, warning
- 水量（すいりょう） volume of water
- 役場（やくば） town office
- 活発（かっぱつ） lively, active

新しい漢字とことば

[ ]：トピック・記事に出てくることば

431 災　natural calamity
く 巛 巛 巛 巛 災 災　★1　7

- サイ ▶ [災害（さいがい） disaster]　被災（ひさい）（する） to suffer from　火災（かさい） blaze, fire　防災（ぼうさい） disaster prevention
- わざわ-い ▶ 災い（わざわい） catastrophe, misfortune

MEMO 火：災 火

432 震　quake
一 厂 厂 帀 帀 雨 雨 雫 雫 雫 霑 霄 震 震 震　★3　15

- シン ▶ [地震（じしん） earthquake]　震度（しんど） seismic intensity scale　震災（しんさい） earthquake disaster
- ふる-える ▶ 震える（ふるえる） to shake, to tremble

MEMO 雨：震 雲 雪 需　　辰：震 振 農

433 倒　topple
ノ イ 亻 亻 亻 亻 倅 倅 倒 倒　★2　10

- トウ／-ドウ ▶ 倒産（とうさん）（する） to be bankrupted　圧倒（あっとう）（する） to overwhelm, to crush　転倒（てんとう）（する） to tumble, to turnover, to flip　面倒（めんどう）（な） troublesome, bothersome
- たお-れる・たお-す／-だお-し ▶ [〜が倒（たお）れる to fall, to collapse, to be defeated]　〜を倒（たお）す to knock down, to defeat　前倒し（まえだおし）（する） to move the schedule forward

MEMO リ：倒 例　　到：倒（とう）到（とう）

434 揺　shake
一 十 扌 扌 扌 扌 扌 挦 挦 搖 搖 揺　★1　12

- ヨウ ▶ 動揺（どうよう）（する） to be shaken, to waver; to fluctuate
- ゆ-れる・ゆ-する・ゆ-らぐ・ゆ-さぶる ▶ [〜が揺（ゆ）れる to be shaken, to sway]　〜を揺（ゆ）する to shake, to rock　揺（ゆ）らぐ to swing, to shake, to become unstable　揺（ゆ）さぶる to shake, to jolt, to upset

⑥ 防災―自然災害　Disaster Prevention - Natural Disasters

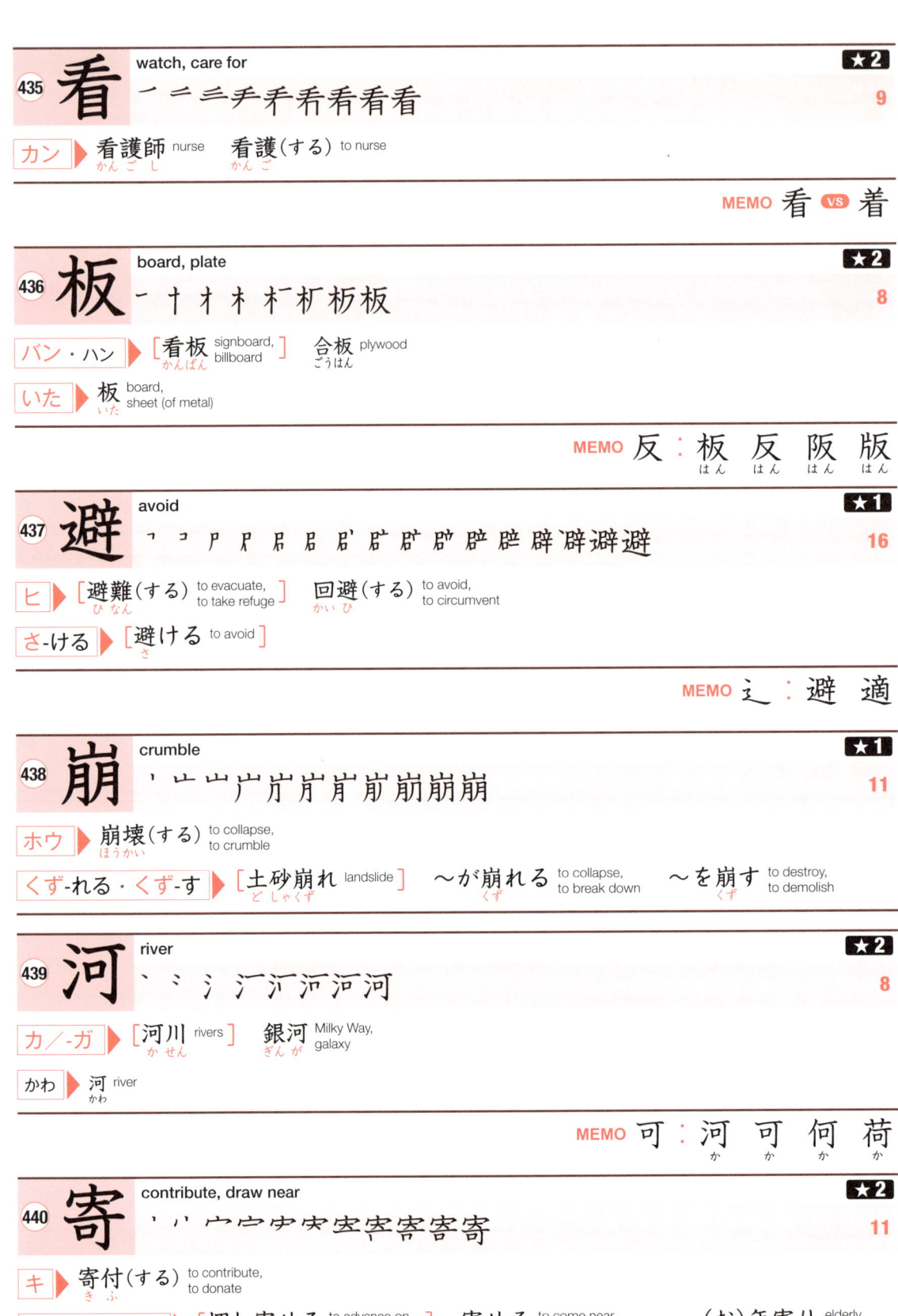

441 署 — public-service station, sign one's name ★2
13 strokes: 丶 冖 罒 罒 罒 罘 罝 署 署 署 署

ショ ▶ 消防署 fire station ・ 警察署 police station ・ 署名(する) to sign ・ 税務署 tax office

MEMO 者：署 暑 著

442 救 — save ★3
11 strokes: 一 十 寸 寸 求 求 求 䎐 救 救

キュウ ▶ 救助(する) to save, to rescue ・ 救済(する) to relieve, to aid ・ 救援(する) to rescue, to relieve ・ 救出(する) to rescue, to extricate ・ 救急 first-aid, emergency aid

すく-う ▶ 救う to rescue, to save

MEMO 求：救 求 球

443 泉 — spring ★2
9 strokes: 丶 冂 白 白 白 身 身 泉

セン ▶ 温泉 hot spring

いずみ ▶ 泉 spring, fountain

444 沢 — marsh ★1
7 strokes: 丶 ミ 氵 氵 沪 沢 沢

タク ▶ 光沢 brilliance, luster, glossy finish

さわ ▶ 沢 mountain stream, wetlands

MEMO 尺：沢 駅 択

445 草 — grass, draft ★2
9 strokes: 一 十 艹 艹 艹 芒 苩 苩 草

ソウ ▶ 草案 (rough) draft ・ 雑草 (garden) weed

くさ ▶ 草花 flowering plant ・ 草 grass ・ 草の根 roots of grass, grassroots ・ *煙草 tobacco, cigarette

MEMO 莫：草 募 暮　早：草 早

446 毒 — poison ★2
8 strokes: 一 十 キ 主 青 青 責 毒

ドク ▶ 有毒(な) toxic, poisonous ・ 毒 poison ・ 中毒 poisoning, addiction ・ 食中毒 food poisoning ・ 毒ガス poisonous gas

MEMO 主：毒 青 責　母：毒 毎

⑥ 防災―自然災害　Disaster Prevention - Natural Disasters

I. 読みましょう　Read the following

次の文を読みましょう。___は、この課の漢字のことばです。
Read the following sentences. The underlined words use the kanji from this section.

1)

1. 今回の震災で大きな被害が出た。
2. 面倒な仕事を頼まれた。
3. ボクシングで相手を倒した。(boxing)
4. 計画を前倒しで進めた。
5. 寝ている弟を揺すって起こした。
6. 業界トップの地位が揺らぐ。(top)
7. 寝ないで病人を看護する。
8. 弟は板で箱を作った。
9. 最悪の事態を回避する。
10. 混雑する時間を避けて外出する。
11. 政権が崩壊する。
12. 銀河について研究している。
13. 多くの寄付が集まった。
14. 国会にデモ隊が押し寄せた。(demonstrators)
15. 人が通れるように車を寄せた。
16. この町はお年寄りに人気がある。
17. 仕事の帰りに本屋に寄る。
18. 両首脳は共同声明に署名した。
19. 税金について税務署に相談した。
20. 崩れた家から子供が救出された。
21. 山には沢や泉がある。
22. 光沢がある服を着た。
23. 風で草が揺れている。
24. 予算の草案を作成した。
25. 庭の雑草を抜いた。
26. 草の根の国際交流に努めている。

2)

1. A町は防災に積極的に取り組んでいる。

2. 震度5の地震に動揺し、転倒してしまった。

3. ピカソ(Picasso)の絵に圧倒され、心が揺さぶられた。

4. 土砂崩れで木や家や看板が倒れた。

5. 夜遅くまで仕事をしていたことが災いし、体調を崩してしまった。

6. 台風の時は河川の水位が上がる前に避難しなければならない。

7. A警察署のホームページ(webpage)には災害時の注意がある。

8. 消防署は、消火・火災予防・救急・救助を専門に行う機関である。

9. ボランティアグループ(volunteer group)が被災した人々に対し救援活動を始めた。

10. A社は倒産しそうだったが、B銀行の多額の融資により救済された。

11. 自然の美しい草花を見た後、夜はホテルで温泉を楽しんだ。

12. 煙草には有毒な物質が含まれている。

13. 薬物中毒になると、体の震えが止まらなくなることがある。

14. Aさんは毒ガス(gas)を吸ったが、医師と看護師の努力で命が救われた。

15. 魚や植物には毒を持つ物があるので、食中毒には気をつけたい。

⑥ 防災―自然災害　Disaster Prevention - Natural Disasters

II. 書きましょう
Write the following

答え ▶ 別冊 p.5
Answers Supplement p.5

1) 次のことばの___の漢字を書きましょう。送り仮名があれば書きましょう。
Write the missing kanji for the following words in the blanks. Write additional *okurigana* if needed.

1. ___害
   さい がい

2. 地___
   じ しん

3. ___産 する
   とう さん

4. ___
   ゆれる

5. ___
   かん ばん

6. ___難 する
   ひ なん

7. ___
   くずれる

8. ___川
   か せん

9. 本屋に___
   よる

10. 消防___
    しょう ぼう しょ

11. ___出 する
    きゅう しゅつ

12. 温___
    おん せん

13. ___
    さわ

14. ___
    くさ

15. 有___な
    ゆう どく

2) 【　】から漢字を選んで、___に書きましょう。送り仮名があれば書きましょう。
Choose the correct kanji from inside the brackets and write them in the blanks. Write additional *okurigana* if needed.

1. 【到・倒】 木が道に___いたため、バスの___着が遅れた。
   たおれて　　　　　　とう ちゃく

2. 【看・着】 ___護師は白衣を___いる。
   かん ご し　　　　　きて

3. 【署・著】 ___者が___名をした本は価値がある。
   ちょ しゃ　しょ めい

4. 【求・救】 大きな声を出して、___助を___。
   きゅう じょ　もとめた

5. 【板・版】 看___の写真集が出___された。
   かん ばん　　しゅっ ぱん

3)【 】から漢字を選んで、＿＿に漢字と送り仮名を書きましょう。＿＿の下には読み仮名を書きましょう。

Choose the correct kanji from inside the brackets and write them and their *okurigana* in the blanks. Write the readings for the kanji below the blanks.

【　倒　　救　　寄　　避　　崩　】

1．混雑を＿＿＿＿＿ます。

2．体調を＿＿＿＿＿ました。

3．川に落ちた子供を＿＿＿＿＿ました。

4．木が＿＿＿＿＿ます。

5．スーパーに＿＿＿＿＿ます。

III. 聞きましょう
Listen to the following

答え ▶ 別冊 p.6
Answers　Supplement p.6　🔊 16

音声に含まれていることばを選んで、○をつけましょう。
Choose and circle the words that are included in the audio clip.

1．【　災害・再開　】

2．【　地震・自信　】

3．【　動揺・同僚　】

6　防災―自然災害　Disaster Prevention - Natural Disasters

まとめの問題2 (④〜⑥)

Review Question 2

答え ▶ 別冊 p.18
Answers Supplement p.18

I. ☐から漢字を選んで、＿＿に書きましょう。＿＿の下には読み仮名を書きましょう。

Choose the correct kanji from the box below and write it in the blanks. Write the readings for the kanji below the blanks.

仮　毒　看　殿　徒　宝

例) 拝殿
　　はいでん

① ＿＿国＿＿　　② ＿＿食中＿＿

③ ＿＿板＿＿　　④ ＿＿設住宅＿＿　　⑤ ＿＿仏教＿＿

II. ☐から適当な漢字を選んで、＿＿に書きましょう。( )に助詞も書き、文を完成させましょう。＿＿の下には読み仮名も書きましょう。

Choose the correct kanji from the box below and write it in the blanks. Write the necessary particle in the parentheses to complete the sentence. Write the readings for the kanji below the blanks.

避　救　祈　兼　倒　敬　悩　崩

① 先生(　)＿＿＿＿＿。　　② 山(　)＿＿＿＿＿。

③ 風で木(　)＿＿＿＿＿。　　④ 暑さ(　)＿＿＿＿＿。

⑤ 成功(　)＿＿＿＿＿。　　⑥ 恋(　)＿＿＿＿＿。

⑦ 首相が外相(　)＿＿＿＿＿。　⑧ 貧しい子ども(　)＿＿＿＿＿。

III. ☐から漢字を選んで、＿＿に書きましょう。＿＿の下には読み仮名を書きましょう。

Choose the correct kanji from the box below and write it in the blanks. Write the readings for the kanji below the blanks.

混　居　除　養　揺　寄

① ┌ 心が動＿＿する　② ┌ 避難指示が解＿＿される　③ ┌ １０万円＿付する
　└ 地震で建物が＿＿れる　　└ 痛みを取り＿＿く　　　　└ 本屋に＿る

④ ┌ 十分に栄＿＿をとる　⑤ ┌ マンションに入＿＿する (condominium, apartment)　⑥ ┌ 道路が＿＿雑する
　└ 家族を＿う　　　　　　└ 教室に＿る　　　　　　　　　　　　└ 粉と卵を＿ぜる

IV. 読みましょう。
Read the following.

① ＳＦ小説家星新一

　ＳＦ短編小説の天才といわれる小説家星新一は、1,000余りの小説を執筆した。その文章は、ユーモア*にあふれ、これからの世界を予見する*ような未来も描いている。また、ファンタジー*、宗教、信仰などジャンル*は幅広い*。

　若いころに、父の会社を継いだが、会社が倒産し、厳しい状況に直面した。その後、小説家になった。趣味で、江戸時代の看板や根付*を集めていたという。

② 自然の中で美術鑑賞

　四国の直島は、海と山の景観とともに芸術が鑑賞できる島として知られる。島にはいくつか美術館があるが、作品を鑑賞するだけでなく、庭でもアートを楽しむことができる。例えば、大きな石と板のオブジェ*が配置されていたり、200種類もの草花や木がまるで芸術作品のように植えられていたりしている。さらに、居住地にもアートを共存させ、訪れた人は、趣のある島で作品を満喫できる。

　かつて、直島は公園や国際キャンプ場*があり観光客でにぎわっていたが、バブル崩壊と共に観光客が減った。その後、芸術の島に生まれ変わった。

③ 岩手県山中で男性救助

　18日午前６時半ごろ、岩手県花巻温泉の近くで沢を登っていた男性が、転倒して腰を打ち、動けなくなっていると消防署に連絡があった。防災ヘリコプター*が付近を捜索し*、無事救助された。付近は気温が下がっていたが、幸い命に別状*はなかった。

ユーモア humor　**予見する** to foresee　**ファンタジー** fantasy　**ジャンル** genre　**幅広い** extensive, wide, broad
根付 netsuke; carved toggle used in the Edo period to tether a small container to the sash of a robe　**オブジェ** objet　**国際キャンプ場** international camp site　**ヘリコプター** helicopter　**捜索する** to search, to hunt　**別状** serious condition (after an injury)

7 記事を読む　防災―地震

Disaster Prevention - Earthquakes

⑷⁴⁷敷　⑷⁴⁸凶　⑷⁴⁹固　⑷⁵⁰築　⑷⁵¹念　⑷⁵²購　⑷⁵³耐　⑷⁵⁴床　⑷⁵⁵壁　⑷⁵⁶柱
⑷⁵⁷抜　⑷⁵⁸勧　⑷⁵⁹免　⑷⁶⁰撃　⑷⁶¹緩　⑷⁶²頃

地震への備え

　地震では、室内の家具が倒れてきて、下敷きになることがあります。見慣れた家具が、恐ろしい凶器になってしまうので、こうした事故を防ぐには、家具を固定する器具が役に立ちます。ネジ*を使うものやいろいろな種類の器具がホームセンター*の防災コーナー*で販売されています。

　マンション*にお住まいの方は、建築の構造を念頭におくと、器具を購入する際、参考になります。

　一つは、耐震構造です。床や壁や柱などを強固にすることで、建物が壊れないように工夫されています。しかし、揺れが大きいと、家具を固定しているネジが引き抜かれることがあります。このため、特に揺れが大きい上の階では、固定器具を複数にすることをお勧めします。

　もう一つは、免震構造です。地震による衝撃を吸収し緩和することで、建物の揺れが小さくなるように工夫されています。上の階も下の階と揺れは同じ程度ですが、家具や電化製品の転倒防止対策は必要です。

　防災には日頃の備えが大切です。お部屋の安全を考えてみましょう。

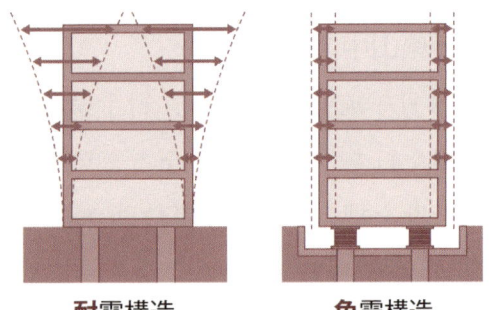

耐震構造　　免震構造

ネジ screw　　ホームセンター hardware store　　コーナー corner, section　　マンション condominium, apartment, apartment building

これも覚えよう！

- 室内（しつない） indoor, inside a room
- 見慣れた（みなれた） used to seeing, familiar
- 器具（きぐ） utensil, implement
- お住まいの方（おすまいのかた） resident
- 参考（さんこう） reference
- 建物（たてもの） building, structure
- 工夫する（くふうする） to devise, to contrive
- 上の階（うえのかい） the floor above, the upper floors (in a building)
- 電化製品（でんかせいひん） electrical appliances
- 部屋（へや） room, chamber

新しい漢字とことば

[　]：トピック・記事に出てくることば

447 敷 — spread, promulgate ★1　15

一 ㇠ 戸 甫 亘 車 車 軎 軎 軎 軎 軎 敷 敷 敷

- フ ▶ 敷設（する）（ふせつ） to lay (railroad, pipes, mines)
- し-く／-じ-く ▶ [下敷き]（したじき） being pinned under, being trapped under; sheet (of plastic, cardboard, felt) placed under writing paper
- 敷地（しきち） site, plot, grounds
- 敷く（しく） to spread (out), to lay

MEMO 攵 ： 敷　敬　救

448 凶 — bad luck, evil ★1　4

ノ 乂 凶 凶

- キョウ ▶ [凶器]（きょうき） lethal weapon, deadly weapon
- 凶悪（な）（きょうあく） brutal, atrocious
- 元凶（げんきょう） ringleader, main culprit, main cause
- 凶作（きょうさく） bad harvest

MEMO 凶 vs 区

449 固 — solid, firm ★2　8

丨 冂 冃 円 円 固 固 固

- コ ▶ 固定（する）（こてい） to secure, to fix
- 強固（な）（きょうこ） firm, adamant
- 固体（こたい） solid (body), solid matter
- かた-まる・かた-める・かた-い ▶ 〜が固まる（かたまる） to get hard, to become firm
- 〜を固める（かためる） to harden, to solidify
- 固い（かたい） hard, firm, solid

MEMO 古 ： 固（こ）　故（こ）　個（こ）

450 築 — construct ★2　16

ノ 𠂉 ⺮ ⺮ ⺮ ⺮ ⺮ 筑 筑 筑 筑 築 築 築 築

- チク ▶ [建築（する）]（けんちく） to build, to construct
- 構築（する）（こうちく） to construct, to erect
- きず-く ▶ 築く（きずく） to build, to construct

MEMO 巩 ： 築　恐

⑦ 防災―地震　Disaster Prevention - Earthquakes

451 念 — thought, idea
ノ 八 今 今 念 念 念 — 8 strokes — ★3

- ネン → [念頭 ねんとう] mind ・ 記念(する) きねん to commemorate, to memorialize ・ 理念 りねん idea, principle ・ 断念(する) だんねん to abandon (hope, plans), to give up ・ 残念(な) ざんねん unfortunate, regrettable ・ 念願 ねんがん long-cherished, long planned

MEMO 心：念 恥 忘 応 息

452 購 — purchase
一 Π Ħ 目 目 貝 貝 貝 貯 貯 貯 貯 購 購 購 購 — 17 strokes — ★1

- コウ → 購入(する) こうにゅう to purchase ・ 購買(する) こうばい to buy, to purchase

MEMO 冓：購こう 構こう

453 耐 — withstand
一 ア 厂 丆 币 而 而 而一 耐 耐 — 9 strokes — ★1

- タイ → [耐震構造 たいしんこうぞう] earthquake-resistant structure ・ 耐震性 たいしんせい earthquake-proof, seismic resistance
- た-える → 耐える たえる to bear, to endure

MEMO 寸：耐 博 対

454 床 — bed, floor
丶 亠 广 庄 庄 床 床 — 7 strokes — ★2

- ショウ → 臨床 りんしょう clinical ・ 温床 おんしょう hotbed, breeding ground ・ 起床(する) きしょう to get up, to get out of bed
- ゆか・とこ → [床 ゆか] floor, stage ・ 床屋 とこや barbershop

455 壁 — wall
フ コ ア 尸 尸 戸 启 启' 启 启' 启' 启' 辟 壁 壁 壁 — 16 strokes — ★2

- ヘキ → 障壁 しょうへき barrier, fence
- かべ → [壁 かべ] wall, barrier

MEMO 辟：壁 避

456 柱 — pillar
一 十 オ 木 木 术 杧 柱 柱 — 9 strokes — ★2

- チュウ → 電柱 でんちゅう power pole, telephone pole
- はしら → [柱 はしら] pillar, post ・ 政策の柱 せいさくのはしら pillar of policy

MEMO 主：柱ちゅう 注ちゅう

457 抜 — pull out, omit ★2 — 7 strokes

- バツ／バッ-
  - 選抜(する)／せんばつ to select, to choose
  - 抜本／ばっぽん drastic
  - 抜本的(な)／ばっぽんてき drastic, radical
- ぬ-ける・ぬ-く
  - [引き抜く／ひきぬく to pull out, to draw out, to headhunt]
  - 〜が抜ける／ぬ to come out, to come loose
  - 〜を抜く／ぬ to pull out, to extract
  - 勝ち抜く／かちぬ to win through

MEMO 友：抜 友 抜 vs 扱

458 勧 — promote ★1 — 13 strokes

- カン
  - 勧告(する)／かんこく to recommend, to advise
- すす-める
  - [お勧め(する)／すす to recommend]
  - 勧める／すす to recommend, to suggest, to encourage

459 免 — execute ★1 — 8 strokes

- メン
  - [免震構造／めんしんこうぞう seismic isolation structure, base isolated system]
  - 免許／めんきょ license, permit
  - 免除(する)／めんじょ to exonerate, to exempt
  - 免税／めんぜい tax exemption
- まぬか-れる・まぬが-れる
  - 免れる／まぬか／免れる／まぬが to escape (disaster, death), to avoid, to evade

460 撃 — strike ★1 — 15 strokes

- ゲキ
  - [衝撃／しょうげき impact, shock]
  - 打撃／だげき blow, strike
  - 目撃(する)／もくげき to witness, to observe
  - 直撃(する)／ちょくげき to hit directly
- う-つ
  - 撃つ／う to shoot, to attack

461 緩 — slacken, ease ★1 — 15 strokes

- カン
  - [緩和(する)／かんわ to ease, to mitigate]
- ゆる-む・ゆる-める・ゆる-い・ゆる-やか
  - 〜が緩む／ゆる to come loose, to ease up
  - 〜を緩める／ゆる to loosen, to relax
  - 緩い／ゆる loose, lenient, not firm
  - 緩やか(な)／ゆる loose, gentle, lenient

MEMO 爰：緩 援 暖

462 頃 — time, about ★1 — 11 strokes

- ころ／-ごろ
  - [日頃／ひごろ usually, habitually]
  - この頃／ごろ these days, nowadays
  - 子供の頃／こどものころ as a child, when one was a child
  - 6時頃／じごろ around six o'clock

MEMO 頃 vs 頂

⑦ 防災―地震　Disaster Prevention - Earthquakes

I. 読みましょう Read the following

答え ▶ 別冊 p.6
Answers Supplement p.6

次の文を読みましょう。＿＿は、この課の漢字のことばです。
Read the following sentences. The underlined words use the kanji from this section.

1)

1. 高速鉄道を**敷設**する。
2. 今年は冷夏で**凶作**になった。
3. A氏は辞職する決意が**固**い。
4. 内閣の新しい体制が**固**まる。
5. 氷は水が**固体**になったものだ。
6. B君は大学への進学を**断念**した。 (entrance into higher-level school / しんがく)
7. 消費者の**購買**意欲を高める。
8. **耐震**性に優れたビルを**建築**する。
9. 厳しい練習に**耐**える。
10. A薬は**臨床**で広く使われている。
11. **床**にじゅうたんを**敷**く。 (carpet, rug)
12. ベルリンの**壁**が崩壊した。 (Berlin)
13. 減税を政策の**柱**にする。
14. 選挙制度は**抜本**改革が必要だ。
15. 税制の**抜本**的な改革を求める。
16. 子供の前歯が**抜**けた。
17. 客に金融商品の**購入**を勧める。
18. 自動車の**免許**を取る。
19. **免税**の手続きをする。
20. 倒産の危機を**免**れる。
21. 地価の下落で打**撃**を受けた。
22. 台風が首都圏を**直撃**した。 (metropolitan area, capital region / けん)
23. 政府は企業への規制を**緩和**した。
24. ネジ回しでネジを**緩**める。 (screwdriver / screw)
25. 子供の**頃**、交通事故を目**撃**した。
26. この**頃**、朝早く目が覚める。

2)

1. 20カ国の首脳の来日で、政府は厳重な警備体制を**敷**いた。 *established a regime*

2. 温暖化の**元凶**は、空気中の二酸化炭素ガスだと言われている。 *gas*

3. H社は南米に拠点を**築**くため、投資を増やす方針を**固**めた。

4. 学校設立20周年を**記念**して、**敷**地に資料館を建てる。

5. 企業は経営理**念**に基づいて戦略や事業計画を立てている。

6. 明日は午前8時から授業があるので、6時に**起床**する。

7. A国は予選を勝ち**抜**き、初めて**念**願の決勝に出る。

8. 「ダイエットのために朝食を**抜**くのはお**勧**めできません。」 *diet*

9. A校は成績のよい学生を選**抜**し、授業料を**免除**する。

10. 警官が**撃**たれるという**凶悪**な事件が起き、**残念**に思う。

11. 監視が**緩**むと、補助金は不正や汚職の**温床**になりやすい。

12. 対立を**緩**和するため、非関税障**壁**を取り除く案が議論されている。 *non-tariff barrier*

13. 環境規制が**緩**い国では、空気の汚染が深刻になっている。

14. 未来のビジネスのために、他の企業と**緩**やかな協力体制を**構築**する。 *business*

15. 大雨が降り、午後6時**頃**には**電柱**が倒れ、避難**勧**告が出た。

Ⅱ. 書きましょう
Write the following

答え ▶ 別冊 p.6
Answers Supplement p.6

1) 次のことばの____の漢字を書きましょう。送り仮名があれば書きましょう。
Write the missing kanji for the following words in the blanks. Write additional *okurigana* if needed.

1. ____地　　しき ち
2. 元____　　げん きょう
3. 方針を____　　かためる
4. 建____する　　けん ちく
5. 断____する　　だん ねん
6. ____入する　　こう にゅう
7. ____震性　　たい しん せい
8. ____　　ゆか
9. ____　　かべ
10. 政策の____　　はしら
11. ____本的な　　ばっ ぽん てき
12. お____する　　すすめ
13. ____除する　　めん じょ
14. ____目する　　もく げき
15. ネジを____ (screw)　　ゆるめる
16. 日____　　ひ ごろ

2)【　】から漢字を選んで、____に書きましょう。送り仮名があれば書きましょう。
Choose the correct kanji from inside the brackets and write them in the blanks. Write additional *okurigana* if needed.

1.【区・凶】　今年は____作だ。　きょう さく
2.【注・柱】　電____が倒れた。　でん ちゅう
3.【床・庁】　不正の温____になる。　おん しょう
4.【策・築】　拠点を____。　きずく
5.【頃・頂】　子供の____、大阪にいた。　ころ　おおさか
6.【扱・抜】　ネジを____ (screw)。　ぬく

3) 【　】のパーツを組み合わせて、＿＿に漢字を書きましょう。パーツは何回使ってもいいです。

Assemble the parts in the brackets to form the correct kanji and write it in the blanks. You may use any of the parts more than once.

1. 【 古　口　攵 】

　＿中＿　＿車＿　ネジで＿＿定する　事＿＿にあう
　ちゅう　こ　しゃ　　　　こ　てい　　　　じ　こ

2. 【 貝　冓　木 】

　家を＿＿入する　　＿＿成を考える
　　　こう　にゅう　　こう　せい

3. 【 氵　木　亻　主　馬 】

　＿車する　＿意する　電＿　＿宅
　ちゅう しゃ　ちゅう い　でん ちゅう　じゅう たく

4. 【 力　木　見　雚 】

　＿察する　＿告する　＿力
　かん さつ　かん こく　けん りょく

5. 【 扌　糹　日　爰 】

　＿和する　温＿化　＿助する
　かん わ　おん だん か　えん じょ

Ⅲ. 聞きましょう
Listen to the following

答え ▶ 別冊 p.6
Answers　Supplement p.6　🔊 21

音声に含まれていることばを選んで、○をつけましょう。
Choose and circle the words that are included in the audio clip.

1. 【　沿岸・念願　】

2. 【　引く・敷く　】

3. 【　衝撃・障壁　】

⑦ 防災―地震　Disaster Prevention - Earthquakes　71

8 記事を読む　社会のニュース　Social News

463 騒　464 怖　465 託　466 旨　467 湾　468 岸　469 撤　470 請　471 措　472 縁
473 恩　474 匿　475 津　476 沿　477 浜　478 潜

B駅前で火災発生

昨夜9時頃、B駅前で火災が発生し、帰宅する人などで一時騒然とした。幸いけが人*はなく、消防と警察で原因を調べている。この影響でM線*は運転を見合わせ、B駅では終日混雑が続いた。当時、現場近くにいた女性（18）は「火が急に広がって、すごく怖かった」と話した。

高齢者向けの歩行補助具*の開発に着手

A製作所は、B町の委託を受け、階段でも利用しやすい歩行補助具の開発に着手した。この地域ではエレベーター*のない建物が多く、高齢者は買い物などの外出が困難になっている。会社は「皆さんの生活を少しでも*手助けしたい」という趣旨のコメント*を発表した。

津波対策の強化、新たな課題

各都道府県で、沿岸の海岸堤防*の整備が進められているが、国土交通省*は、今後の津波対策や砂浜の保全や景観との調和等について、有識者と議論を進めてきた。本日、中間報告が発表され、潜在する課題が明らかになった。

湾岸部の公園整備が実現へ

A町は3日、5年前にS工場が撤退した湾岸部の土地を公園として整備すると発表した。この案件は、かつて「ご縁があるA町に恩返ししたい」という匿名の寄付があり、かねてより*住民から請願が重ねてより*住民から請願があったが、財政難で予算措置が取れなかった。今回「ご縁があるA町に恩返ししたい」という匿名の寄付があり、実現する運びとなった。*

けが人 injured person　M線 M Line　歩行補助具 walker, walking aid　エレベーター elevator　少しでも even just a little
コメント comment　かねてより previously, already, for a long time　運びとなった has been decided
堤防 embankment, levee　国土交通省 Ministry of Land, Infrastructure, Transport and Tourism

これも覚えよう！

駅前	えきまえ	in front of the station
発生する	はっせい	to occur, to happen, to break out
一時	いちじ	for a time
見合わせる	みあ	to be suspended, to defer
終日	しゅうじつ	all day, for a whole day
現場	げんば	actual location, (on) site
高齢者向け	こうれいしゃむ	for the elderly
歩行	ほこう	going on foot, walking
着手する	ちゃくしゅ	to undertake, to start
製作所	せいさくしょ	factory, plant
案件	あんけん	matter, topic, item
財政難	ざいせいなん	economic difficulties, financial difficulties
新た	あら	new
各都道府県	かくとどうふけん	each prefecture
今後	こんご	from now on, hereafter
保全	ほぜん	preservation, conservation
景観	けいかん	scenery
調和	ちょうわ	harmony, accord
有識者	ゆうしきしゃ	knowledgeable person, expert
本日	ほんじつ	today, this day
中間報告	ちゅうかんほうこく	interim report
明らか	あき	obvious, evident, clear

新しい漢字とことば

[　]：トピック・記事に出てくることば

463 騒 clamor ★1 — 18画
ソウ：[騒然 そうぜん noisy, confused] 騒音 そうおん noise　騒動 そうどう disturbance, riot
さわ-ぐ：騒ぐ さわ to make noise, to be noisy　騒ぎ さわ noise, disturbance

MEMO　馬：騒 験 駅

464 怖 fearful ★2 — 8画
フ：恐怖 きょうふ fear, terror
こわ-い：[怖い こわ scary, frightening]

MEMO　布：怖 希

465 託 entrust ★1 — 10画
タク：[委託（する）いたく to entrust, to commission]　信託 しんたく trust, entrusting　託す たく to entrust, to place under someone's care

MEMO　乇：託 宅 たく たく

466 旨 purport ★1 — 6画
シ：[趣旨 しゅし aim, purpose, point]　要旨 ようし summary, main point, gist
むね：旨 むね purport, effect

MEMO　旨：旨 指 し し

⑧ 社会のニュース　Social News

467 湾 — bay ★2 — 12 strokes
丶 冫 氵 沪 沖 汻 湾 湾 湾 湾 湾 湾

- ワン
  - 湾（わん）bay, gulf
  - 港湾（こうわん）harbor

MEMO 亦 : 湾 恋

468 岸 — shore ★2 — 8 strokes
丨 山 屵 岸 岸 岸 岸 岸

- ガン
  - 湾岸部（わんがんぶ）gulf coast area
  - 海岸（かいがん）coast, beach
  - 湾岸（わんがん）gulf coast, bay coast
- きし
  - 岸（きし）bank, coast, shore

MEMO 屵 : 岸 炭

469 撤 — withdraw ★1 — 15 strokes
一 十 扌 扩 扩 扩 扩 措 措 措 措 措 撤 撤 撤

- テツ／テッ-
  - 撤退（する）（てったい）to withdraw, to evacuate
  - 撤回（する）（てっかい）to retract, to rescind
  - 撤去（する）（てっきょ）to remove

MEMO 育 : 撤 育

470 請 — request, undertake ★1 — 15 strokes
丶 亠 亠 言 言 言 言 計 訐 訮 請 請 請 請

- セイ・シン
  - 請願（する）（せいがん）to petition, to submit a petition
  - 要請（する）（ようせい）to request
  - 申請（する）（しんせい）to apply for
  - 請求（する）（せいきゅう）to request, to demand
  - 普請（ふしん）building, construction
- う-ける・こ-う
  - 下請け／下請（したうけ／したうけ）subcontract, subcontractor
  - 請け負う（うけおう）to contract, to undertake
  - 請う（こう）to beg, to ask, to request

MEMO 青 : 請（せい） 清（せい） 精（せい） 静（せい）

471 措 — set aside ★1 — 11 strokes
一 十 扌 扩 扩 扞 拝 措 措 措 措

- ソ
  - 措置（する）（そち）to take action, to take measures

MEMO 昔 : 措 昔

472 縁 — relation, edge ★1 — 15 strokes
ㄥ ㄠ 幺 乡 糸 糸 紀 紀 紀 縁 縁 縁 縁 縁

- エン
  - （ご）縁（えん）fate, chance
  - 血縁（けつえん）blood relationship, blood relative
- ふち
  - 縁（ふち）rim (of a cup), edge (of a river, woods); border (of a road)

MEMO 縁 VS 緑

473 恩 — grace, favor
Stroke order: 丨 冂 冂 冈 因 因 因 恩 恩 恩 (10 strokes) ★1

- オン
  - 恩返し (おんがえし) repaying for kindness
  - 恩恵 (おんけい) benefit, favor
  - 恩 (おん) favor, debt of gratitude

MEMO 因：恩 因　恩 vs 思

474 匿 — conceal
Stroke order: 一 匸 匸 萨 萨 萨 匿 匿 匿 匿 (10 strokes) ★1

- トク
  - 匿名 (とくめい) anonymity, using an assumed name

MEMO 若：匿 若

475 津 — harbor
Stroke order: 丶 氵 氵 沪 沪 沪 津 津 津 (9 strokes) ★1

- シン
  - 興味津々(な) (きょうみしんしん) very interesting
- つ
  - 津波 (つなみ) tsunami, tidal wave

MEMO 聿：津 律 建

476 沿 — run alongside
Stroke order: 丶 氵 氵 氵 沪 沿 沿 沿 (8 strokes) ★1

- エン
  - 沿岸 (えんがん) coast, shore
  - 沿線 (えんせん) alongside a railway line
- そ-う / -ぞ-い
  - 沿う (そう) to run beside, to align with, to act in line with
  - 川沿い (かわぞい) along the river, riverside

MEMO 沿 vs 浴

477 浜 — beach
Stroke order: 丶 氵 氵 氵 沪 沪 沪 浜 浜 浜 (10 strokes) ★1

- ヒン
  - 京浜 (けいひん) the Keihin district, the Tokyo-Yokohama area
- はま
  - 砂浜 (すなはま) sandy beach
  - 浜 (はま) beach, shore
  - 横浜 (よこはま) Yokohama (city name)

478 潜 — submerge, lurk
Stroke order: 丶 氵 氵 氵 沪 汢 洪 浃 浃 浃 潜 潜 潜 潜 潜 (15 strokes) ★1

- セン
  - 潜在(する) (せんざい) to be latent
  - 潜水艦 (せんすいかん) submarine
  - 潜在的(な) (せんざいてき) latent, potential
- ひそ-む・もぐ-る
  - 潜む (ひそむ) to lurk, to be hidden, to be latent
  - 潜る (もぐる) to go under, to dive

MEMO 替：潜 替

⑧ 社会のニュース　Social News　75

I. 読みましょう　Read the following

答え ▶ 別冊 p.6
Answers　Supplement p.6　🔊 22

次の文を読みましょう。＿＿は、この課の漢字のことばです。
Read the following sentences. The underlined words use the kanji from this section.

1）

1. 友達と楽しく<u>騒</u>ぐのが好きだ。
2. 高い所に登ると<u>恐怖</u>を感じる。
3. 飛行機に乗るのが<u>怖</u>い。
4. 銀行で投資<u>信託</u>を購入した。
5. 未来を<u>託</u>す政治家を選ぶ。
6. A<u>湾</u>再生計画の<u>趣旨</u>を述べた。
7. 川の<u>岸</u>に立って水の流れを見た。
8. （terminal station building）駅ビルからスーパーが<u>撤退</u>した。
9. A大臣は発言を<u>撤回</u>した。
10. 大学は看板の<u>撤去</u>を求めた。
11. 大使館で（visa）ビザを<u>申請</u>した。
12. （data）データ<u>入力</u>を<u>下請</u>けに出した。（にゅうりょく）（entering, typing　subcontracted, sublet）
13. A氏は<u>請願</u>の<u>要旨</u>を説明した。
14. <u>騒音</u>を防止する<u>措置</u>を取る。（take measures）
15. 今まで恋には全く<u>縁</u>がなかった。
16. B氏は国王と<u>血縁</u>関係がある。
17. ベッドの<u>縁</u>に座る。
18. 私はAさんに<u>恩</u>がある。
19. （hometown）地元に<u>恩返</u>しをしたい。（じもと）
20. 警察に<u>匿名</u>の電話があった。
21. 巨大な<u>津波</u>が押し寄せた。
22. 会社は東海道線の<u>沿線</u>にある。（Tokaido Line）（とうかいどうせん）
23. 毎朝、川<u>沿</u>いの道を散歩する。
24. <u>砂浜</u>で犬と遊んだ。
25. 日常に<u>潜</u>む危険を回避する。
26. 海に<u>潜</u>って貝を採った。

2)

1. ハロウィーン(Halloween)の夜、S駅で若者の**騒**動があり、一時**騒**然となった。

2. 仕事を続けながら、がん(cancer)の治療をしていきたい**旨**を医師に伝えた。

3. 波の静かな**湾**にあるD**海岸**では、安心して**海水浴**(かいすいよく)を楽しめる。(swimming in the ocean)

4. **湾岸**地域のマンション(condominium, apartment)は若い夫婦に人気がある。

5. H部長はタクシー代(taxi fare)を会社に**請求**した。

6. A社は住宅のリフォーム(renovation)工事をB社から**請け負**った。

7. A市長は**港湾**の整備を早く進めるよう県知事に**要請**した。

8. 日本は諸外国との貿易から**恩恵**を受けている。

9. A社は経営計画に**沿**って国内事業の再編を進める。

10. A県の**沿岸**でサメ(shark)を目撃したという情報があり、**騒**ぎになった。

11. 美しい**浜**を維持するため、町は近くの住民に掃除を**委託**している。(そう)

12. **京浜**東北線(とうほくせん)の**京浜**(Keihin-Tohoku Line)とは、東京と横**浜**を指す。

13. 投資案件の財務状況や**潜**在的なリスク(risk)を調べる。

14. 生徒の**潜**在能力を引き出すことが大切だ。

15. A国の海軍は、**潜水艦**(かん)を外国から輸入することになった。

II. 書きましょう
Write the following

答え ▶ 別冊 p.7
Answers Supplement p.7

1) 次のことばの＿＿の漢字を書きましょう。送り仮名があれば書きましょう。
Write the missing kanji for the following words in the blanks. Write additional *okurigana* if needed.

1. ___音
   そう おん

2. ___
   こわい

3. 委___する
   い たく

4. 趣___
   しゅ し

5. 港___
   こう わん

6. 海___
   かい がん

7. ___去する
   てっ きょ

8. 下___
   した うけ

9. ___置
   そ ち

10. 血___
    けつ えん

11. ___がある
    おん

12. ___名
    とく めい

13. ___波
    つ なみ

14. ___線
    えん せん

15. 砂___
    すな はま

16. 危険が___
    ひそむ

2) 【　】から漢字を選んで、＿＿に書きましょう。送り仮名があれば書きましょう。
Choose the correct kanji from inside the brackets and write them in the blanks. Write additional *okurigana* if needed.

1. 【縁・緑】 ベッドの___に座る。
   ふち

2. 【浴・沿】 川に___歩く。
   そって

3. 【思・恩】 ___返しする。
   おん がえ

4. 【託・記】 未来を___。
   たくす

5. 【騒・験】 友達と___。
   さわぐ

6. 【岸・炭】 ___に立つ。
   きし

3) A【　】とB【　】から漢字を選んで、＿＿に書きましょう。使わない漢字もあります。
Choose the correct kanji from bracket A and bracket B and write them in the blanks. Some kanji may not be used.

A【 申　退　恐　湾　津　措　撤 】　B【 怖　置　波　岸　浜　回　請 】

1. 人口減少に対する A＿＿ B＿＿ を取る。
   　　　　　　　　　そ　　　ち

2. パスポートを A＿＿ B＿＿ する。 (passport)
   　　　　　　　しん　　せい

3. A＿＿ B＿＿ 部のマンションを買う。 (condominium, apartment)
   　わん　　がん

4. A＿＿ B＿＿ を感じる。
   きょう　　ふ

5. 発言を A＿＿ B＿＿ する。
   　　　　てっ　　かい

6. A＿＿ B＿＿ について説明する。
   　つ　　なみ

III. 聞きましょう
Listen to the following

答え ▶ 別冊 p.7
Answers: Supplement p.7　🔊 23

音声に含まれていることばを選んで、○をつけましょう。
Choose and circle the words that are included in the audio clip.

1. 【　匿名・革命　】

2. 【　潜在・存在　】

3. 【　容姿・要旨　】

⑧ 社会のニュース　Social News　79

まとめの問題 3 (7〜8)

Review Question 3

答え ▶ 別冊 p.19
Answers Supplement p.19

I. □から漢字を選んで、＿＿に書きましょう。＿＿の下には読み仮名を書きましょう。
Choose the correct kanji from the box below and write it in the blanks. Write the readings for the kanji below the blanks.

> 請　騒　潜　固　緩

① ┌ 強＿＿な態度を取る
　├ 方針が＿＿まる
　└ 決意が＿＿い

② ┌ 規制を＿＿和する
　├ 寒さが＿＿む
　└ 景気が＿＿やかに回復する

③ ┌ ＿＿音がひどい
　├ ＿＿動が起きる
　└ 子供が＿＿ぐ

④ ┌ 許可を申＿＿する
　├ 協力を要＿＿する
　└ 工事を＿＿け負う

⑤ ┌ ＿＿在する能力
　├ 海に＿＿る
　└ 日常に＿＿む危険

II. 読みましょう。
Read the following.

 24-26

① ダイビング* を始めるには

　ダイビングをするには、国が与える法的な免許は必要ない。しかし、ダイビングについて何も知らずに海に潜るのは、非常に危険で恐怖をともなうことである。そこで、ダイビングを始めたい人は、指導団体の講習を受け、知識と技術を身に付けたことを認定するＣカードの取得が必要である。沖縄*には、多くのお勧めのダイビングスポット*があるが、東京湾や東北沿岸でもできるので、近い海から始めてみるといいかもしれない。

② リフォーム*

　転勤になった、家族が増え部屋が足りなくなった等の理由で、今の住宅から引っ

越す必要が生じることがある。予算の問題で、希望する住宅の購入を断念する場合は、中古住宅を購入し、リフォームしてもらうことも一案*だ。希望を伝えておくと、建築業者が柱を抜いたり、壁を撤去したりし、好みの間取り*にリフォームしてくれる。また、畳*の部屋を木の床の洋室に変えたり、耐震構造にしてもらうこともできる。ただし、事前に*見積書を取っておかないと、請求金額を見て衝撃を受けることになるので気をつけたい。

③ 3月11日

　2011年3月11日の東日本大震災で発生した津波で両親を失ったA子さんは、今年も命日*に砂浜を訪れた。震災後、しばらくの間は落ち込む*日が多かったが、匿名の手紙に元気づけられたり*、同じような状況の人と会い、新しい縁を作ったりしながら、次第に明るい気持ちになってきた。この頃は、支えてくれている人達に恩返しをしようと、看護師になる勉強をしている。

ダイビング diving　沖縄 Okinawa (place name)　ダイビングスポット diving spot　リフォーム renovation
一案 idea, plan, possibility　間取り layout (of a house or apartment), arrangement of rooms　畳 tatami, straw mat used for flooring in Japan
事前に in advance　命日 anniversary of a person's death　落ち込む to feel sad, to be depressed　元気づける to pep up, to cheer up

コラム1　議員と政党* Diet Members and Political Parties

Q 国会議員になるには、何をすればいい？
A 衆議院議員選挙、または参議院議員選挙に立候補し、当選すれば、国会議員になれます。衆議院議員選挙は総選挙と呼ばれています。

Q 内閣総理大臣（首相）は、どのように選ばれている？
A 内閣総理大臣は、国会議員の投票によって指名されます。衆参両院それぞれで指名しますが、両院の指名が違う場合は、衆議院で指名された人が内閣総理大臣になります。指名されるためには、多数の支持を得なければならないので、与党*の党首*がなる場合が多いです。

Q 政党の代表は、どのように選ばれている？
A 2019年時点で与党である自由民主党*の場合、代表は総裁と呼ばれています。総裁は、自由民主党総裁選挙で党所属の国会議員・地方議員・党員*などの投票によって選ばれています。

政党 political party　与党 ruling party, government party　党首 party leader　自由民主党 Liberal Democratic Party, LDP　党員 party member

9 記事を読む 選挙(せんきょ) — Elections

| 479 党 | 480 馬 | 481 討 | 482 幹 | 483 激 | 484 訴 | 485 街 | 486 是 | 487 踏 | 488 緊 |
| 489 劣 | 490 施 | 491 乱 | 492 幅 | 493 層 | 494 攻 | | | | |

自民党総裁選 9月7日告示・20日投開票

自民党は、総裁選挙を9月7日に告示し、20日に投開票とする日程を決定した。3選を目指す安倍首相は、正式な出馬表明は今月末に行う予定。

自民総裁選 14日に討論会、石破氏陣営*、巻き返しを目指す

自民党総裁選挙は14日、日本記者クラブ*の討論会で、安倍総理大臣と石破元幹事長による論戦を再開した。来週20日の投開票に向けて、政権運営の在り方や憲法改正の進め方などをめぐり、激しい論戦が見込まれる。

安倍首相、「選挙結果踏まえ 緊張感持って臨む」

安倍晋三首相（自民党総裁）は23日の臨時役員会で、今回の衆院選の結果を踏まえ、緊張感を持って今後の政権運営に取り組む考えを示した。

総裁選 両候補が最後の訴え

安倍首相と石破元幹事長は19日、それぞれ東京都内で、最後の訴えを行った。東京・秋葉原で街頭演説を行った安倍首相は、景気対策の成果を訴えたほか、憲法改正に向けた強い意欲もあらためて示した。一方、最後の訴えを渋谷駅前で行った石破氏は、都市部への一極集中を是正することなどを訴えた。

野党追い上げ苦戦 東京でも劣勢

日本経済新聞社が17〜19日にかけて実施した衆院選の情勢調査では、与党が全国各地で基盤*を強化し、安定した戦いを進めていることが分かる。候補者の乱立が響いている野党は追い上げに苦戦しているが、今後、幅広い層にアピール*し、逆転への攻勢を強めている。

陣営(じんえい) camp, faction 日本記者クラブ Japan National Press Club 基盤(きばん) foundation, basis アピールする to appeal to

これも覚えよう！

- 告示する (こくじする) to notify, to announce
- 投開票 (とうかいひょう) casting and counting votes
- 3選 (せん) third term election
- 巻き返し (まきかえし) rallying, rally
- 論戦 (ろんせん) verbal dispute
- 在り方 (ありかた) the way something ought to be; the current state of things
- 都市部 (としぶ) urban area
- 一極集中 (いっきょくしゅうちゅう) heavy concentration
- 臨時役員会 (りんじやくいんかい) temporary board officer meeting
- 衆院選 (しゅういんせん) lower house election
- 追い上げ (おいあげ) catch-up
- 苦戦 (くせん) close contest, hard-fought campaign (ending in loss)

新しい漢字とことば

[ ]：トピック・記事に出てくることば

479 党 party ★2
丶 ヽ ヅ ヅ 浐 堂 営 営 営 党 10

- トウ
  - [自民党／自由民主党 (じみんとう／じゆうみんしゅとう)] Liberal Democratic Party, LDP
  - 野党 (やとう) opposition party
  - [与党 (よとう)] ruling party
  - 党 (とう) political party
  - 政党 (せいとう) political party
  - 党首 (とうしゅ) party leader
  - 党員 (とういん) party member
  - 離党(する) (りとう) to leave a party

MEMO 尚：党 堂 常　兄：党 兄

480 馬 horse ★3
丨 匚 匸 匚 匚 馬 馬 馬 馬 馬 10

- バ
  - [出馬(する) (しゅつば)] to come forward as a candidate
  - 競馬 (けいば) horse racing
- うま・ま
  - 馬 (うま) horse
  - 絵馬 (えま) ema, votive plaque

MEMO 馬：馬 験 騒

481 討 chastise, attack ★1
丶 亠 亠 言 言 言 言 訂 討 討 10

- トウ
  - [討論会 (とうろんかい)] debate, panel discussion
  - 討議(する) (とうぎ) to discuss
  - 討論(する) (とうろん) to debate
- う-つ
  - 討つ (うつ) to shoot (at), to attack

MEMO 寸：討 村 対

482 幹 trunk ★1
一 十 ナ 古 古 古 吉 卓 卓 卓 卓 幹 幹 13

- カン
  - [幹事長 (かんじちょう)] chief secretary, secretary-general
  - 幹部 (かんぶ) management, leaders
  - 新幹線 (しんかんせん) Shinkansen, bullet train
  - 幹事 (かんじ) executive secretary, coordinator
- みき
  - 幹 (みき) (tree) trunk, base

MEMO 卓：幹 朝 乾

9 選挙　Elections

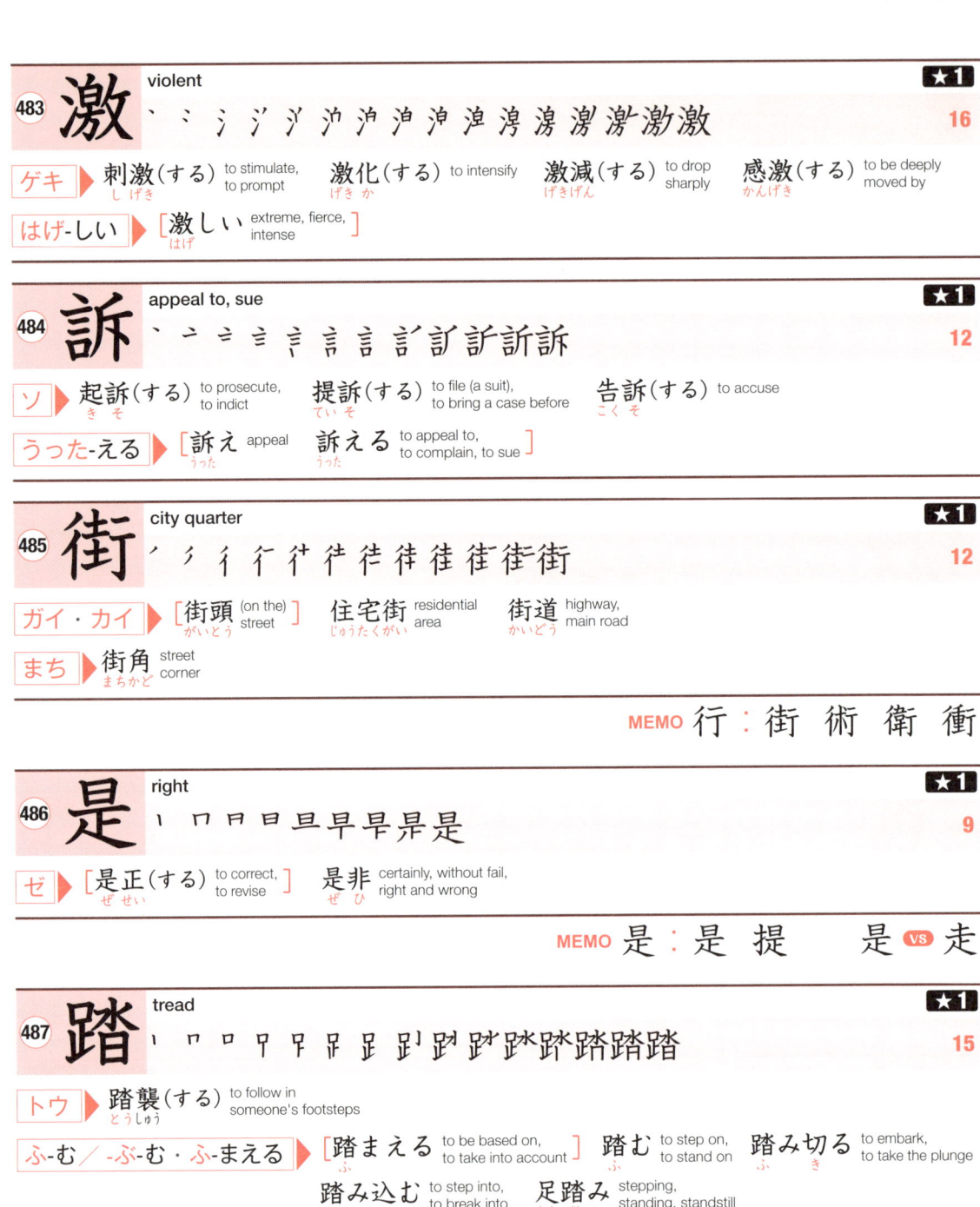

489 劣 — inferior ★1
Stroke order: 丨 丨 小 少 尖 劣 — 6 strokes

- **レツ／レッ-**: [劣勢（れっせい）] inferiority, disadvantage; 優劣（ゆうれつ）(relative) merits, superiority or inferiority
- **おと-る**: 劣る（おとる）to be inferior to, to be worse

490 施 — carry out ★1
Stroke order: 丶 亠 ガ 方 方 扩 斺 施 施 — 9 strokes

- **シ・セ**: [実施（じっし）（する）] to implement, to carry out; 施設（しせつ）institution, establishment; 施行（しこう）（する）／施行（せこう）（する）to enforce, to administer; 施策（しさく）policy, measure; 施工（しこう）（する）／施工（せこう）（する）to carry out construction (of a building)
- **ほどこ-す**: 施す（ほどこす）to give, to donate, to perform

MEMO 方：施 旅 族

491 乱 — disordered ★2
Stroke order: 丿 二 千 千 舌 舌 乱 — 7 strokes

- **ラン**: [乱立（らんりつ）（する）] to stand in a disorderly fashion, to flood in; 混乱（こんらん）（する）to be flustered, to fall into a jumble; 反乱（はんらん）（する）to revolt, to rebel
- **みだ-れる・みだ-す**: 〜が乱（みだ）れる to be disordered, to be disturbing; 〜を乱（みだ）す to throw 〜 into disorder, to corrupt

492 幅 — width ★2
Stroke order: 丨 冂 巾 巾 巾 帄 帄 帄 帗 幅 幅 幅 — 12 strokes

- **フク**: 増幅（ぞうふく）（する）to amplify, to enlarge
- **はば**: [幅広い（はばひろい）] broad, extensive; 幅（はば）width, breadth; 大幅（おおはば）（な）drastic, substantial

MEMO 畐：幅 副 福（ふく）

493 層 — stratum, layer ★2
Stroke order: 一 コ 尸 尸 尸 尸 屄 屄 屄 層 層 層 — 14 strokes

- **ソウ**: [層（そう）] layer; 一層（いっそう）one layer, one more; 高層（こうそう）high-rise; 無党派層（むとうはそう）swing voters

494 攻 — attack ★1
Stroke order: 一 丅 工 ヱ 广 攻 攻 — 7 strokes

- **コウ**: [攻勢（こうせい）] offensive (movement), aggression; 攻撃（こうげき）（する）to attack; 侵攻（しんこう）（する）to invade; 専攻（せんこう）（する）to major in, to study a specific subject
- **せ-める**: 攻（せ）める to attack, to assault

MEMO 攵：攻 政 改

⑨ 選挙　Elections

I. 読みましょう Read the following

答え ▶ 別冊 p.7
Answers Supplement p.7

次の文を読みましょう。＿＿は、この課の漢字のことばです。
Read the following sentences. The underlined words use the kanji from this section.

1)

1. 政党のホームページを読んだ。 (webpage)
2. 競馬に行き、馬が走るのを見た。
3. 会議で予算について討議した。
4. クラスで人権について討論した。
5. 新幹線で京都に行った。
6. 忘年会の幹事になった。
7. 海外選手との試合で刺激を受けた。
8. 子供からの贈り物に感激した。
9. 薬物の使用で起訴される。
10. 憲法違反で政府を提訴した。
11. 街道に沿って開発が進められた。
12. 街角でコンサートが開かれる。
13. 長時間労働の是正を求める。
14. 基地建設の是非を問う。
15. 前社長のやり方を踏襲する。(しゅう)
16. 電車で足を踏まれた。
17. 景気は足踏み状態である。
18. テレビで緊急地震速報が流れた。(breaking news)
19. どの作品も優劣をつけがたい。
20. 防災施設の整備が進められた。
21. 5年前に本社ビルが施工された。
22. 与党と野党の討論会を実施する。
23. 音声を増幅させるアプリを使う。(application, app)
24. 道路の幅を広げる工事をした。
25. 寒さが一層厳しくなる。
26. 経済学を専攻した。

86

2)

1. 自由民主党の党首は総裁であり、幹事長は党の職務を執行する。

2. 多くの党員が幹部のやり方に反発し、離党している。

3. 交通事故の被害者は運転手を告訴した。

4. 売上が激減したので、一歩踏み込んだ策を考えなければならない。

5. 住宅街で激しい火事が起き、混乱が広がっている。

6. A社は女性役員を50％にする人事施策に踏み切った。

7. 消費者からの声を踏まえ、A社は製品に必要な修正を施した。

8. 新しい憲法が施行され、不満を持つ市民は反乱を起こした。

9. 台風の影響で、電車のダイヤ^{(railway) schedule, timetable}が大幅に乱れている。

10. 高層^{condominium, apartment}マンションが乱立し、販売競争が激化している。

11. 立候補者は無党派層に改革の必要性を訴えた。

12. このボランティアグループ^{volunteer group}では、幅広い年齢層の人が活動をしている。

13. A国がB国に侵攻する可能性が高まり、両国は緊張状態になった。

14. Aチーム^{team}は数で劣り、劣勢であったが、あきらめずに相手を攻めた。

15. 政府機関のサーバー^{server}への攻撃により、社会秩序が乱された。

II. 書きましょう
Write the following

答え ▶ 別冊 p.8
Answers Supplement p.8

1) 次のことばの___の漢字を書きましょう。送り仮名があれば書きましょう。
Write the missing kanji for the following words in the blanks. Write additional *okurigana* if needed.

1. 政___ (せい とう)
2. 出___する (しゅつ ば)
3. ___論___会 (とう ろん かい)
4. 新___線 (しん かん せん)
5. ___ (はげしい)
6. ___ (うったえる)
7. 住宅___ (じゅう たく がい)
8. ___正する (ぜ せい)
9. ___ (ふまえる)
10. ___張する (きん ちょう)
11. ___勢 (れっ せい)
12. ___設 (し せつ)
13. ___立する (らん りつ)
14. ___広い (はば ひろ)
15. 一___ (いっ そう)
16. 侵___する (しん こう)

2) 【　】から漢字を選んで、___に書きましょう。送り仮名があれば書きましょう。
Choose the correct kanji from inside the brackets and write them in the blanks. Write additional *okurigana* if needed.

1. 【党・常】 ___首が変わった。 (とう しゅ)
2. 【幹・乾】 ___事になる。 (かん じ)
3. 【幅・福】 大___に減少する。 (おお はば)
4. 【術・街】 ___頭で演説をする。 (がい とう)
5. 【踏・路】 今回の事故を___、規則を変えた。 (ふまえて)

3) 【　】から適切なことばを選んで、＿＿に書きましょう。
＿＿の下には読み仮名を書きましょう。

Choose the correct words from inside the brackets and write them in the blanks. Write the readings for the kanji below the blanks.

1. 【 実施・施策 】　試験を＿＿＿＿＿＿する。

2. 【 刺激・感激 】　映画に＿＿＿＿＿＿する。

3. 【 出馬・競馬 】　選挙に＿＿＿＿＿＿する。

4. 【 緊急・緊張 】　試合の前に＿＿＿＿＿＿する。

5. 【 混乱・反乱 】　情報が多くて＿＿＿＿＿＿する。

6. 【 専攻・侵攻 】　大学で日本文学を＿＿＿＿＿＿する。

Ⅲ. 聞きましょう
Listen to the following

答え ▶ 別冊 p.8
Answers　Supplement p.8　🔊 28

音声に含まれていることばを選んで、○をつけましょう。
Choose and circle the words that are included in the audio clip.

1. 【　生徒・政党　】

2. 【　耐える・訴える　】

3. 【　攻める・責める　】

10 記事を読む 難民五輪選手団 Refugee Olympic Athletes Team

495 輪　496 迫　497 逃　498 愛　499 祖　500 柔　501 児　502 童　503 彼　504 励
505 幼　506 緒　507 舞　508 謝　509 胸　510 勇

史上初の難民選手団　リオ五輪

2016年のリオデジャネイロ五輪で、歴史上初めて難民五輪選手団が結成された。

国際オリンピック委員会から選ばれたのは10人の選手で、出身は、南スーダン、エチオピア、シリア、コンゴ民主共和国の4カ国だ。皆、紛争や迫害から逃れ、愛する祖国を離れた選手たちだ。

男子柔道選手のポポル・ミセンガさんは、コンゴ民主共和国からブラジルに亡命した。紛争により9歳のときに家族と離ればなれになり、児童養護施設で育った。そこで彼は柔道に出会い、練習に励んだ。7月に開かれた記者会見で、ミセンガさんは、「柔道から人を敬う気持ちや、集中することを学んだ。家族とは幼いときに別れたが、テレビを通じて自分が生きていることを知ってもらい、いつかまた一緒に暮らしたい」とメッセージを送った。

また、シリアからドイツに逃れた女子競泳選手のユスラ・マルディニさんは、「オリンピックは夢の舞台。私を助けてくれた多くの人に感謝したい。そして、世界中の難民のために泳ぎたい」と胸を張った。彼らは世界で増え続ける難民に大きな勇気を与えている。

リオデジャネイロ／リオ Riode Janeiro/Rio　国際オリンピック委員会 International Olympic Committee (IOC)
南スーダン South Sudan　エチオピア Ethiopia　シリア Syria　コンゴ民主共和国 Democratic Republic of the Congo
ブラジル Brazil　メッセージ message　ドイツ Germany

これも覚えよう！

- 史上初（しじょうはつ） first in history
- 歴史上（れきしじょう） historical, in history
- 離ればなれになる（はなればなれになる） to become separated, to get scattered
- 出会う（であう） to meet (by chance), to come across
- 競泳（きょうえい） competitive swimming, swimming race
- 増え続ける（ふえつづける） to continue to increase

新しい漢字とことば

[　]：トピック・記事に出てくることば

495 輪 ring, wheel ★2

一 ｢ 冖 盲 盲 車 車 車^ 車^ 輪 輪 輪 輪 輪　15

- リン ▶ [五輪（ごりん） the Olympic Games]　車輪（しゃりん） (car) wheel
- わ ▶ 人の輪（ひとのわ） circle of people　指輪（ゆびわ） ring (for a finger)

MEMO 侖：輪 論　　輪 vs 輸

496 迫 urge ★1

｀ ′ ⺁ 白 白 白` 泊 迫　8

- ハク／-パク ▶ 迫害（はくがい）(する) to persecute　緊迫（きんぱく）(する) to become tense, to become strained　迫力（はくりょく） power, impact, force
- せま-る ▶ 迫る（せまる） to press (someone for something), to approach, to draw near

MEMO 迫 vs 追　　白：迫（はく） 泊（はく）

497 逃 escape ★2

｀ ′ ⺌ 兆 兆 兆 兆` 逃 逃　9

- トウ ▶ 逃走（とうそう）(する) to escape from, to run away　逃亡（とうぼう）(する) to desert
- のが-れる・のが-す・に-げる・に-がす ▶ [逃れる（のがれる） to escape]　逃す（のがす） to miss (a chance)　〜が逃げる（にげる） to run away, to escape　〜を逃がす（にがす） to let 〜 get away, to let 〜 escape

MEMO 兆：逃 兆　　逃 vs 迷

498 愛 love ★2

一 ⺍ ⺍ ⺍ 爫 爫 爫 爫 爫 爫 愛 愛 愛　13

- アイ ▶ 愛（あい）(する) to love　恋愛（れんあい） love, romance

⑩ 難民五輪選手団　Refugee Olympic Athletes Team

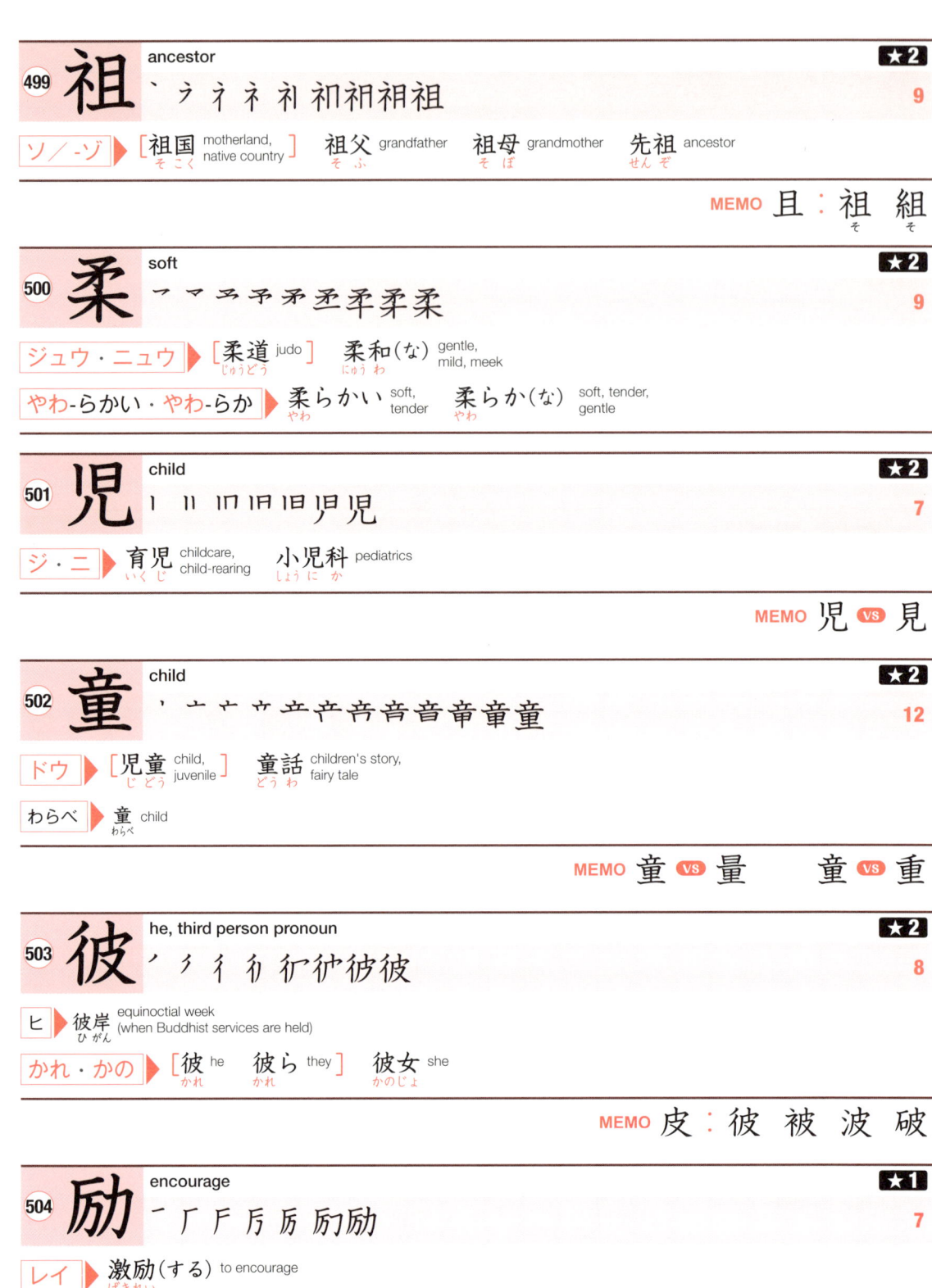

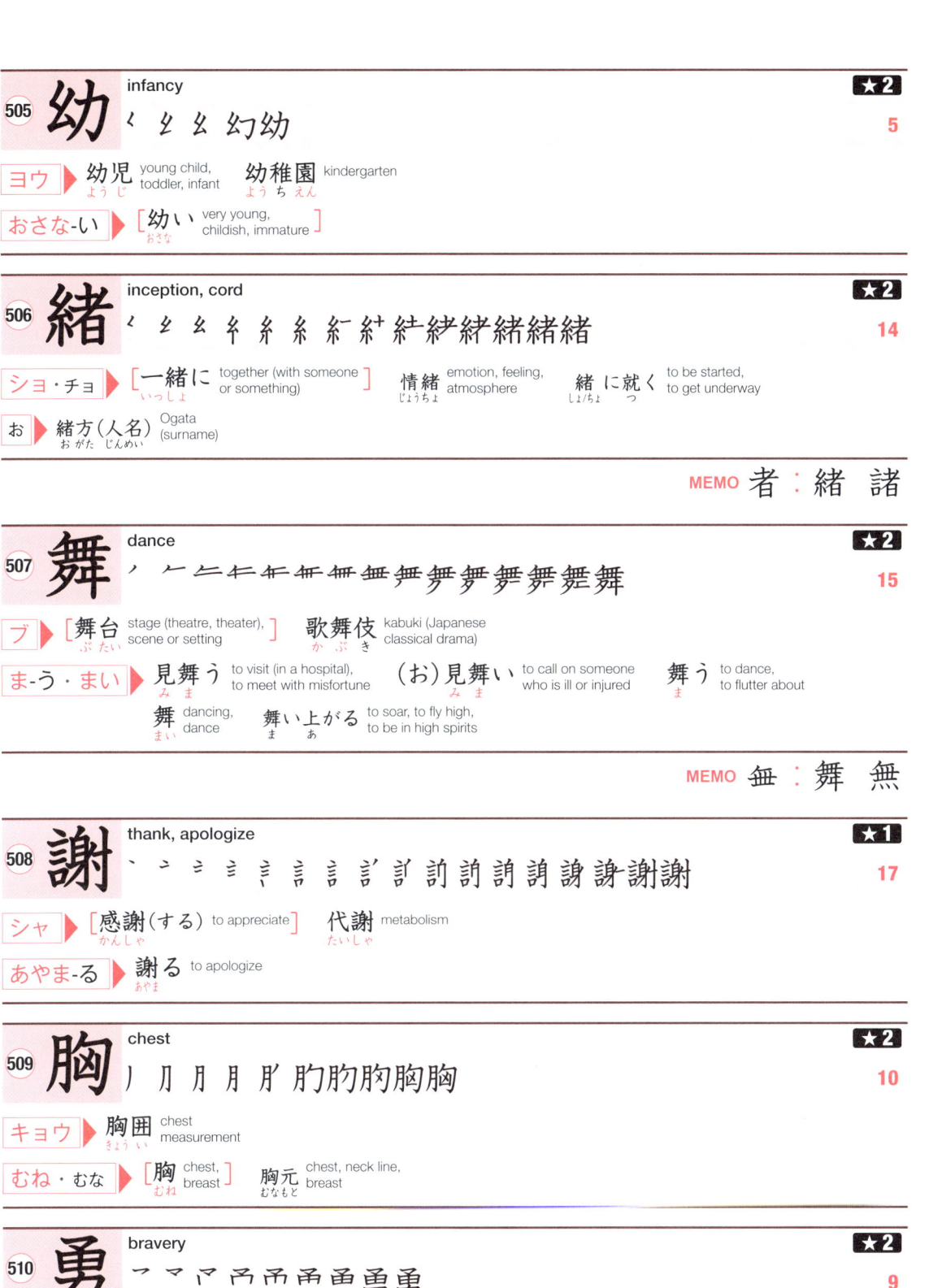

I. 読みましょう　Read the following

答え ▶ 別冊 p.8
Answers　Supplement p.8
29

次の文を読みましょう。＿＿は、この課の漢字のことばです。
Read the following sentences. The underlined words use the kanji from this section.

1)

1. 人の輪を大事にする。
2. 大切な指輪を失くした。
3. 少数民族を迫害する。
4. 国際情勢が緊迫する。
5. 容疑者が現場から逃走した。
6. 海外への逃亡を企てる。
7. 責任を逃れ、皆に非難された。
8. チャンスを逃す。(chance)
9. 釣った魚を再び川に逃がす。
10. 恋愛小説を読む。
11. 先祖を敬う。
12. 祖母は柔和な顔をしている。
13. 体が柔らかい。
14. 大学で児童教育を専攻する。
15. 図書館で童話の本を借りる。
16. 彼に借金の返済を迫った。
17. 彼女は小児科の医師だ。
18. 受験勉強中の学生を励ます。
19. 戦争で多くの幼い命が失われた。
20. 姉と一緒に入院中の父を見舞う。
21. 舞台から落ちて、けがをした。
22. 祖父の趣味は歌舞伎の鑑賞だ。
23. 木の葉が風で舞う。
24. 「皆様のご協力に感謝します。」
25. 胸囲が100センチある。(centimeter)
26. 彼らは勇気がある人々だ。

2)

1. この車には大きい車輪が付いている。

2. アイスホッケー(ice hockey)は五輪の競技の中で特に迫力のあるスポーツだ。

3. アパートが火事になったが、住民は逃げて全員無事だった。

4. これは人と動物の愛をテーマ(theme)にした物語だ。

5. 祖国から遠く離れた国で暮らす。

6. 春の柔らかな光を浴びる。

7. 夫婦で家事や育児を分担する。

8. 優勝を目指し、柔道の練習に励む選手を激励する。

9. この幼稚園には200人の幼児が通っている。

10. 入院している友達のお見舞いに行く。

11. 子供たちが日本の伝統的な舞を披露した。

12. 運動不足で体の代謝が悪くなる。

13. 悪いことをしたら、すぐに謝る。

14. 急に胸が痛くなり、病院に行った。

15. 困難にも勇ましく立ち向かう人になりたい。

II. 書きましょう
Write the following

答え ▶ 別冊 p.8
Answers Supplement p.8

1) 次のことばの＿＿の漢字を書きましょう。送り仮名があれば書きましょう。
Write the missing kanji for the following words in the blanks. Write additional *okurigana* if needed.

1. 車＿＿ しゃ りん
2. 緊＿＿する きん ぱく
3. ＿＿ のがす
4. 恋＿＿する れん あい
5. ＿＿母 そ ぼ
6. ＿＿道 じゅう どう
7. 小＿＿科 しょう に か
8. ＿＿文学 じ どう
9. ＿＿ かれ
10. ＿＿ はげます
11. ＿＿ おさない
12. 一＿＿に いっ しょ
13. お見＿＿ み まい
14. 感＿＿する かん しゃ
15. ＿＿ むね
16. ＿＿ いさましい

2) 【　】から漢字を選んで、＿＿に書きましょう。送り仮名があれば書きましょう。
Choose the correct kanji from inside the brackets and write them in the blanks. Write additional *okurigana* if needed.

1. 【迫・追】　宿題の提出日が＿＿＿。 せまる
2. 【輸・輪】　金の指＿＿を買う。 ゆび わ
3. 【迷・逃】　サルが動物園から＿＿＿。(monkey) にげた
4. 【彼・波】　＿＿女は私の上司だ。 かの じょ
5. 【祖・組】　＿＿父は75歳だ。 そ ふ
6. 【童・重】　子供の時、母が＿＿話を読んでくれた。 どう わ

3) A【　】とB【　】から漢字を選んで、＿＿に書きましょう。使わない漢字もあります。
Choose the correct kanji from bracket A and bracket B and write them in the blanks. Some kanji may not be used.

A【激 恋 舞 感 勇 柔 育 彼】　B【和 台 児 気 謝 愛 女 励】

1. A＿＿ B＿＿ を優先し、仕事を辞める。
　　いく　　じ

2. 国際大会に出場する選手を A＿＿ B＿＿ する。
　　　　　　　　　　　　　　げき　　れい

3. A＿＿ B＿＿ の気持ちを表す。
　　かん　　しゃ

4. ミュージカルの A＿＿ B＿＿ を見る。
　musical　　　　　ぶ　　たい

5. A＿＿ B＿＿ は友達の妹だ。
　　かの　　じょ

6. A＿＿ B＿＿ を出す。
　　ゆう　　き

Ⅲ. 聞きましょう
Listen to the following

答え ▶ 別冊 p.8
Answers　Supplement p.8

音声に含まれていることばを選んで、○をつけましょう。
Choose and circle the words that are included in the audio clip.

1.【　戦争・先祖　】

2.【　幼児・用事　】

3.【　五人・五輪　】

まとめの問題 4（⑨〜⑩）

Review Question 4

答え ▶ 別冊 p.19
Answers Supplement p.19

I. ＿＿と同じ意味になることばを（　）に書きましょう。
Write the word in the parentheses that has the same meaning as the word underlined in red.

例) ちかい ところ （ 近所 ）　くにに かえる （ 帰国 ）

① 政とうを はなれる （　　　）　② はげしく へる （　　　）

③ うったえを おこす （　　　）　④ いきおいが おとっている（　　　）

⑤ こいや あい （　　　）　⑥ いさましい きもち （　　　）

⑦ こどもを そだてる （　　　）

II. □から漢字を選んで、＿に書きましょう。＿の下には読み仮名を書きましょう。
Choose the correct kanji from the box below and write it in the blanks. Write the readings for the kanji below the blanks.

| 柔　迫　攻　逃　街 |

① ─現場から＿＿走する

　　機会を＿＿す

　└魚を海に＿＿がす

② ─＿＿和な顔をしている

　　＿＿道でオリンピックを目指す（the Olympic Games）

　└体が＿＿らかい

③ ─経済学を専＿＿する

　　隣の国に侵＿＿する

　└敵を＿＿める

④ ─＿＿頭演説を聞く

　　住宅＿＿に家を建てる

　└＿＿道を走る

⑤ ─少数民族を＿＿害する

　　国際情勢が緊＿＿する

　└借金の返済を＿＿る

98

III. 読みましょう。
Read the following.

① 緊張してしまうあなたへ

　スピーチ*やプレゼンテーション*など、人前*で話をする時に緊張する人がいる。話す時間が迫ってくると、胸がドキドキし*、緊張で逃げ出したくなる人もいるだろう。そのような人のために心理学者*20人が執筆した『緊張しないための20の方法』という本が出版される。困っている人は、読んでみたらどうだろうか。

② 待機*児童

　日本では、ほとんどの子供が小学校に入る前に保育園*、または幼稚園に通う。保育園と幼稚園の大きな違いは右図*の通りである。共働きの家庭は

	保育園	幼稚園
年齢	0歳から小学校入学前までの乳児*や幼児	3歳になった春から小学校入学前の幼児
標準的な保育時間	7時半～18時半頃まで	9時～14時頃まで

保育*時間が長く、預けられる年齢に幅がある保育園を選択する場合が多い。しかし、保育園が不足し、入りたいのに入れない子供（待機児童）が都市部を中心に増えている。待機児童になってしまった場合は、認可外保育所*に入れる、産休*の期間を延長するなどで対応をする。祖父、祖母が近くに住んでいる時は、世話を頼むこともある。

③ パラリンピック

　身体障害者を対象としたスポーツ大会、パラリンピック（パラ五輪）が4年に1回、オリンピック開催地で開かれる。パラリンピックでは、視覚*障害者による柔道、車いす*テニスなど、22競技が実施される。A君はそんなパラリンピックへの出場を目指している一人だ。彼は高校生の時に交通事故で右足を切断する*ことになってしまった。両足で地面*を踏めない悲しさに、事故直後*は精神的に混乱していた。しかし、初めて見た車いすマラソンで、選手が限界に挑戦する*勇気に感動してからは、自身もパラリンピックへの出場を目標にするようになった。現在も、周囲の励ましに感謝しながら、パラリンピックの舞台を夢見て努力を続けている。

スピーチ speech　プレゼンテーション presentation　人前 in public, in front of others
ドキドキする to be excited, to have one's heart flutter　心理学者 psychologist　待機 standing by; awaiting an opportunity
保育園 nursery school, preschool　右図 chart on the right　保育 nursing, nurturing　認可外保育所 unlicensed nursery
産休 maternity leave　乳児 infant, nursing baby　視覚 sense of sight, vision　車いす wheelchair　切断する to cut off, to disconnect
地面 land, ground　直後 immediately following, right after　挑戦する to challenge, to attempt

11 記事を読む 密輸の取り締まり　Cracking Down on Smuggling

- ⑤₁₁ 密
- ⑤₁₂ 迎
- ⑤₁₃ 銃
- ⑤₁₄ 偽
- ⑤₁₅ 締
- ⑤₁₆ 戒
- ⑤₁₇ 糖
- ⑤₁₈ 粉
- ⑤₁₉ 靴
- ⑤₂₀ 底
- ⑤₂₁ 麻
- ⑤₂₂ 探
- ⑤₂₃ 訓
- ⑤₂₄ 怒
- ⑤₂₅ 暴
- ⑤₂₆ 摘

空港で違法薬物の密輸防止イベント*

ASK *NEWS*

　輸入貨物や旅行客が増える年末を迎え、東京税関は今年も違法薬物や銃器、偽物のブランド品*などの密輸を取り締まる特別警戒を始めた。

　近年、特に税関での違法薬物の押収量は大幅に増加しており、深刻な問題になっている。密輸の手口はさまざまだ。薬物を砂糖や小麦粉と偽ったり、靴の底を二重にして隠したり、小さい袋に入れて飲み込んだりして、国内に持ち込もうとする。

　羽田空港では、今日、違法薬物の密輸の防止を訴えるイベントが開かれ、麻薬探知犬「たろう」が10個以上の荷物の中から麻薬のにおいがついたものを探し出すデモンストレーション*が行われた。麻薬探知犬は、増大する違法薬物の密輸を防止する目的で、1979年に日本に導入された。犬は人間の約1億倍の嗅覚*を持つと言われている。その特性を生かし、現在、約130頭の麻薬探知犬が全国の空港や港、国際郵便局などの税関で活動し、海外から違法に持ち込まれる薬物の発見に努めている。

　たろうは、6カ月の訓練を受けた後、今年4月から羽田空港で仕事をしている。税関の担当者は、「たろうは、最初、訓練中にしかられると、怒って、少し暴れることもあった。でも、今は信頼関係がある。一緒に協力して、確実に麻薬を摘発したい」と語った。

イベント event　　ブランド品 brand-name goods　　デモンストレーション demonstration　　嗅覚 sense of smell

これも覚えよう！

薬物 (やくぶつ) medicines, drugs	貨物 (かもつ) cargo, freight	旅行客 (りょこうきゃく) tourist, traveler	税関 (ぜいかん) customs	近年 (きんねん) recent years	押収量 (おうしゅうりょう) seizure, confiscation
手口 (てぐち) modus operandi, criminal technique	二重にする (にじゅう) to double	飲み込む (のこ) to gulp down, to swallow deeply	増大する (ぞうだい) to increase, to expand
特性 (とくせい) special characteristic, special quality	～を生かす (い) to make use of ~, to capitalize on ~	130頭 (とう) 130 dogs (counter for big animals)
担当者 (たんとうしゃ) person in charge, person responsible	信頼関係 (しんらいかんけい) relationship of mutual trust	確実に (かくじつ) certainly	語る (かた) to talk about, to speak of

新しい漢字とことば

[ ]：トピック・記事に出てくることば

511 密 — secrecy ★1 (11 strokes)

丶 宀 宀 宀 宓 宓 宓 宓 密 密 密

- ミツ ▶ [密輸(する)] (みつゆ) to smuggle　　緊密(な) (きんみつ) close, tightly knit

MEMO 密 vs 窓

512 迎 — welcome ★2 (7 strokes)

丶 匚 卬 卬 卬 迎 迎

- ゲイ ▶ 歓迎(する) (かんげい) to welcome, to receive (someone)　　歓迎会 (かんげいかい) welcome party
- むか-える ▶ 迎える (むか) to meet, to greet, to welcome; to approach　　出迎える (でむか) to greet, to go out to meet

513 銃 — gun ★1 (14 strokes)

ノ 人 ト 乍 乍 乍 金 金 金' 鈩 鈩 鈩 銃 銃

- ジュウ ▶ [銃器] (じゅうき) small arms (weapons)　　銃 (じゅう) gun, firearm

MEMO 充：銃 統

514 偽 — falsehood, forgery ★1 (11 strokes)

ノ イ 仁 伫 伫 偽 偽 偽 偽 偽 偽

- ギ ▶ 偽造(する) (ぎぞう) to counterfeit, to forge　　偽名 (ぎめい) alias, false name　　偽物 (ぎぶつ) counterfeit, forgery
- にせ・いつわ-る ▶ [偽物] (にせもの) counterfeit, forgery　　偽る (いつわ) to falsify, to pretend

515 締 — conclude, tighten ★1 (15 strokes)

く ム ム 幺 幺 糸 糸 糸' 紵 紵 紵 紵 紵 締 締

- テイ ▶ 締結(する) (ていけつ) to conclude, to enter into
- し-まる・し-める ▶ [取り締まる] (とりし) to manage, to control　　締め切り (しき) deadline　　～が締まる (し) to be firm, to be fastened　　～を締める (し) to tie, to tighten

11 密輸の取り締まり　Cracking Down on Smuggling

516 戒 caution
一二テ开戒戒戒 — 7 strokes ★1

- カイ ▶ 警戒(けいかい)(する) to guard against, to be cautious about
- いまし-める ▶ 戒(いまし)める to warn against, to prohibit

MEMO 戒(かい) : 械(かい)

517 糖 sugar
丶ﾂ丷丷丷米米米'粎粎粎粎糖糖糖糖 — 16 strokes ★1

- トウ ▶ [砂糖(さとう) sugar] 糖分(とうぶん) sugar content

518 粉 powder
丶ﾂ丷丷丷米米'籵粉 — 10 strokes ★3

- フン ▶ 花粉(かふん) pollen
- こ・こな ▶ [小麦粉(こむぎこ) wheat flour] 粉(こな) powder

MEMO 分(ふん) : 粉(ふん) 紛(ふん) 分(ふん)

519 靴 shoes
一十艹艹世廿苗革革靪靪靴 — 13 strokes ★2

- カ ▶ 隔靴掻痒(かっかそうよう) being frustrated because something is not quite as one hoped
- くつ ▶ [靴(くつ) shoes] 靴下(くつした) socks

MEMO 化(か) : 靴(か) 貨(か) 化(か) 花(か)

520 底 bottom
丶亠广广庄庆底底 — 8 strokes ★2

- テイ ▶ 海底(かいてい) seafloor, seabed 徹底(てってい)(する) to be thorough
- そこ／-ぞこ ▶ [底(そこ) bottom, sole] 靴底(くつぞこ) shoe sole

MEMO 氐(てい) : 底(てい) 低(てい)

521 麻 hemp
丶亠广广庁庄床床庥庥麻麻 — 11 strokes ★1

- マ ▶ 麻薬(まやく) narcotic, drug
- あさ ▶ 麻(あさ) hemp

MEMO 麻 vs 床

522 探 — probe, search ★2

Strokes: 一十十扌扌扩扩护护挥探探 (11)

- タン → 探知犬 (たんちけん) (drug) sniffing dog / 探知(する) (たんち) to detect / 探査(する) (たんさ) to investigate
- さが-す・さぐ-る → [探し出す (さがしだす) to find out, to track down, to locate] / 探す (さがす) to search, to look for / 探る (さぐる) to investigate, to probe into, to spy on, to fumble for

MEMO 罙 : 探 深 探 vs 採

523 訓 — instruct ★2

Strokes: 、亠亠言言言言訓訓 (10)

- クン → [訓練(する) (くんれん) to train, to exercise] / 教訓 (きょうくん) lesson, precept, teachings / 訓読み (くんよみ) kun reading, Japanese reading (of kanji) / 音訓 (おんくん) on reading and kun reading (of kanji)

524 怒 — get angry ★2

Strokes: 乁夕女奴奴怒怒怒 (9)

- ド → 激怒(する) (げきど) to be enraged, to be furious
- おこ-る・いか-る → [怒る (おこる) to get angry, to get mad] / 怒り (いかり) anger, rage, fury / 怒る (いかる) to get angry, to get mad

MEMO 怒 vs 恐

525 暴 — violent ★2

Strokes: 丶口日日旦早早昰昱異暴暴暴暴 (15)

- ボウ・バク → 暴力 (ぼうりょく) violence, force / 暴力団 (ぼうりょくだん) gangster organization, crime syndicate / 暴行(する) (ぼうこう) to behave violently, to assault / 暴落(する) (ぼうらく) to drop sharply, to nosedive / 暴露(する) (ばくろ) to disclose, to divulge
- あば-れる・あば-く → [暴れる (あばれる) to act violently, to rage, to struggle] / 暴く (あばく) to divulge, to expose

526 摘 — pick, summarize ★1

Strokes: 一十扌扌扌扩扩扩扩扩摘摘摘摘 (14)

- テキ → [摘発(する) (てきはつ) to disclose, to expose] / 指摘(する) (してき) to point out, to indicate
- つ-む → 摘む (つむ) to pick, to pinch

MEMO 商 : 摘 (てき) 適 (てき)

⑪ 密輸の取り締まり Cracking Down on Smuggling

I. 読みましょう　Read the following

答え ▶ 別冊 p.9
Answers　Supplement p.9
🔊 34

次の文を読みましょう。＿＿は、この課の漢字のことばです。
Read the following sentences. The underlined words use the kanji from this section.

1)

1. 密輸された金(きん)を押収する。
2. 外国人観光客を歓迎(かん)する。
3. 新入社員の歓迎会(かん)を開く。
4. 新しい時代を迎える。
5. 会社の受付で客を出迎える。
6. 政府が銃の規制を緩和する。
7. 身分や年齢を偽り、偽名を使う。
8. 車のシートベルト(seatbelt)を締める。
9. 毎日の運動で体が締まってきた。
10. テロ(terrorism)への警戒を強化する。
11. 自分に厳しく、自らを戒める。
12. コーヒーに砂糖を入れる。
13. 果物は糖分が多い。
14. 春は花粉が大量に飛ぶ。
15. 小麦粉で菓子やパンを作る。
16. 粉の薬を飲む。
17. 家の中では靴も靴下もはかない。
18. 靴底を修理する。
19. 医療の目的で麻薬を使う。
20. 夏に着る麻の服を探す。
21. 相手の考えを探る。
22. 防災訓練に参加する。
23. 過去の教訓を生かす。
24. 彼はすぐに怒って暴力をふるう。
25. 暴力団との関係を否定する。
26. 庭の花を摘む。

2）

1. 最近、**銃**器を使用した事件が増加している。

2. Ａ国とＢ国は新たな条約を**締**結し、緊**密**な関係を築く。

3. **偽造**パスポート(passport)で入国した不法移民を取り**締**まる。

4. 報告書の**締**め切りが迫っている。

5. 再び事故が起きないよう、安全対策を**徹底**する。
   （てっ）

6. 専門的なトレーニング(training)を受けた**探知**犬が空港で活動する。

7. レーダー(radar)が目標を**探知**する。

8. 日本周辺の海**底**にある資源を**探査**する。

9. 少年が海の**底**に隠された宝を**探**し出し、大きいニュースになった。

10. 漢字の読み方には音読みと**訓読**み（音**訓**）がある。

11. 信頼していた友人に裏切られ、**怒**りがこみ上げてきた。(experienced a welling up of feelings or sensations)

12. 男が酒を飲んで**暴**れ、他人に**暴行**を加えた。

13. 政治家の汚職を**暴露**し、うそを**暴**く。

14. 会社の不正が**摘**発され、株価が**暴落**した。

15. 彼女は間違いを指**摘**され、**激怒**した。

Ⅱ. 書きましょう
Write the following

答え ▶ 別冊 p.9
Answers Supplement p.9

1) 次のことばの＿＿の漢字を書きましょう。送り仮名があれば書きましょう。
Write the missing kanji for the following words in the blanks. Write additional *okurigana* if needed.

1. 緊＿＿な　　きん　みつ
2. 歓＿＿会　　かん　げい　かい
3. ＿＿器　　じゅう　き
4. ＿＿＿＿　いつわる
5. ＿＿結する　　てい　けつ
6. ＿＿＿＿　いましめる
7. ＿＿分　　とう　ぶん
8. 花＿＿　　か　ふん
9. ＿＿　　くつ
10. 徹＿＿する　　てっ　てい
11. ＿＿の袋　　あさ
12. ＿＿＿＿　さぐる
13. ＿＿読み　　くん　よ
14. ＿＿＿＿　いかり
15. ＿＿力　　ぼう　りょく
16. ＿＿発する　　てき　はつ

2) 【　】から漢字を選んで、＿＿に書きましょう。送り仮名があれば書きましょう。
Choose the correct kanji from inside the brackets and write them in the blanks. Write additional *okurigana* if needed.

1. 【粉・紛】この小麦＿＿はお菓子作りに適している。　こ　むぎ　こ
2. 【統・銃】＿＿を規制する。　じゅう
3. 【採・探】新しい家を＿＿＿＿。　さがす
4. 【怒・恐】母は優しいが、厳しく＿＿＿＿こともある。　おこる
5. 【適・摘】草花を＿＿＿＿。　つむ
6. 【密・窓】武器を＿＿輸する。　みつ　ゆ

3) 【　】から適切なことばを選んで、＿＿に書きましょう。
＿＿の下には読み仮名を書きましょう。

Choose the correct words from inside the brackets and write them in the blanks. Write the readings for the kanji below the blanks.

1. 【 締まる ・ 取り締まる 】　警察が交通違反を＿＿＿＿＿＿＿。

2. 【 迎える ・ 出迎える 】　新しい年を＿＿＿＿＿＿＿。

3. 【 摘発する ・ 指摘する 】　問題点を＿＿＿＿＿＿＿。

4. 【 暴落する ・ 暴行する 】　原油の価格が＿＿＿＿＿＿＿。

5. 【 偽造 ・ 偽物 】　本物と＿＿＿＿＿＿＿の違いを比べる。

6. 【 探す ・ 探る 】　めがねを＿＿＿＿＿＿＿。

III. 聞きましょう
Listen to the following

答え ▶ 別冊 p.9
Answers Supplement p.9

音声に含まれていることばを選んで、○をつけましょう。
Choose and circle the words that are included in the audio clip.

1. 【　関係 ・ 歓迎　】

2. 【　海底 ・ 家庭　】

3. 【　短期 ・ 探知　】

⑪ 密輸の取り締まり　Cracking Down on Smuggling　107

12 トピックを読む 核兵器禁止条約
Treaty on the Prohibition of Nuclear Weapons

527 兵　528 核　529 包　530 括　531 威　532 廃　533 絶　534 筋　535 縮　536 圧
537 棄　538 爆　539 弾　540 宣　541 双　542 針

　核兵器に関する条約には、これまでも核兵器不拡散条約（NPT）や包括的核実験禁止条約（CTBT）があった。このうち、NPT は 5 つの核保有国（米、ロシア、英、仏、中）からそれ以外の国への核兵器の拡散を防止する条約である。また、CTBT は核実験を禁止するが、核兵器の保有や使用を禁止していない。

　これに対して、核兵器禁止条約は核兵器の保有や使用、威嚇を禁止し、その廃絶への道筋を示した条約である。推進派は、この条約によって核兵器廃絶を求める国際世論が高まり、核保有国に対して軍縮を進めさせる圧力になることを望んでいる。条約は 2017 年 7 月に国連で採択された。投票結果は、賛成 122 カ国・地域、反対 1 カ国、棄権 1 カ国だった。発効には 50 カ国・地域の批准*が必要である。

　原子爆弾が投下された広島*と長崎*では、毎年市長が平和宣言を発表し、核兵器の廃絶を訴え続けている。しかし、日本は、核兵器禁止条約採択の投票に参加しなかった。同盟国アメリカが条約に反対しているからだ。核保有国と非保有国の双方が協力して、段階的に軍縮を進めるべきだというのが日本政府の方針である。

核兵器禁止条約　批准国
（2019 年 2 月現在）

オーストリア Austria	クック諸島 Cook Islands
コスタリカ Costa Rica	キューバ Cuba
エルサルバドル El Salvador	ガンビア Gambia
ガイアナ Guyana	バチカン Vatican
メキシコ Mexico	ニュージーランド New Zealand
ニカラグア Nicaragua	パラオ Palau
パレスチナ Palestine	セントルシア Saint Lucia
サモア Samoa	サンマリノ San Marino
南アフリカ South Africa	タイ Thailand
ウルグアイ Uruguay	バヌアツ Vanuatu
ベネズエラ Venezuela	ベトナム Vietnam

批准 ratification　　広島 Hiroshima (place name)　　長崎 Nagasaki (place name)

これも覚えよう！

- 不拡散（ふかくさん） nonproliferation
- 示す（しめす） to show, to demonstrate; to indicate
- 推進派（すいしんは） advocate
- 求める（もとめる） to want, to wish for, to request, to demand
- 採択する（さいたくする） to adopt, to choose
- 賛成（さんせい） agreement, approval
- 地域（ちいき） area, region
- 発効（はっこう） coming into effect
- 投下する（とうかする） to throw down
- 訴え続ける（うったえつづける） to continue appealing
- 同盟国（どうめいこく） ally (of another nation)
- 非保有国（ひほゆうこく） non-nuclear state, non-nuclear power
- 段階的に（だんかいてきに） gradually, in stages

新しい漢字とことば

[　]：トピック・記事に出てくることば

527 兵 — soldier
ノ 丨 匕 丘 乒 兵 — ★2 — 7

ヘイ・ヒョウ
- 兵（へい） soldier, troops
- 兵士（へいし） soldier
- 兵器（へいき） arms, weapon
- 兵力（へいりょく） military force
- 兵庫県（ひょうごけん） Hyogo prefecture

MEMO 兵：兵 浜

528 核 — nucleus
一 十 木 木 木 朽 朽 材 核 核 — ★1 — 10

カク
- [核兵器（かくへいき） nuclear weapon]
- 核実験（かくじっけん） nuclear (bomb) test
- 核保有国（かくほゆうこく） nuclear power, nuclear state
- 核（かく） nucleus, nuclear weapon

MEMO 亥：核 刻

529 包 — wrap, encompass, kitchen
ノ 勹 勺 匂 包 — ★2 — 5

ホウ
- 包囲（ほうい）（する） to close in, to envelop
- 包丁（ほうちょう） kitchen knife

つつ-む
- 包む（つつむ） to wrap up, to pack

MEMO 包：包 抱（ほう）

530 括 — tie up
一 十 扌 扌 扌 扌 扞 扦 括 括 — ★1 — 9

カツ
- [包括的（ほうかつてき）（な） comprehensive, inclusive]
- 包括（ほうかつ）（する） to include, to cover
- 一括（いっかつ）（する） to lump together
- 総括（そうかつ）（する） to summarize

MEMO 舌：括（かつ） 活（かつ）

⑫ 核兵器禁止条約　Treaty on the Prohibition of Nuclear Weapons

531 威 — might, threaten by force ★1
Strokes: 9 — ノ 厂 厂 厄 反 反 威 威 威

- イ → 威嚇(する) いかく to threaten, to intimidate ／ 権威 けんい authority, influence ／ 威力 いりょく power, might, authority

MEMO 戌：威 成

532 廃 — abolish, discarding ★1
Strokes: 12 — 丶 一 广 庁 庁 庁 庁 庆 庆 庆 庭 廃

- ハイ／-パイ → 廃止(する) はいし to abolish, to extinguish ／ 廃案 はいあん rejected bill (project) ／ 撤廃(する) てっぱい to annul, to abolish, to repeal ／ 全廃(する) ぜんぱい to abolish completely
- すた-れる・すた-る → 廃れる すたれる to become obsolete, to go out of fashion ／ 廃る すたる to go out of use, to become obsolete

MEMO 発：廃 発

533 絶 — break off, come to an end, unparalleled ★2
Strokes: 12 — く 幺 幺 幺 糸 糸 糸 糸 絆 絆 絶 絶

- ゼツ／ゼッ- → 廃絶(する) はいぜつ to halt forever ／ 絶対 ぜったい absolutely, unconditionally
- た-える・た-やす・た-つ → ～が絶える たえる to become extinct, to be stopped ／ ～を絶やす たやす to eradicate, to wipe out ／ ～を絶つ たつ to sever, to cut off, to suppress

MEMO 色：絶 色

534 筋 — muscle, threadlike structure ★1
Strokes: 12 — ノ 𠂉 𠂉 竹 竹 竹 竹 筋 筋 筋 筋 筋

- キン → 筋肉 きんにく muscle
- すじ → 道筋 みちすじ path, route ／ 筋 すじ muscle, sinew, fiber ／ 大筋 おおすじ outline, summary

535 縮 — shrink, reduce ★1
Strokes: 17 — く 幺 幺 幺 糸 糸 糸 糸 紵 紵 紵 紵 紵 縮 縮 縮 縮

- シュク → 軍縮 ぐんしゅく reduction of armaments, disarmament ／ 縮小(する) しゅくしょう to reduce, to scale back ／ 短縮(する) たんしゅく to shorten, to abbreviate
- ちぢ-む・ちぢ-まる・ちぢ-める → ～が縮む ちぢむ to be shrunk, to be diminished ／ ～が縮まる ちぢまる to be shriveled, to be shortened ／ ～を縮める ちぢめる to shorten, to condense

MEMO 宿：縮 宿

536 圧 — pressure ★2

一厂圧圧圧 (5)

- アツ／アッ- ▶ [圧力 あつりょく] pressure ・ 血圧 けつあつ blood pressure ・ 圧縮（する）あっしゅく to compress

537 棄 — abandon ★1

丶亠去去本本卒卒商奔奔棄棄棄 (13)

- キ ▶ [棄権（する）きけん to abstain (from voting)] ・ 廃棄（する）はいき to dispose of, to discard ・ 破棄（する）はき to discard

538 爆 — explode ★2

丶ソ火火炉炉炉炉炉煜煜煜爆爆爆爆爆爆爆 (19)

- バク ▶ [原子爆弾／原爆 げんしばくだん／げんばく atomic bomb] ・ 爆発（する）ばくはつ to explode, to burst ・ 被爆（する）ひばく to be bombed

MEMO 暴：爆 ばく　暴 ばく

539 弾 — projectile, spring back ★1

フコ弓弓弓″弓″弾弾弾弾弾 (12)

- ダン ▶ [爆弾 ばくだん bomb] ・ 弾圧（する）だんあつ to oppress, to suppress ・ 第一弾 だいいちだん first step ・ 弾丸 だんがん bullet, missile
- ひ-く・はず-む・たま ▶ 弾く ひく to play stringed instruments ・ 弾む はずむ to spring, to bounce, to be stimulated, to be encouraged ・ 弾 たま bullet

MEMO 単：弾　単

540 宣 — proclaim ★1

丶丶宀宀宁宁宣宣宣 (9)

- セン ▶ [宣言（する）せんげん to declare] ・ 宣伝（する）せんでん to advertise ・ 宣告（する）せんこく to sentence, to give a verdict

541 双 — pair, set ★1

フヌ刄双 (4)

- ソウ ▶ 双方 そうほう both parties, both sides
- ふた ▶ 双子 ふたご twins

542 針 — needle ★2

ノ人人合今余金金金針 (10)

- シン ▶ [方針 ほうしん policy, principle] ・ 指針 ししん guideline
- はり ▶ 針 はり needle, pin

⑫ 核兵器禁止条約　Treaty on the Prohibition of Nuclear Weapons

I. 読みましょう　Read the following

答え ▶ 別冊 p.9
Answers　Supplement p.9　36

次の文を読みましょう。＿＿は、この課の漢字のことばです。
Read the following sentences. The underlined words use the kanji from this section.

1)

1. 兵を派遣する。
2. 兵器を輸出する。
3. 兵力を削減する。
4. 核実験が行われた。
5. プレゼントを包む。
6. 1年の活動を総括する。
7. ボーナス一括払いにした。(bonus)
8. A選手はサーブに威力がある。(serve)
9. 関税を撤廃する。
10. 法案は廃案になった。
11. 暴力団との関係を絶つ。
12. 試合の前に筋肉を伸ばす。
13. 映画の筋を読んだ。
14. 事業を縮小する。
15. 血圧が高い。
16. データを圧縮する。(data)
17. 古いパソコンを廃棄する。(PC)
18. 条約を破棄する。
19. 爆発で兵士が死亡した。
20. 彼女は広島で被爆した。
21. ピアノを弾く。(piano)
22. このボールはよく弾む。(ball)
23. 商品を宣伝する。
24. がんの宣告を受けた。(cancer)
25. 双子が生まれた。
26. 時計の針が3時を指している。

2)

1. 包丁で女性を威嚇した男が、警官に包囲された。
   ちょう　　　　かく

2. 両国は自動車、農業、サービスを包括する協定を締結した。
                     service

3. 博士はチームの核として研究に取り組み、権威ある賞を受賞した。
           team

4. 彼はいつも笑顔を絶やさなかった。

5. 社長は会社の海外進出に道筋をつけた。

6. 好きなセーターを洗ったら、縮んでしまった。

7. 働き方改革で男女の収入の格差が縮まった。

8. 投票時間が短縮されたため、棄権した人が増えた。

9. 原爆の資料館を訪問してから、核兵器の廃絶を願うようになった。

10. 政府による反対派への弾圧が続き、紛争が絶えない。

11. B国は原発全廃の第一弾として、2011年に7基を停止した。
                                    7 units

12. C選手は記者会見で「絶対記録を縮める」と宣言した。

13. 核保有国と非保有国の双方に軍縮の義務がある。

14. この村は廃れて、バス路線も廃止する方針が決まった。

15. 専門家会議は、防災対策の指針について大筋で合意した。

⑫ 核兵器禁止条約　Treaty on the Prohibition of Nuclear Weapons

II. 書きましょう
Write the following

答え ▶ 別冊 p.10
Answers Supplement p.10

1) 次のことばの＿＿の漢字を書きましょう。送り仮名があれば書きましょう。
Write the missing kanji for the following words in the blanks. Write additional *okurigana* if needed.

1. ＿＿力　（へい　りょく）
2. ＿＿実験　（かく　じっ　けん）
3. ＿＿　（つつむ）
4. 一＿＿する　（いっ　かつ）
5. 権＿＿　（けん　い）
6. ＿＿対　（ぜっ　たい）
7. 道＿＿　（みち　すじ）
8. ＿＿　（ちぢむ）
9. ＿＿力　（あつ　りょく）
10. ＿＿する　（はい　き）
11. ＿＿　（ばく　だん）
12. ＿＿　（はずむ）
13. ＿伝する　（せん　でん）
14. ＿方　（そう　ほう）
15. 方＿＿　（ほう　しん）

2) 【　】から漢字を選んで、＿＿に書きましょう。送り仮名があれば書きましょう。
Choose the correct kanji from inside the brackets and write them in the blanks. Write additional *okurigana* if needed.

1. 【暴・爆】　工場で＿＿発が起きた。（ばく　はつ）
2. 【浜・兵】　＿＿器を開発する。（へい　き）
3. 【発・廃】　制限を撤＿＿する。（てっ　ぱい）
4. 【宿・縮】　期間を短＿＿する。（たん　しゅく）
5. 【括・活】　県と企業が包＿＿的連携協定を結んだ。（ほう　かつ　てき）
6. 【単・弾】　ギターを＿＿。（ひく）

3)【　】から適切なことばを選んで、＿＿＿に書きましょう。
＿＿＿の下には読み仮名を書きましょう。
Choose the correct words from inside the brackets and write them in the blanks. Write the readings for the kanji below the blanks.

1.【 短縮・縮小 】　範囲を＿＿＿＿＿する。

2.【 破棄・棄権 】　試合を＿＿＿＿＿する。

3.【 宣伝・宣言 】　独立を＿＿＿＿＿する。

4.【 一括・総括 】　各省の職員を＿＿＿＿＿して採用する。

5.【 大筋・道筋 】　法案の審議について与党と野党が＿＿＿＿＿で合意した。

III. 聞きましょう
Listen to the following

答え ▶ 別冊 p.10
Answers Supplement p.10
 37

音声に含まれていることばを選んで、○をつけましょう。
Choose and circle the words that are included in the audio clip.

1.【　危険・棄権　】

2.【　角・核　】

3.【　耐える・絶える　】

まとめの問題 5 （⑪〜⑫）

Review Question 5

答え ▶ 別冊 p.20
Answers　Supplement p.20

I. ＿＿と同じ意味のことばを□から選んで、（　）に書きましょう。
　　＿＿に読み仮名を書きましょう。使わないことばもあります。

Choose the word from the box below that has the same meaning as the word underlined in red and write it in the parentheses. Write the readings for the kanji in the blanks. Some words may not be used.

| 破棄　　廃止　　撤廃　　廃棄　　短縮　　縮小 |

① 古い機械をすてる　　　　　（　　　　　）する　＿＿＿＿＿＿する

② 古い制度をやめる　　　　　（　　　　　）する　＿＿＿＿＿＿する

③ 契約をとりけす　　　　　　（　　　　　）する　＿＿＿＿＿＿する

④ 規模をちいさくする　　　　（　　　　　）する　＿＿＿＿＿＿する

⑤ 関税をなくす　　　　　　　（　　　　　）する　＿＿＿＿＿＿する

II. 読みましょう。

Read the following.

 38-41

---

① 双子のパンダ*の赤ちゃん

　先月、さくら町の動物園で双子のパンダが生まれ、町は歓迎ムード*に包まれている。この2頭の両親は8年前に中国から迎えたルールーとトントンだ。パンダは生後3カ月まで飼育*が難しいため、動物園では24時間体制で徹底した観察を続けるという。2頭は約1年半後に母親から独り立ち*をするための訓練を始め、一定期間後に中国に返還されることになっている。

② 健康づくり

　血圧が高いなどの生活習慣病の予防として、体を鍛える*人が増えている。トレーニング*で筋肉の量を増やすと、代謝が上がって脂肪*が燃焼しやすくなり、太りにくい体になる。筋トレ*が苦手な人には、手軽な運動としてジョギング*が人気だ。最近では速く走れるという靴の底が厚いスニーカー*も登場し、話題を呼んでいる。

③ 親から子供を守れ

　親が自分の子供に暴力をふるい、摘発される事件が増えている。しつけ*だと言って、大声で子供を怒り、暴行を加え、死亡させてしまうケース*もある。専門家は、「社会と関係機関の緊密な連携が事件防止のカギ*だ」と指摘する。児童虐待*の問題は深刻だ。過去の事件を教訓にし、子供たちを見守る体制の強化が急がれる。

④ 世界が注目　日本のギョーザ*

　ギョーザは小麦粉で作った生地*で肉や野菜を包んで食べる中国の料理で、100年ほど前から日本の家庭でも食べられるようになった。中国では主にゆでたり、蒸したりするが、日本では焼いて食べるのが一般的だ。最近、この日本式のギョーザが海外で「Gyoza」と呼ばれ、人気を集めているという。行列*が絶えない人気店のAさんは、「ギョーザは日本の食文化。日本に来たら、絶対に食べてほしい。日本のギョーザを世界中にもっと宣伝したい」と話している。

パンダ panda　ムード mood　飼育 caring, breeding　独り立ち standing on one's own, becoming independent
体を鍛える to build up one's body　トレーニング training　脂肪 fat　筋トレ weight training, muscle training
ジョギング jogging　スニーカー sneaker　しつけ discipline　ケース case　カギ key　虐待 abuse, mistreatment, cruelty
ギョーザ gyoza, pot stickers　生地 dough　行列 queue, line

コラム 2　名字によく使われる漢字　Kanji That Are Often Used in Surnames

次の漢字は日本の代表的な姓（名字）に使われている漢字です。
The following kanji are used in surnames that are considered typical Japanese names.

漢字	意味	名字の例	漢字	意味	名字の例
佐（さ）	assist, field officer	佐々木（ささき）　佐野（さの）	藤（とう/ふじ）	wisteria	佐藤（さとう）　加藤（かとう）　近藤（こんどう）　藤田（ふじた）
吉（よし）	lucky	吉田（よしだ）　吉川（よしかわ）	井（い）	well	石井（いしい）　今井（いまい）
坂（さか）	slope	坂本（さかもと）　坂上（さかがみ）	崎（さき/ざき）	promontory	岩崎（いわさき）　山崎（やまざき）　宮崎（みやざき）
伊（い）	phonetic [i], Italy	伊藤（いとう）	鈴（すず）	bell	鈴木（すずき）

◎日本人の名字のベスト10*の漢字を読んでみましょう。

1. 佐藤　2. 鈴木　3. 高橋　4. 田中　5. 渡辺
6. 伊藤　7. 中村　8. 小林　9. 山本　10. 加藤

ベスト10 best 10

答え：1. さとう　2. すずき　3. たかはし　4. たなか　5. わたなべ　6. いとう　7. なかむら　8. こばやし　9. やまもと　10. かとう

13 トピックを読む 経済政策(けいざいせいさく)

Economic Policies

543 承　544 狙　545 枠　546 誘　547 永　548 久　549 懸　550 誕　551 称　552 掲
553 滞　554 創　555 喚　556 為　557 裕　558 至

プラザ合意*・バブル景気*・バブル崩壊*

　1985（昭和*60）年、先進5カ国（G5）*蔵相・中央銀行総裁会議*で承諾された「プラザ合意」の狙いは、国際通貨であるアメリカドル*の安定だった。国際協調の枠組みでドル安を誘導し、アメリカの貿易赤字を減らすことでドルを安定させようとしたのである。

　日本政府は円高不況の回避策として長期的に低金利政策をとった。そのため、余った資金が投資に回り、いわゆるバブル景気となった。この景気が永久に続くと信じた人々が投資を続けたことで、株価や不動産価格が異常な値上がりを見せた。

　この事態を懸念した政府と日銀は、金融引き締め政策を打ち出して事態の収拾を試みた。しかし、逆にこれがバブル崩壊の引き金になったと言われている。

アベノミクス*

　2012年に誕生した第二次安倍内閣*は、通称「アベノミクス」と呼ばれる経済政策を掲げ、バブル景気崩壊後、20年近く停滞していた景気の回復を目指した。「大胆な金融緩和*」で流通する資金の量を増やし、「機動的な財政政策*」では公共事業で需要を創出した。さらに「民間投資を喚起する成長戦略*」をとった。

　株価が上昇し、為替レート*がほぼ安定、失業率が低下するなど、一定の効果が上がったことから、この政策の景気回復への貢献*に肯定的な*意見がある。その一方、大企業や富裕層に手厚いという否定的な声もあり、賛否両論のまま、現在に至っている。

プラザ合意 Plaza Agreement (1985 agreement of G5 nations)　バブル景気 bubble economy (of Japan, 1986-1991)
バブル崩壊 collapse of bubble economy　昭和 Showa era　先進5カ国（G5）Group of Five (G5)
蔵相・中央銀行総裁会議 Finance Ministers and Central Bank Governors Meeting　アメリカドル American dollar
アベノミクス Abenomics　第二次安倍内閣 the second Abe Cabinet　大胆な金融緩和 bold monetary easing
機動的な財政政策 flexible fiscal policy　民間投資を喚起する成長戦略 growth strategy to stimulate investment from private sector
為替レート exchange rate　貢献 contribution　肯定的な affirmative

これも覚えよう！

蔵相（ぞうしょう）Minister of Finance	総裁（そうさい）party leader, president (of an organization), director general	国際通貨（こくさいつうか）international currency	安定（あんてい）stability, steadiness
国際協調（こくさいきょうちょう）international cooperation, international harmony	ドル安（やす）low dollar rate	貿易赤字（ぼうえきあかじ）trade deficit	長期的な（ちょうきてき）long-term
低金利（ていきんり）low interest	人々（ひとびと）people, everybody	不動産価格（ふどうさんかかく）property value	値上がり（ねあ）rise in price
日銀（＝日本銀行）（にちぎん／にほんぎんこう）Bank of Japan	金融引き締め（きんゆうひきし）economic restraint	第二次（だいにじ）the second	打ち出す（うだ）to hammer out
逆に（ぎゃく）conversely, on the contrary	引き金（ひがね）trigger, immediate cause	第二次（だいにじ）the second	金融緩和（きんゆうかんわ）monetary easing
公共事業（こうきょうじぎょう）public works	民間投資（みんかんとうし）private, non-governmental	成長戦略（せいちょうせんりゃく）growth strategy	失業率（しつぎょうりつ）unemployment rate
一定（いってい）certain, some	その一方（いっぽう）meanwhile, in the meantime, in contrast	大企業（だいきぎょう）large company, enterprise	手厚い（てあつ）courteous, cordial, warm
否定的な（ひていてき）negative, contradictory	声（こえ）opinion, voice	賛否両論（さんぴりょうろん）arguments for and against, pros and cons	

新しい漢字とことば

［　］：トピック・記事に出てくることば

543　承　ショウ／うけたまわ-る　agree to　★2　8

一　了　了　手　手　承　承　承

- ［承諾（しょうだく）（する）to consent, to approve, to accept］
- 承知（しょうち）（する）to agree to, to assent
- 承る（うけたまわ）to hear, to be told, to know, to receive (order)

544　狙　ソ／ねら-う　aim at　★1　8

ノ　ブ　オ　オ　犭　狙　狙　狙

- 狙撃（そげき）（する）to shoot at, to fire at
- ［狙い（ねら）aim, objective］
- 狙う（ねら）to aim

MEMO　且：狙　祖　組　査

545　枠　わく　frame　★1　8

一　十　オ　木　木　杉　枠　枠

- ［枠組み（わくぐ）frame, framework］
- 枠（わく）frame, border, limit
- 枠内（わくない）within the limits

546　誘　ユウ／さそ-う　induce　★1　14

丶　亠　亠　言　言　言　言　訁　訝　訝　誘　誘　誘　誘

- 誘導（ゆうどう）（する）to induct, to derive, to guide
- 誘致（ゆうち）（する）to attract
- 勧誘（かんゆう）（する）to solicit, to invite
- 誘う（さそ）to invite, to ask, to tempt
- ［誘い（さそ）invitation, temptation］

⑬　経済政策　Economic Policies

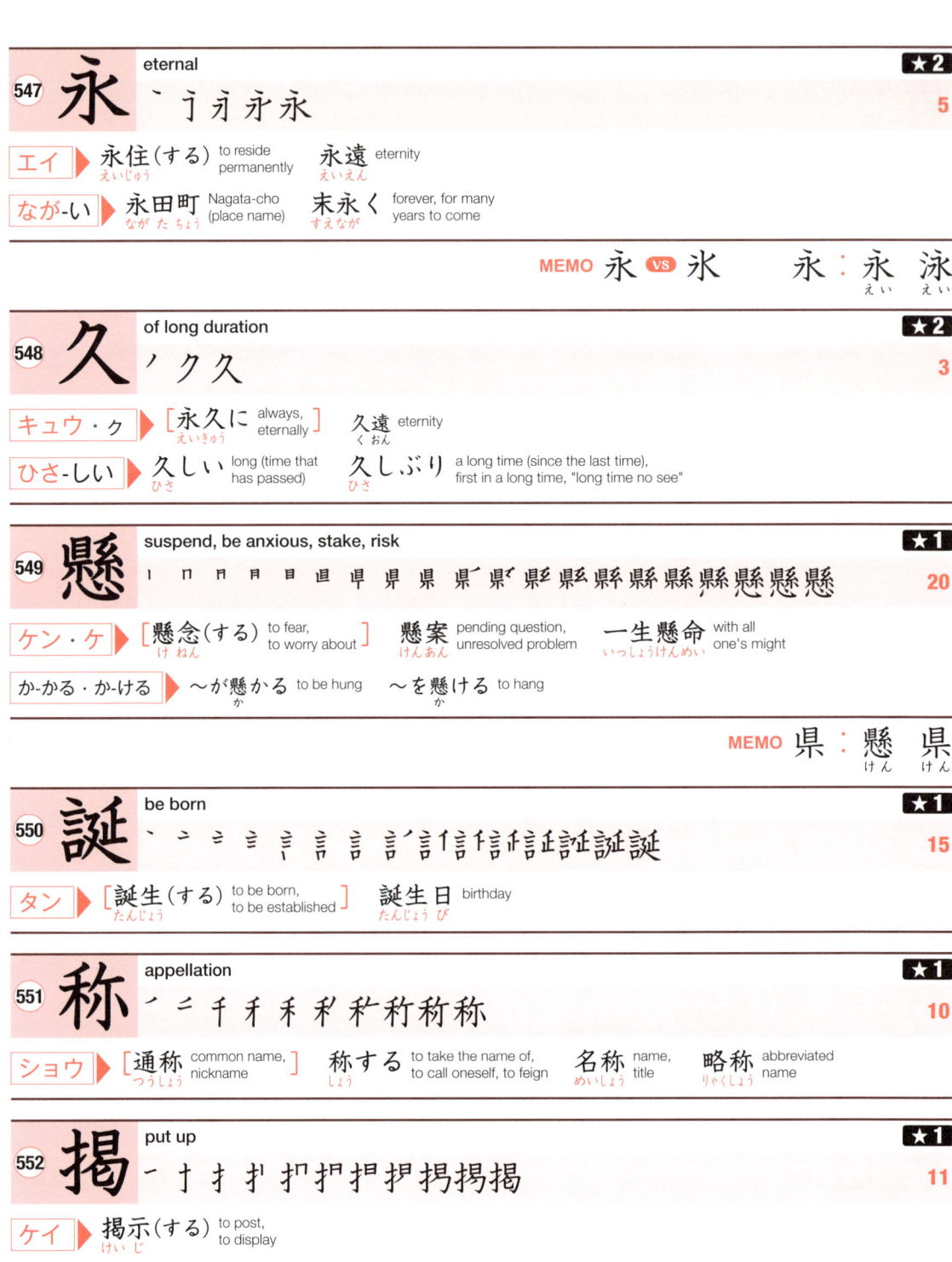

553 滞 — stagnate, stay
Strokes: 13 ★1
Stroke order: 丶 氵 氵 汁 洪 洪 滞 滞 滞 滞 滞 滞

- **タイ**: 停滞(する) ていたい to be stagnant / 滞在(する) たいざい to stay at / 渋滞(する) じゅうたい to be congested
- **とどこお-る**: 滞る とどこお to stagnate, to be delayed

MEMO: 帯(たい) : 滞(たい)

554 創 — create
Strokes: 12 ★1
Stroke order: ノ 个 个 今 今 今 亽 倉 倉 倉 創

- **ソウ**: 創出(する) そうしゅつ to create / 創設(する) そうせつ to establish / 創造(する) そうぞう to create, to originate / 創立(する) そうりつ to establish
- **つく-る**: 創る つく to make, to manufacture, to build

555 喚 — call
Strokes: 12 ★1
Stroke order: 丶 口 口 口' 叩 呼 呼 喚 喚 喚

- **カン**: 喚起(する) かんき to rouse, to incite / 喚問(する) かんもん to summon

MEMO: 奐(かん) : 喚 換(かん)

556 為 — do, sake
Strokes: 9 ★1
Stroke order: 丶 ソ 少 为 为 为 為 為 為

- **イ**: *為替 かわせ money order, exchange / 行為 こうい act, deed, conduct / 無作為 むさくい random, unintentional / 外国*為替(*外為) がいこくかわせ(がいため) foreign exchange (currency)

MEMO: 為 : 為 偽

557 裕 — abundant
Strokes: 12 ★1
Stroke order: 丶 ラ 礻 衤 衤 衤 衤 衤 衿 衿 裕 裕

- **ユウ**: 富裕層 ふゆうそう wealthy people, the rich / 裕福(な) ゆうふく wealthy, rich, affluent / 余裕 よゆう surplus, margin

MEMO: 谷 : 裕 容 欲 浴

558 至 — come to
Strokes: 6 ★1
Stroke order: 一 厶 云 至 至

- **シ**: 必至 ひっし inevitable, necessary / 至急 しきゅう urgent, pressing
- **いた-る**: 至る いた to arrive at, to reach, to attain

MEMO: 至 : 至 致 室 屋

⑬ 経済政策 Economic Policies

I. 読みましょう　Read the following

答え ▶ 別冊 p.10
Answers Supplement p.10　42

次の文を読みましょう。____は、この課の漢字のことばです。
Read the following sentences. The underlined words use the kanji from this section.

1)

1. 社長の<u>承諾</u>が得られた。
   　　　　だく

2. 無理を<u>承知</u>でお願いする。

3. 「ご注文、確かに<u>承</u>りました。」

4. 法的な<u>枠組</u>みが整った。

5. 予算の<u>枠内</u>に収める。

6. オリンピック<u>誘致</u>を<u>狙</u>っている。
   the Olympic Games

7. 友人を映画に<u>誘</u>う。

8. 食事の<u>誘</u>いを受ける。

9. カナダに<u>永住</u>するのが夢だ。
   Canada

10. ふるさとを離れて<u>久</u>しい。

11. <u>久</u>しぶりに映画館で映画を見た。

12. <u>懸案</u>だった問題が解決した。

13. 一生<u>懸命</u>に働いた。

14. 母の<u>誕生</u>日に花を贈った。

15. 彼は自らを天才と<u>称</u>している。

16. 銀行の<u>名称</u>が変更された。

17. 東大は東京大学の<u>略称</u>だ。

18. 経済が<u>停滞</u>している。

19. 支払いが<u>滞</u>っている。

20. <u>創造</u>する力を育てる。

21. 父はこの大学の<u>創立</u>に関わった。

22. 芸術作品を<u>創</u>る。

23. 注意を<u>喚起</u>する。

24. 無作<u>為</u>に選ぶ。

25. 時間に<u>余裕</u>を持って出かけた。

26. 不景気で、Ａ社の倒産は<u>必至</u>だ。

2)
1. 首相がテロリストに狙われ、ビルの屋上から狙撃された。

2. A銀行はB社への融資の枠を広げた。

3. 大学のサッカー部から、入部の勧誘を受けた。

4. 住宅開発によって、この地の自然は永遠に失われてしまった。

5. 東京の永田町には、政府関係の建物が集中している。

6. 「末永くお幸せに」は結婚式でのあいさつだ。

7. 国際問題への発展が懸念される。

8. 正門の近くに大学の構内図が掲示されている。

9. A国大統領は3日間日本に滞在した。

10. 昭和13(1938)年、国民健康保険制度が創設された。

11. A氏は国会からの喚問の要求に応じた。

12. 「この図書館内で禁止されている行為は以下の通りです。」

13. 銀行に入ってから、外国為替(外為)の基本知識を学んだ。

14. 彼は裕福な家庭で生まれ育った。

15. 「至急、ご連絡ください」というメールが届いた。

⑬ 経済政策　Economic Policies

II. 書きましょう
Write the following

答え ▶ 別冊 p.10
Answers Supplement p.10

1) 次のことばの___の漢字を書きましょう。送り仮名があれば書きましょう。
Write the missing kanji for the following words in the blanks. Write additional *okurigana* if needed.

1. _____ うけたまわる
2. ____ わく
3. ____ さそう
4. ____ ねらう
5. 末____ ____ すえ ながく
6. _____ ひさしぶり
7. ___念する け ねん
8. ___生日 たん じょう び
9. 略____ りゃく しょう
10. _____ かかげる
11. _____ とどこおる
12. ___立する そう りつ
13. ___起する かん き
14. 無___作___ む さく い
15. 富___層 ふ ゆう そう
16. ___急 し きゅう

2) 【　】から漢字を選んで、___に書きましょう。送り仮名があれば書きましょう。
Choose the correct kanji from inside the brackets and write them in the blanks. Write additional *okurigana* if needed.

1. 【祖・狙】　_____をつける。 ねらい
2. 【永・氷】　___久に続く。 えい きゅう
3. 【滞・帯】　景気が停___する。 てい たい
4. 【至・室】　現在に_____。 いたる
5. 【延・誕】　新しい政権が___生した。 たん じょう

124

3) 【　】から適切なことばを選んで、＿＿＿に書きましょう。
＿＿＿の下には読み仮名を書きましょう。

Choose the correct words from inside the brackets and write them in the blanks. Write the readings for the kanji below the blanks.

1. 【承諾(だく)・承知】　部長に＿＿＿＿＿を求めた。

2. 【誘導・勧誘】　客を非常口(emergency exit)に＿＿＿＿＿する。

3. 【略称・名称】　国連は国際連合の＿＿＿＿＿だ。

4. 【創造・創立】　この大学を＿＿＿＿＿したのは英国人だ。

5. 【必至・至急】　「＿＿＿＿＿お願いします。」

6. 【裕福・余裕】　お金と時間に＿＿＿＿＿がなかった。

III. 聞きましょう
Listen to the following

答え ▶ 別冊 p.11
Answers Supplement p.11

音声に含まれていることばを選んで、○をつけましょう。
Choose and circle the words that are included in the audio clip.

1. 【　融資・誘致　】

2. 【　掲示・景気　】

3. 【　携帯・停滞　】

14 記事を読む 働き方改革

Work-style Reforms

559 妥　560 渉　561 賃　562 抑　563 束　564 拘　565 罰　566 延　567 遇　568 善
569 暇　570 軟　571 認　572 尊　573 講　574 脈

働き方改革関連法*が成立

6月29日、働き方改革関連法が国会で成立した。法案の柱は「残業時間の上限規制」や「同一労働、同一賃金」の導入だ。

「残業時間の上限規制」は長時間労働を抑制するための制度だ。残業時間に法的な拘束力のある上限を設け、違反した企業には罰則を科す。残業時間は原則、月45時間、年360時間までだが、特別な事情がある場合、年720時間まで延長が可能だ。

「同一労働、同一賃金」の狙いは、非正規社員の待遇改善だ。仕事の内容が同じなら、雇用形態に関係なく同じ賃金にし、正社員と同じ待遇が受けられるようにし、柔軟で働きやすい社会を目指す。非正規社員の待遇差を是正する。休暇や研修なども同じ待遇が受けられるようにし、柔軟で働きやすい社会を目指す。

電機大手、ベア*3,000円で妥結

大手電機メーカー*A社は26日、春季労使交渉について、月3,000円のベースアップ（ベア）で妥結したと発表した。労働組合の要求は月3,500円だった。

副業容認で社員を育成

最近、社員の働き方の多様性を尊重し、副業を認める企業が増えている。S社では、約100人が本業以外にもセミナー*講師などの仕事をしているという。副業は働く人にとって収入の増加やスキルアップ*などのメリット*がある。一方、企業側も、社員が副業により新しい知識を得たり、人脈を広げたりすることを期待しているようだ。

ベア increase in basic salary　メーカー manufacturer　働き方改革関連法 Work Style Reform Law　セミナー seminar
スキルアップ improving one's skills　メリット advantage, benefit, merit

これも覚えよう！

- 電機（でんき）appliances, electrical machinery
- 大手（おおて）major company, big company
- 春季（しゅんき）spring season
- 労使（ろうし）labor and management
- 上限（じょうげん）upper limit
- 同一（どういつ）identical, same, equal treatment
- 長時間（ちょうじかん）long time
- 法的な（ほうてきな）legal
- 違反する（いはんする）to violate, to transgress
- 科す（かす）to inflict, to impose (a fine)
- 事情（じじょう）circumstances, conditions, situation
- 非正規社員（ひせいきしゃいん）non-regular employees
- 雇用形態（こようけいたい）system of employment
- 正社員（せいしゃいん）regular employees, full-time employees
- 副業（ふくぎょう）side job, side business
- 育成（いくせい）training, nurture, cultivation
- 多様性（たようせい）diversity
- 本業（ほんぎょう）principal occupation, core business
- 一方（いっぽう）on the one hand
- 広げる（ひろげる）to spread, to extend, to expand

新しい漢字とことば

[　]：トピック・記事に出てくることば

559　妥　ダ　come to terms　★1　7
一　イ　ヤ　ヤ　妥　妥　妥
- [妥結（だけつ）する] to reach an agreement, to come to terms with
- 妥協（だきょう）する to compromise, to settle
- 妥当（だとう）な valid, proper, appropriate

560　渉　ショウ　go cross, involve　★1　11
丶　冫　氵　氵　氵　氵　渉　渉　渉　渉　渉
- [交渉（こうしょう）する] to negotiate
- 干渉（かんしょう）する to interfere, to tamper

MEMO　歩：渉　歩

561　賃　チン　wage, charges　★2　13
ノ　イ　イ　仁　仟　任　任　侹　侹　賃　賃　賃　賃
- [賃金（ちんぎん）] wages
- 賃上げ（ちんあげ）wage increase
- 運賃（うんちん）(passenger) fare
- 家賃（やちん）rent
- 賃貸（ちんたい）する to lease, to rent

MEMO　賃 vs 貸

562　抑　ヨク／おさ-える　suppress　★1　7
一　十　扌　扌　扪　抑　抑
- [抑制（よくせい）する] to suppress, to restrain
- 抑圧（よくあつ）する to oppress, to repress
- 抑える（おさえる）to suppress, to repress, to keep within limits, to restrain

MEMO　卯：抑　迎

⑭ 働き方改革　Work-style Reforms

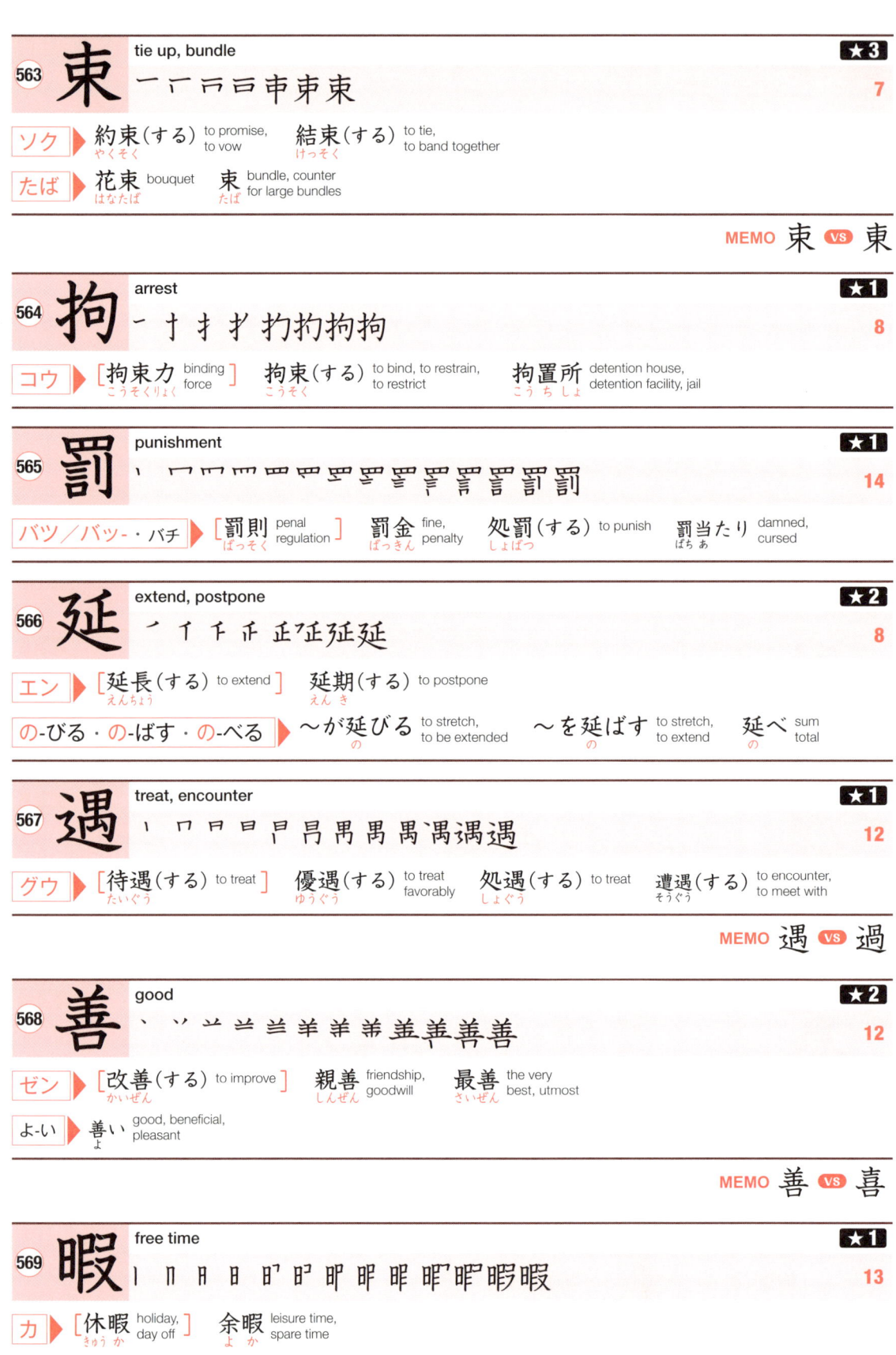

570 軟 soft

一 厂 币 戸 頁 亘 車 車 車 軟 軟 軟 — 11 ★2

ナン ▶ [柔軟(な) じゅうなん flexible, soft, pliable]

やわ-らかい・やわ-らか ▶ 軟らかい やわ soft   軟らか(な) やわ soft, lithe

MEMO 欠：軟 次 歌 飲

571 認 recognize

丶 亠 ⺌ 言 言 言 訂 訶 訶 訒 認 認 認 — 14 ★2

ニン ▶ [容認(する) ようにん to accept, to affirm]   確認(する) かくにん to confirm, to verify, to check   認識(する) にんしき to recognize
承認(する) しょうにん to approve, to authorize   認定(する) にんてい to certify, to acknowledge   公認(する) こうにん to recognize officially
否認(する) ひにん to deny, to repudiate

みと-める ▶ [認める みと to recognize, to accept]

MEMO 認 vs 誌

572 尊 honor

丶 丷 酋 酋 酋 酋 酋 酋 酋 尊 尊 — 12 ★2

ソン ▶ [尊重(する) そんちょう to respect, to hold in esteem]   尊敬(する) そんけい to respect, to revere

とうと-い・とうと-ぶ・たっと-ぶ ▶ 尊い とうと precious, valuable   尊ぶ とうと to value, to prize, to esteem   尊ぶ たっと to value, to prize, to esteem

MEMO 尊 vs 専

573 講 lecture

丶 亠 ⺌ 言 言 言 訂 訃 訃 詳 詳 誰 請 講 講 講 — 17 ★2

コウ ▶ [講師 こうし lecturer]   講演(する) こうえん to give a lecture on   講座 こうざ lectureship, course of study   講義(する) こうぎ to give a lecture on, to lecture on
講じる／講ずる こう to take measures, to work out a plan, to lecture

MEMO 冓：講 購 構
　　　　こう こう こう

574 脈 pulse, vein

丿 月 月 月 肝 肝 肝 胍 脈 脈 — 10 ★1

ミャク ▶ [人脈 じんみゃく personal connections]   脈 みゃく pulse, vein   動脈 どうみゃく artery

MEMO 爪：脈 派

 働き方改革　Work-style Reforms

I. 読みましょう　Read the following

次の文を読みましょう。＿＿＿は、この課の漢字のことばです。
Read the following sentences. The underlined words use the kanji from this section.

1)

1. 彼は簡単には<u>妥協</u>しない。
2. A氏の判断は<u>妥当</u>だと思う。
3. 他人の問題に<u>干渉</u>する。
4. 会社に<u>賃</u>上げの要求をする。
5. 来月からバスの運<u>賃</u>が上がる。
6. 自由を<u>抑圧</u>する。
7. 薬で痛みを<u>抑</u>える。
8. 同僚と食事の<u>約束</u>をする。
9. 誕生日に花<u>束</u>をもらった。
10. 古い手紙を<u>束</u>にして捨てる。
11. この仕事は<u>拘束</u>時間が長い。
12. 厳しい<u>処罰</u>を受ける。
13. 会議が来週に<u>延期</u>された。
14. 店は営業時間を1時間<u>延</u>ばした。
15. 会議の時間が30分<u>延</u>びた。
16. 仕事の経験がある人を<u>優遇</u>する。
17. 問題の解決に<u>最善</u>を尽くす。(try one's best)
18. 仕事の余<u>暇</u>に絵を描く。
19. 今日はやることがなくて<u>暇</u>だ。
20. 問題に対し、<u>柔軟</u>に対応する。
21. 上司の<u>承認</u>を得る。
22. 難民<u>認定</u>を申請する。
23. 自由を<u>尊</u>ぶ。
24. 国際政治について<u>講演</u>する。
25. 日本語の通信<u>講座</u>を受ける。
26. <u>脈</u>を取る。

2）

1. 毎月、銀行振込で賃貸マンションの家賃を支払う。

2. 優勝に向け、チームの結束を固める。

3. A被告は暴行の容疑で拘置所に送られた。

4. 交通違反をして、罰金を支払った。

5. 去年この町を訪れた観光客は延べ30万人だった。

6. 正社員と契約社員では処遇が異なる。

7. サッカーの国際親善試合を開催する。

8. 旅行の日程を確認する。

9. 社長は社内の重大な問題を認識していない。

10. 参議院選挙で、党は50人の候補者を公認した。

11. 男は強盗の容疑を否認している。

12. 交通事故で3人の尊い命が失われた。

13. 尊敬する教授の講義を受ける。

14. 必要な措置を講じる。

15. 動脈の病気の治療法を研究する。

II. 書きましょう
Write the following

答え ▶ 別冊 p.11
Answers Supplement p.11

1) 次のことばの___の漢字を書きましょう。送り仮名があれば書きましょう。
Write the missing kanji for the following words in the blanks. Write additional *okurigana* if needed.

1. ___協する (だ きょう)
2. 交___する (こう しょう)
3. ___金 (ちん ぎん)
4. ___制する (よく せい)
5. 花___ (はな たば)
6. ___力 (こう そく りょく)
7. 処___する (しょ ばつ)
8. 期限を___ (のばす)
9. 優___する (ゆう ぐう)
10. 最___の策 (さい ぜん)
11. ___ (ひま)
12. 柔___な (じゅう なん)
13. ___ (みとめる)
14. ___敬する (そん けい)
15. 日本語の___座 (こう ざ)
16. 動___ (どう みゃく)

2) 【　】から漢字を選んで、___に書きましょう。送り仮名があれば書きましょう。
Choose the correct kanji from inside the brackets and write them in the blanks. Write additional *okurigana* if needed.

1. 【貸・賃】　家___が高い。(や ちん)
2. 【講・購】　有名な医学博士の___演を聞く。(こう えん)
3. 【抑・迎】　怒りを___。(おさえる)
4. 【善・喜】　品質を改___する。(かい ぜん)
5. 【歩・渉】　他国の内政に干___する。(かん しょう)
6. 【脈・派】　___が速い。(みゃく)

3) 【　】から適切なことばを選んで、＿＿に書きましょう。
＿＿の下には読み仮名を書きましょう。
Choose the correct words from inside the brackets and write them in the blanks. Write the readings for the kanji below the blanks.

1. 【 休暇・余暇 】　＿＿＿＿＿を取って旅行をする。

2. 【 優遇・待遇 】　あの会社は＿＿＿＿＿がいい。

3. 【 延長・延期 】　労働時間を＿＿＿＿＿する。

4. 【 妥結・妥協 】　交渉が＿＿＿＿＿する。

5. 【 尊重・尊敬 】　他の人の意見を＿＿＿＿＿する。

6. 【 拘束・結束 】　殺人の容疑で男を＿＿＿＿＿する。

III. 聞きましょう
Listen to the following

答え ▶ 別冊 p.11
Answers　Supplement p.11　🔊 45

音声に含まれていることばを選んで、○をつけましょう。
Choose and circle the words that are included in the audio clip.

1. 【　延期・電気　】

2. 【　常任・承認　】

3. 【　工事・講師　】

15 トピックを読む 財務諸表
ざいむしょひょう

Financial Statements

575 須　576 録　577 照　578 損　579 析　580 概　581 及　582 預　583 証　584 券
585 掛　586 債　587 純　588 償　589 却

　財務諸表は企業を数字で理解するためには**必須**の資料である。ある時点または一定期間の企業活動を**記録**・計算・整理して表す。貸借対**照**表（B/S）、**損**益計算書（P/L）、キャッシュフロー計算書（C/F）などがこれにあたる。これらを分**析**することで、企業活動の**概**要や財政状態や安全性などが明らかになる。

貸借対照表

資産の部	
流動資産	
現金**及**び**預**金	162
有価**証券**	198
売**掛**金	472
：	
固定資産	602
資産合計	1,492
負債の部	
流動負**債**	
短期借入金	49
買**掛**金	170
：	
負**債**合計	643
純資産の部	
資本	259
：	
純資産合計	920
負**債純**資産合計	1,492

損益計算書　　＜単位：百万円＞

売上高	542
売上原価	398
売上総利益	144
販売費**及**び一般管理費	120
減価**償却**費	23
：	
営業利益	24
営業外収益	2
営業外費用	2
経常利益	24
特別利益	1
特別**損**失	1
税金等調整前**純**利益	24
法人税等	6
当期**純**利益	18

これも覚えよう！

時点（じてん）point in time, occasion	一定期間（いっていきかん）fixed period	貸借（たいしゃく）loan, debit and credit	計算書（けいさんしょ）statement of account	安全性（あんぜんせい）safety, security
流動（りゅうどう）flow	現金（げんきん）cash, ready money	合計（ごうけい）sum total, total amount	借入金（かりいれきん）loan, debt	資本（しほん）funds, capital	売上高（うりあげだか）sales, amount sold
売上原価（うりあげげんか）cost of goods sold, cost of sales	売上総利益（うりあげそうりえき）total sales, total proceeds	販売費（はんばいひ）selling costs, selling expenses		
一般管理費（いっぱんかんりひ）administrative cost	営業利益（えいぎょうりえき）operating profit	営業外収益（えいぎょうがいしゅうえき）non-operating income		
営業外費用（えいぎょうがいひよう）non-operating expense	経常利益（けいじょうりえき）ordinary profit, ordinary income	特別利益（とくべつりえき）extraordinary profit	法人税（ほうじんぜい）corporation tax	
当期（とうき）current term (period)				

新しい漢字とことば

[　]：トピック・記事に出てくることば

575 須　must
ノ ク タ ジ 氵 汀 汈 沔 沔 泜 湏 須 須
★1　12

ス　▶　[必須（ひっす）indispensable, essential, compulsory]

MEMO　彡：須 形 参 修　　頁：須 願 顔

576 録　record
ノ ノ 仒 与 刍 牟 余 金 釒 釒 釔 鈩 鋘 鋖 録 録
★3　16

ロク　▶　[記録（きろく）（する）to record, to archive]　登録（とうろく）（する）to register　録音（ろくおん）（する）to record (sound), to make an audio recording
録画（ろくが）（する）to record (video), to make a video recording

MEMO　录：録 緑　　録 vs 縁

577 照　illuminate
l 冂 日 日 旫 昭 昭 昭 照 照 照 照
★2　13

ショウ　▶　[貸借対照表（たいしゃくたいしょうひょう）balance sheet]　参照（さんしょう）（する）to refer, to reference　対照的（たいしょうてき）（な）contrasting　照明（しょうめい）illumination, lighting

て-る・て-らす・て-れる　▶　〜が照（て）る to be shined　〜を照（て）らす to shine on, to illuminate　照（て）れる to be shy, to feel awkward

MEMO　灬：照 黒

578 損　loss
一 十 扌 扌 扩 拧 拧 捐 捐 捐 損 損 損
★2　13

ソン　▶　[損益計算書（そんえきけいさんしょ）profit and loss statement]　損失（そんしつ）loss (of assets, profit)　損（そん）loss, damage, disadvantage　損害（そんがい）damage, injury, loss

そこ-なう・そこ-ねる　▶　損（そこ）なう to harm, to damage, to fail to　損（そこ）ねる to harm, to injure; to miss one's chance to

MEMO　員：損 員

⑮ 財務諸表　Financial Statements　135

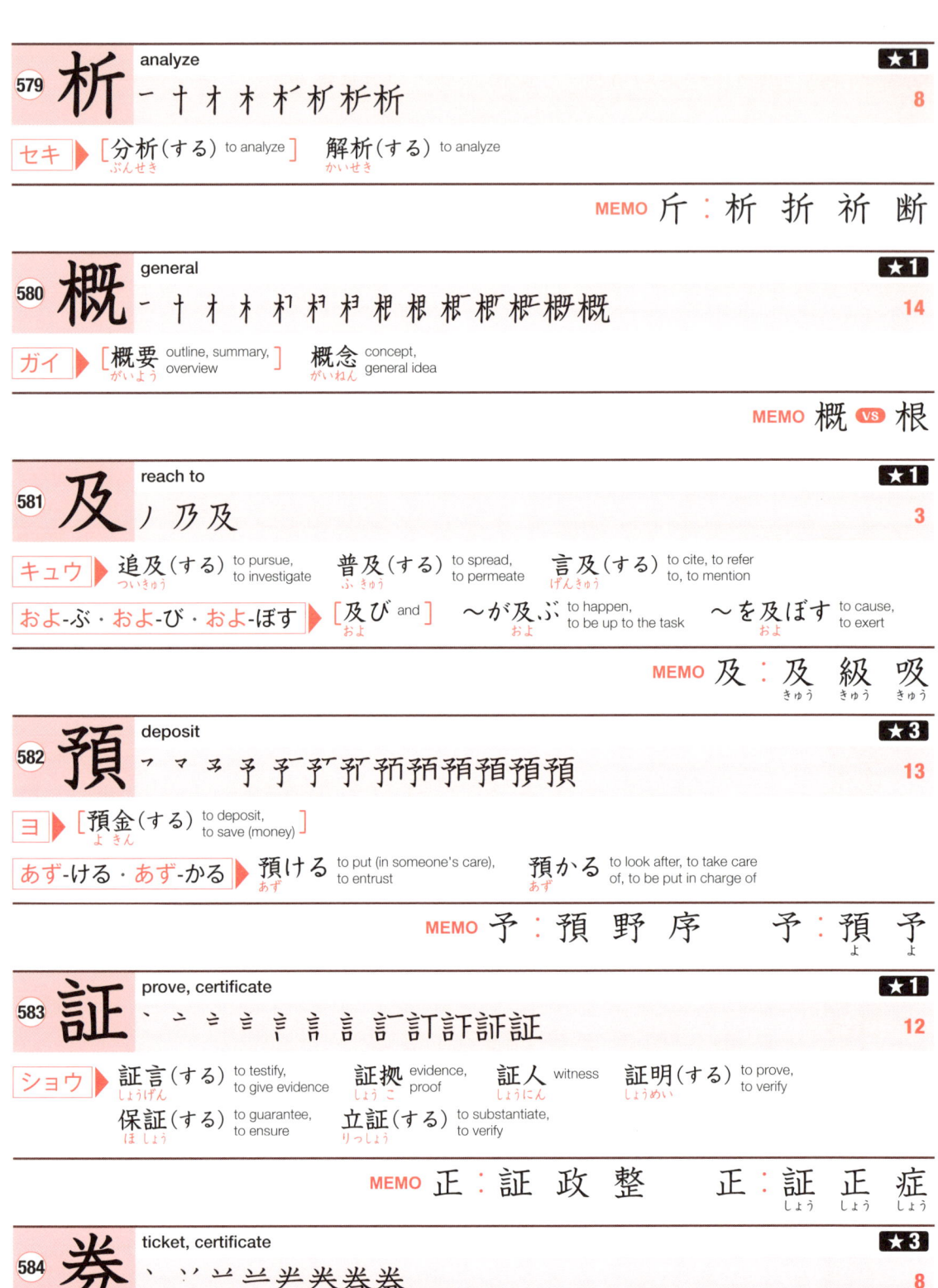

585 掛 — set, hang ★2 — 11

一 十 扌 扌 扌 扌 扌 挂 挂 掛 掛

か-かる・か-ける

[売掛金 (うりかけきん) accounts receivable 　買掛金 (かいかけきん) accounts payable]
〜が掛かる (か) to be hung
〜を掛ける (か) to hang
仕掛ける (しか) to start, to challenge

MEMO 圭：掛 街

586 債 — debt, bond ★1 — 13

ノ 亻 亻 亻 亻 亻 倩 倩 倩 債 債 債 債

サイ

[負債 (ふさい) debt, liabilities 　債権 (さいけん) credit, claim 　債務 (さいむ) debt, liabilities 　国債 (こくさい) national debt, government bonds 　債券 (さいけん) bond, debenture]

MEMO 責：債 積 績

587 純 — pure ★2 — 10

〈 ㄠ 幺 乡 糸 糸 糽 紀 紀 純

ジュン

[純資産 (じゅんしさん) net worth, total equity 　純利益 (じゅんりえき) net income, net profit 　単純 (たんじゅん)(な) simple, plain, uncomplicated]

588 償 — recompense ★1 — 17

ノ 亻 亻 亻 亻 亻 僧 僧 僧 僧 償 償 償 償 償 償

ショウ

補償 (ほしょう)(する) to compensate, to indemnify

つぐな-う

償う (つぐな) to make up for, to compensate for

MEMO 賞：償 賞 (しょう) (しょう)

589 却 — eliminate ★1 — 7

一 十 土 キ 去 去 却

キャク／キャッ-

[減価償却費 (げんかしょうきゃくひ) depreciation cost, depreciation expense]
売却 (ばいきゃく)(する) to sell
却下 (きゃっか)(する) to dismiss, to reject

MEMO 卩：却 印 命 迎　　去：却 去 法

⑮ 財務諸表　Financial Statements

I. 読みましょう　Read the following

答え ▶ 別冊 p.11
Answers　Supplement p.11　46

次の文を読みましょう。___は、この課の漢字のことばです。
Read the following sentences. The underlined words use the kanji from this section.

1)

1. この仕事には英語力が<u>必須</u>だ。
2. 兄と弟の性格は<u>対照的</u>だ。
3. もっと明るい<u>照明</u>が必要だ。
4. 午後から日が<u>照</u>ってきた。
5. 太陽は月を<u>照</u>らす。
6. 彼はほめられて、<u>照</u>れていた。
7. お客様に<u>損</u>をさせた。
8. 健康を<u>損</u>なう。
9. 会議を<u>録音</u>し、<u>概要</u>をまとめた。
10. 大臣の責任を<u>追及</u>する。
11. 銀行に<u>ボーナス</u>(bonus)を<u>預</u>ける。
12. 銀行はお金を<u>預</u>かる。
13. <u>証言</u>を<u>録画</u>し、内容を<u>分析</u>した。
14. 国会で<u>証人</u>喚問が行われた。
15. 卒業を<u>証明</u>する書類が必要だ。
16. 映画の<u>券</u>をもらった。
17. <u>証券</u>会社に勤めている。
18. 決算の準備に時間が<u>掛</u>かる。
19. <u>ハンガー</u>(hanger)に<u>コート</u>(coat)を<u>掛</u>ける。
20. A国はB国に攻撃を<u>仕掛</u>けた。
21. <u>国債</u>が発行された。
22. <u>債券</u>を購入する。
23. これはそう<u>単純</u>な問題ではない。
24. 過ちを<u>償</u>う。
25. 土地を<u>売却</u>する。
26. 彼の意見は<u>却下</u>された。

2)

1. 会員になるには電話番号の登録が必要だ。

2. 「こちらの資料をご参照ください。」

3. 今回の事故は、この会社のイメージ(image)を大きく損ねた。

4. 規則性を明らかにするためにデータ(data)を解析する。

5. 「このスライド(slide)では、危機管理の概念についてご説明します。」

6. インターネット(internet)の普及が急速に進んだ。

7. 首相は国会で増税について言及した。

8. 台風接近で生命に危険が及ぶおそれが出たため、避難した。

9. 気候変動は世界中に影響を及ぼしている。

10. このテレビには1年間の保証がついている。

11. 裁判で、彼の暴行を立証する証拠が集まらなかった。

12. インターネットを通じて証券の売買ができる。

13. A社は取引先に対する債権の回収を始めた。

14. B社は多額の債務を抱えている。

15. この保険では、地震による損害、損失は補償されない。

II. 書きましょう
Write the following

答え ▶ 別冊 p.12
Answers Supplement p.12

1) 次のことばの＿＿の漢字を書きましょう。送り仮名があれば書きましょう。
   Write the missing kanji for the following words in the blanks. Write additional *okurigana* if needed.

1. 必＿＿ / ひっ す
2. 記＿＿する / き ろく
3. 参＿＿する / さん しょう
4. ＿＿＿＿ / そこなう
5. 分＿＿する / ぶん せき
6. ＿＿要 / がい よう
7. ＿＿＿ / および
8. ＿＿＿ / あずける
9. ＿＿＿会社 / しょう けん がい しゃ
10. 売＿＿金 / うり かけ きん
11. 負＿＿ / ふ さい
12. ＿＿利益 / じゅん り えき
13. ＿＿＿ / つぐなう
14. 売＿＿する / ばい きゃく

2) 【　】から漢字を選んで、＿＿に書きましょう。送り仮名があれば書きましょう。
   Choose the correct kanji from inside the brackets and write them in the blanks. Write additional *okurigana* if needed.

1. 【緑・録】　歌を＿＿音＿＿する。 / ろく おん
2. 【及・扱】　地震の影響は漁業にも＿＿＿＿＿。 / およんだ
3. 【損・員】　＿＿を出した。 / そん
4. 【願・預】　銀行に＿＿金＿＿する。 / よ きん
5. 【績・債】　1,000万円の＿＿務＿＿を負っている。 / さい む
6. 【償・賞】　損害を補＿＿する。 / ほ しょう

3）【　】から適切なことばを選んで、＿＿＿に書きましょう。
＿＿＿の下には読み仮名を書きましょう。
Choose the correct words from inside the brackets and write them in the blanks. Write the readings for the kanji below the blanks.

1. 【 必須 ・ 必至 】　A国の危機を救うには国際的な協力が＿＿＿＿＿だ。

2. 【 登録 ・ 記録 】　オリンピック＿＿＿＿＿を更新した。 (the Olympic games)

3. 【 参考 ・ 参照 】　資料を＿＿＿＿＿する。

4. 【 追及 ・ 追求 】　外務大臣は国会で厳しい＿＿＿＿＿を受けた。

5. 【 保証 ・ 補償 】　この製品には３年間の＿＿＿＿＿が付いている。

6. 【 損失 ・ 損害 】　彼の死は日本映画にとって大きな＿＿＿＿＿だ。

III. 聞きましょう
Listen to the following

答え ▶ 別冊 p.12
Answers Supplement p.12　🔊 47

音声に含まれていることばを選んで、○をつけましょう。
Choose and circle the words that are included in the audio clip.

1. 【　普及 ・ 普通　】

2. 【　署名 ・ 照明　】

3. 【　解析 ・ 解決　】

まとめの問題6 (⑬〜⑮)

Review Question 6

答え ▶ 別冊 p.21
Answers　Supplement p.21

I. ＿＿と同じ意味のことばを□から選んで、（　）に書きましょう。
　　＿＿に読み仮名を書きましょう。

Choose the word from the box below that has the same meaning as the word underlined in red and write it in the parentheses. Write the readings for the kanji in the blanks.

懸念　柔軟　喚起　誘導　抑制　尊重　延長

① 客を非常口に<u>みちびく</u>　　（　　　）する　＿＿＿＿＿する

② 問題について<u>しんぱいする</u>　（　　　）する　＿＿＿＿＿する

③ 需要を<u>おこす</u>　　　　　　（　　　）する　＿＿＿＿＿する

④ 経費を<u>おさえる</u>　　　　　（　　　）する　＿＿＿＿＿する

⑤ 時間を<u>のばす</u>　　　　　　（　　　）する　＿＿＿＿＿する

⑥ <u>やわらかい</u>考え方　　　　（　　　）な　　＿＿＿＿＿な

⑦ 人の意見を<u>たいせつにする</u>（　　　）する　＿＿＿＿＿する

II. □から漢字を選んで、＿＿に書きましょう。＿＿の下には読み仮名を書きましょう。

Choose the correct kanji from the box below and write it in the blanks. Write the readings for the kanji below the blanks.

束　創　罰　析　妥　渉

① 簡単に＿＿協してしまった。　　② 友人と約＿＿した。

③ 他国の内政に干＿＿する。　　　④ 資料を分＿＿する。

⑤ ＿＿金を払った。　　　　　　　⑥ B大学の＿＿立は1920年だ。

III. 読みましょう。
Read the following.

① 新しいタイプ*の富裕層

　ある調査によると、純金融資産*5億円以上の富裕層が増加しているそうだ。近年、ネット・インフラ*の普及によって、初期投資が少なくても起業できる*ようになってきた。次々と起業し、これらを売却することで、短期間で大きな金融資産を手にすることができる時代になったのだそうだ。

② 働き方改革

　厚生労働省は、政府が掲げる「働き方改革」を実現させようとしている。具体的には、働き方の多様性を尊重し、法律を整備する、働き方・休み方の改善例を示す、非正規雇用の処遇を改善する、賃金を引上げる、柔軟な働き方がしやすい環境を整備するなどである。柔軟な働き方には、副業・兼業*を普及させる狙いもある。

　副業の例　＜Aさん＞
「仕事の後、昔していた英会話講師をしています。友人の誘いで始めました。教えるのは久しぶりですが、いろいろな人に会えて楽しいです。週2回で収入は月5万程度。家賃が高いので助かります。預金も増えました。副業が認められているので、会社には感謝しています。」

③ 株主・投資家の皆様へ

　当社のホームページ*で、過去5年分の財務諸表（損益計算書、貸借対照表等）及び業績の推移を示した資料、よくいただくご質問等がご覧いただけます。ぜひご参照ください。

④ AJAトラベル*は、すばらしい休暇をお約束します！

　「当社では、芸術鑑賞のための講座が付いた、長期滞在プラン*をご用意しております。ご予約はお一人様から承ります。メールアドレス*をご登録いただきますと、お知らせをお送りします。お時間に余裕がありましたら、ぜひお申込みを！」

タイプ type　純金融資産 net financial assets　ネット・インフラ net infrastructure　起業する to start a business
兼業 side business　ホームページ webpage　トラベル travel　プラン plan　メールアドレス email address

16 記事を読む　ニュースの見出し(1)　News Headline (1)

590 寿　591 遺　592 診　593 併　594 症　595 塩　596 濃　597 浅　598 群　599 畑
600 貴　601 虫　602 菌　603 江　604 毛　605 沈

感染症の新薬開発
家畜の寄生虫を減らす薬から
～土の中の菌に注目～

日本人の平均寿命、男性は81歳に

遺伝子診断により、合併症の予防が可能に

地球温暖化で海洋の塩分濃度が変化

水族館で人気のチンアナゴ*
浅い海に群れで生息

東北*の畑で復活
冬の貴重な伝統野菜

江戸時代の生活便利事典
毛が生える薬や海で沈まない方法も

チンアナゴ spotted garden eel　　東北 Tohoku (northernmost six prefectures of Honshu)

これも覚えよう！

- 平均（へいきん） average, mean
- 地球温暖化（ちきゅうおんだんか） global warming
- 海洋（かいよう） ocean
- 水族館（すいぞくかん） aquarium
- 生息（せいそく） inhabiting, living
- 伝統（でんとう） tradition
- 家畜（かちく） domestic animals, livestock
- 生える（はえる） to grow, to sprout

新しい漢字とことば

[　]：トピック・記事に出てくることば

590 寿 — longevity, congratulations
一 ｜ 三 声 寺 寿 寿　★1　7

- ジュ ▶ [寿命（じゅみょう） life span]　長寿（ちょうじゅ） long life, longevity
- ことぶき ▶ 寿（ことぶき） congratulations, best wishes

MEMO 寸：寿　尊

591 遺 — leave behind
丶 冂 曰 中 虫 中 串 串 貴 貴 貴 貴 遺 遺 遺　★1　15

- イ・ユイ ▶ [遺伝子（いでんし） gene, genetic]　遺伝（いでん）(する) to be inherited　遺族（いぞく） bereaved family, family of the deceased　遺体（いたい） corpse, remains
  遺産（いさん） inheritance, legacy　遺言（ゆいごん） will, testament

MEMO 遺 vs 遣

592 診 — examine, diagnose
丶 亠 二 三 言 言 言 診 診 診 診　★1　12

- シン ▶ [診断（しんだん）(する) to diagnose]　打診（だしん）(する) to sound out, to percuss　診察（しんさつ）(する) to examine
  診療（しんりょう）(する) to practice medicine, to examine
- み-る ▶ 診る（みる） to examine (medically)

593 併 — join, unite
ノ 亻 亻 亻 亻' 并 併 併　★1　8

- ヘイ／-ペイ ▶ 併用（へいよう）(する) to use something together with　併合（へいごう）(する) to merge, to annex　合併（がっぺい）(する) to merge, to consolidate
- あわ-せる ▶ 併せる（あわせる） to add, to combine, to merge

16 ニュースの見出し (1)　News Headline (1)

594 症 — symptoms, illness
丶 亠 广 广 疒 疒 疒 疔 症 症 ★1 10

- ショウ: [合併症 complications (in an illness) (がっぺいしょう)] [感染症 infectious disease, infection (かんせんしょう)] 症状 symptoms (しょうじょう) 後遺症 prognostic symptoms, after-effect (こういしょう)
- 認知症 dementia (にんちしょう)

MEMO 正：症 証 正 (しょう しょう しょう)

595 塩 — salt
一 十 土 𠮷 圹 圹 圹 圹 塩 塩 塩 塩 ★3 13

- エン: [塩分 salt content (えんぶん)] 塩素 chlorine (えんそ)
- しお: 塩 salt (しお)

596 濃 — thick
丶 冫 氵 氵 氵 氵 汁 汁 澧 澧 澧 濃 濃 濃 ★3 16

- ノウ: [濃度 concentration, thickness, density (のうど)] 濃縮(する) to condense, to concentrate (のうしゅく)
- こ-い: 濃い thick, dense, rich (こい)

MEMO 農：濃 農 (のう のう)

597 浅 — shallow
丶 冫 氵 氵 氵 浅 浅 浅 ★2 9

- セン: 浅草寺 Sensoji-temple (せんそうじ)
- あさ-い: [浅い shallow, light (あさい)]

598 群 — group, herd
フ ヲ ヨ 尹 尹 君 君 君 君' 群 群 群 群 ★2 13

- グン: 群 group, crowd (ぐん) 群衆 group (of people), throng (ぐんしゅう)
- む-れる・む-れ・むら: [群れ group, herd, flock (む)] 群れる to crowd, to swarm (む) 群がる to swarm, to gather (むら)

MEMO 君：群 君   羊：群 洋

599 畑 — field
丶 ハ 少 火 灯 灯 畑 畑 畑 ★3 9

- はたけ・はた: [畑 field, cultivated land (はたけ)] 畑作 dry field farming (はたさく)

600 貴 — noble, your honorable
丶 口 中 虫 虫 贵 青 青 貴 貴 — ★1, 12

- **キ** ▶ 貴重(な) きちょう precious, valuable | 貴金属 ききんぞく precious metal | 貴社 きしゃ your company (honorific form) | 貴族 きぞく noble, aristocrat
- **とうと-い・とうと-ぶ** ▶ 貴い とうと precious, valuable, priceless | 貴ぶ とうと to value, to prize

MEMO 貴：貴 遺

601 虫 — insect
丶 口 口 中 虫 虫 — ★3, 6

- **チュウ** ▶ 寄生虫 きせいちゅう parasite | 害虫 がいちゅう harmful insect, noxious insect | 昆虫 こんちゅう insect, bug
- **むし** ▶ 虫 むし insect, bug

MEMO 虫：虫 独

602 菌 — bacteria
一 十 艹 艹 芦 芦 芦 芦 菌 菌 菌 — ★1, 11

- **キン** ▶ 菌 きん fungus, bacterium | 細菌 さいきん bacterium, germ

603 江 — inlet, large river
丶 丶 氵 汀 江 江 — ★1, 6

- **コウ** ▶ 揚子江 ようすこう Yangtze River
- **え** ▶ 江戸時代 えどじだい Edo period | 入り江 いりえ inlet, cove, creek

MEMO 工：江 紅 攻 こう こう こう

604 毛 — hair
一 二 三 毛 — ★3, 4

- **モウ** ▶ 不毛(な) ふもう barren, sterile, infertile, unproductive
- **け** ▶ [毛 け hair, fur]

605 沈 — sink
丶 丶 氵 氵 沪 沙 沈 — ★2, 7

- **チン** ▶ 沈静(する) ちんせい to calm down, to quiet down | 地盤沈下 じばんちんか land subsidence
- **しず-む・しず-める** ▶ [〜が沈む しず to be sunk] | 〜を沈める しず to sink, to submerge

16 ニュースの見出し (1)　News Headline (1)

I. 読みましょう　Read the following

答え ▶ 別冊 p.12
Answers Supplement p.12　52

次の文を読みましょう。___は、この課の漢字のことばです。
Read the following sentences. The underlined words use the kanji from this section.

1)

1. <u>寿命</u>が延びる。
2. <u>長寿</u>を祝う。
3. この病気は<u>遺伝</u>する。
4. <u>遺伝子</u>の研究をする。
5. 事故の<u>遺族</u>が裁判を起こした。
6. <u>遺言</u>に従う。
7. 保険<u>診療</u>を行う。
8. 2種類の薬を<u>併用</u>する。
9. A社とB社は<u>合併</u>した。
10. <u>症状</u>が改善した。
11. 後<u>遺症</u>が残った。
12. 海水から<u>塩</u>を作る。
13. <u>濃</u>いお茶が好きだ。
14. この池は<u>浅</u>い。
15. (dolphin) イルカは<u>群</u>れて行動する。
16. <u>群衆</u>と警察が衝突した。
17. (till, plow, cultivate) 畑を<u>耕</u>す。(たがや)
18. <u>貴重</u>な経験をした。
19. <u>貴金属</u>を販売している。
20. <u>貴</u>い命が失われた。
21. 平和を<u>貴</u>ぶ。
22. <u>虫</u>にさされた。
23. 食品から<u>菌</u>が見つかった。
24. 入り<u>江</u>は波が静かだ。
25. <u>不毛</u>な議論はやめよう。
26. 男は<u>遺体</u>を海に<u>沈</u>めた。

2)

1. 来月の会議開催を米国に打診した。

2. ドイツは１９３８年にオーストリア(Austria)を併合した。

3. 診察の結果、認知症と診断された。

4. 医者に診てもらったら、塩分の取り過ぎに注意するように言われた。

5. 塩素はプールの消毒(disinfection, sterilization)に使われる。

6. 高い山に登ると、酸素濃度が低くなる。

7. ウラン(uranium)を濃縮して、原子力発電の燃料にする。

8. 「貴社の発展を願い、併せて(all present, all concerned)出席者一同の健康を祈ります。」

9. 野菜に害虫が付くのを防ぐ。

10. 細菌が体内に侵入して、感染症が起きる。

11. 江戸時代には、原則として貿易が禁止されていた。

12. いつから髪(かみ)の毛が生えるかは、赤ちゃんによって違う。

13. ここは世界遺産に登録されてブーム(boom, fad)になったが、現在は沈静化した。

14. １９５５年以降全国で地盤(ばん)沈下が報告されるようになった。

15. 新宿(しんじゅく)の高層ビル群に日が沈むのが見えた。

II. 書きましょう
Write the following

答え ▶ 別冊 p.12
Answers Supplement p.12

1) 次のことばの＿＿の漢字を書きましょう。送り仮名があれば書きましょう。
Write the missing kanji for the following words in the blanks. Write additional *okurigana* if needed.

1. ＿＿命　　　　2. ＿＿伝子　　　3. ＿＿断　する
　じゅ　みょう　　　　い　でん　し　　　　しん　だん

4. 合＿＿する　　5. ＿＿状　　　　6. ＿＿　　　7. ＿＿
　がっ　ぺい　　　しょう　じょう　　　しお　　　　　こい

8. ＿＿　　　　　9. ＿＿　　　　　10. ＿＿　　　11. ＿＿重な
　あさい　　　　　むれ　　　　　　はたけ　　　　き　ちょう

12. ＿＿　　　　 13. 細＿＿　　　　14. 入り＿＿
　むし　　　　　　さい　きん　　　　　　え

15. 不＿＿な　　 16. 地　盤　＿＿下
　ふ　もう　　　　じ　ばん　ちん　か

2)【　】から漢字を選んで、＿＿に書きましょう。
Choose the correct kanji from inside the brackets and write them in the blanks.

1.【農・濃】二酸化炭素の＿＿度が高い。
　　　　　　　　　　　のう　ど

2.【症・疲】感　染　＿＿の対策を行う。
　　　　　　かん　せん　しょう

3.【遺・遣】＿＿言を残す。
　　　　　　ゆい　ごん

4.【賞・貴】「＿＿社の経営戦略をお聞かせください。」
　　　　　　　き　しゃ

5.【工・江】＿＿戸は東京になった。
　　　　　　え　ど

6.【群・洋】広場に＿＿衆が集まっている。
　　　　　　　　ぐん　しゅう

3) 【　】から適切なことばを選んで、＿＿に書きましょう。
　　＿＿の下には読み仮名を書きましょう。
   Choose the correct words from inside the brackets and write them in the blanks. Write the readings for the kanji below the blanks.

1. 【 併用・合併 】　　２つの会社が＿＿＿＿＿＿する。

2. 【 診断・打診 】　　健康＿＿＿＿＿＿を受ける。

3. 【 遺産・遺伝 】　　世界＿＿＿＿＿＿を回る旅をした。

4. 【 圧縮・濃縮 】　　ウラン(uranium)を＿＿＿＿＿＿する。

5. 【 寿命・長寿 】　　平均＿＿＿＿＿＿が延びる。

6. 【 沈む・沈める 】　太陽が＿＿＿＿＿＿。

III. 聞きましょう
Listen to the following

答え ▶ 別冊 p.13
Answers　Supplement p.13　🔊 53

音声に含まれていることばを選んで、○をつけましょう。
Choose and circle the words that are included in the audio clip.

1. 【　恋・濃い　】

2. 【　貴社・記者　】

3. 【　痛い・遺体　】

⑯ ニュースの見出し (1)　News Headline (1)　151

17 トピックを読む 医療情報 Medical Information

606 臓　607 胃　608 肩　609 肺　610 炎　611 操　612 虚　613 抗　614 抵　615 索
616 液　617 秘　618 骨　619 折　620 肌　621 皮

　医療に関する情報をインターネットで調べる人は多い。心臓や胃などの内臓の病気の治療法、腰や肩の痛みの原因、肺炎の予防ワクチン*、認知症の予防体操など、幅広い情報が大量に収集できる。虚弱な体質で、かぜなどへの抵抗力が弱く、自分にあった健康法を模索している人にも便利である。ただし、インターネットの情報には単なる宣伝や間違った情報も多いので、注意が必要である。

　一方、信頼性という点から、新聞記事を参考にする人も多い。

　最近は新薬も話題の一つだ。新しい方法でがん細胞*を攻撃する薬、胃液の量を抑える薬、便秘に効く薬、骨折を予防する薬などである。こうした薬は作用が複雑なものが多いので、解説は理解の手助けになる。

　また、インターネットでも新聞でも、読者の質問に専門家が答えるコーナー*がある。周囲には秘密にしたい悩み、肌の老化などに関する質問も寄せられ、皮膚科や形成外科*・美容外科*の医師が回答している。

　このように、多くの情報を集められるが、それを役立てるには、内容を見極め、選び出す能力が必要である。

ワクチン vaccine　　がん細胞 cancer cell　　コーナー section　　形成外科 plastic surgery　　美容外科 cosmetic surgery

これも覚えよう！

- 体質（たいしつ） physical constitution, physical make-up
- 健康法（けんこうほう） health management method
- 単なる（たん） mere, simple
- 間違った（まちが） wrong, incorrect
- 信頼性（しんらいせい） credibility, authenticity
- ～という点（てん） the point of ~
- 参考にする（さんこう） to refer to, to use as a reference
- ～の一つ（ひと） one of ~, one ~
- 作用（さよう） action, operation, effect
- 解説（かいせつ） explanation, commentary
- 読者（どくしゃ） reader
- 老化（ろうか） aging
- 外科（げか） surgery, department of surgery
- 役立てる（やくだ） to put to use, to make use of
- 選び出す（えらだ） to pick out, to select

新しい漢字とことば

[　]：トピック・記事に出てくることば

606 臓　internal organ　★2
ノ 月 月 月 肝 肝 肝 胪 胪 胪 胪 胪 胪 胪 臓 臓 臓　19
ゾウ ▶ 心臓（しんぞう） heart　内臓（ないぞう） internal organs　臓器（ぞうき） internal organs, viscera　臓器移植（ぞうきいしょく） organ transplant

MEMO 蔵：臓 蔵（ぞう ぞう）

607 胃　stomach　★2
ノ 口 田 田 胃 胃 胃 胃 胃　9
イ ▶ [胃（い） stomach]　胃酸（いさん） acid in the stomach

MEMO 田：胃 畑 果 思

608 肩　shoulder　★2
一 ニ ヨ 戸 戸 肩 肩 肩　8
ケン ▶ 双肩（そうけん） one's shoulders
かた ▶ [肩（かた） shoulder]　肩書き（かたが） job title　肩代わり（かたが） shouldering someone else's burden, taking over another's debt

MEMO 戸：肩 雇 房 戸

609 肺　lung　★1
ノ 月 月 月 月' 肝 肝 肺 肺　9
ハイ ▶ 肺（はい） lung　肺結核（はいけっかく） pulmonary tuberculosis

MEMO 市：肺 姉 市

⑰ 医療情報　Medical Information　153

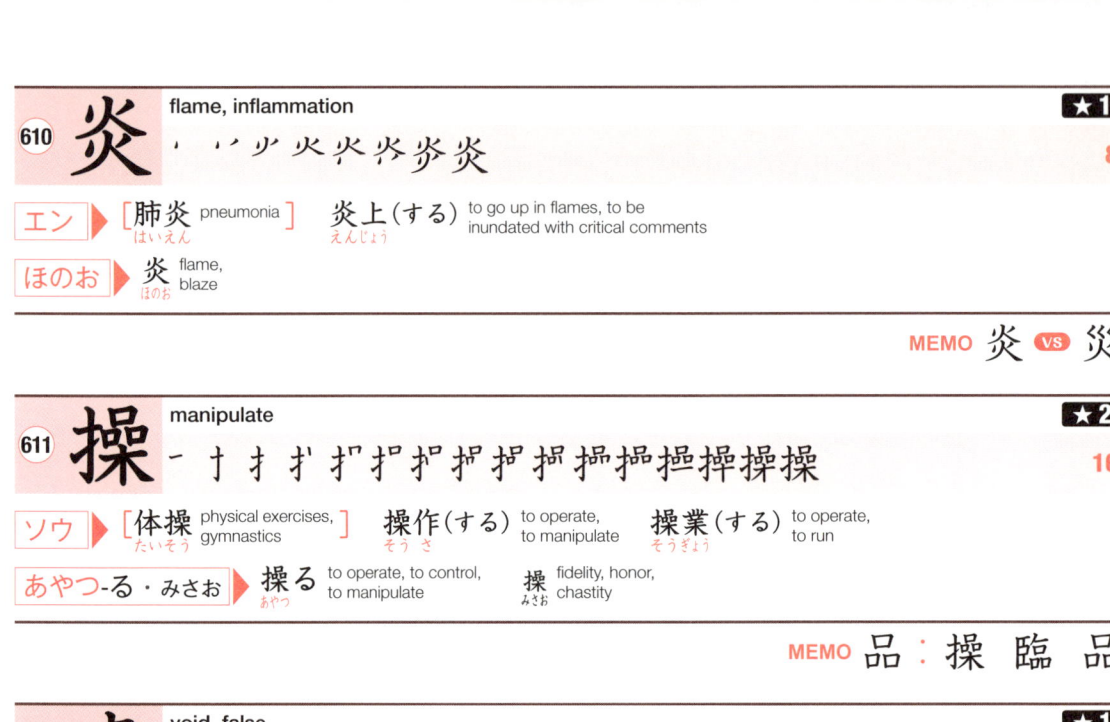

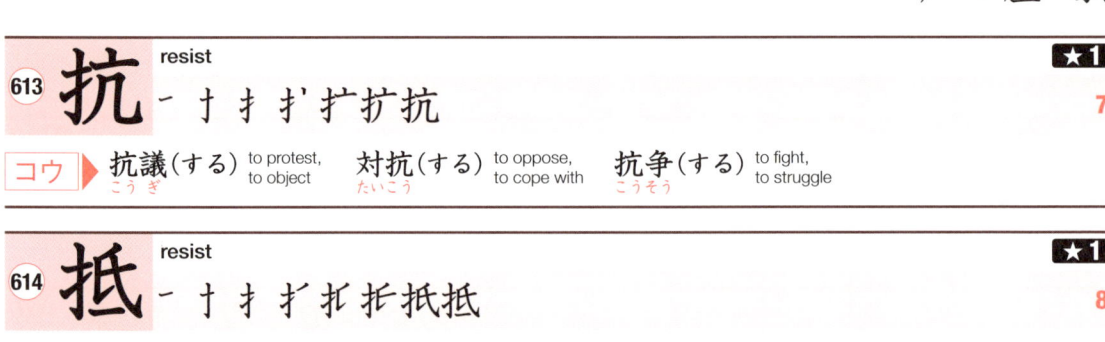

616 液 liquid ★2

丶 丶 氵 氵 沪 沪 沪 液 液 液 11

エキ ▶ [胃液 gastric juice (いえき)]　血液 blood (けつえき)　液 liquid, fluid (えき)　液体 liquid (えきたい)

MEMO 夜：液 夜

617 秘 secret ★1

ノ 二 千 千 禾 禾 秒 秘 秘 秘 10

ヒ／-ピ ▶ [便秘 constipation (べんぴ)]　秘密 secret, secrecy (ひみつ)　秘書 secretary, secret book (ひしょ)　極秘 absolute secrecy (ごくひ)

ひ-める ▶ 秘める to hide, to keep ~ to oneself (ひめる)

MEMO 必：秘 密 必

618 骨 bone ★3

丨 冂 冂 冂 冎 冎 骨 骨 骨 骨 10

コツ／コッ- ▶ 骨子 main point, gist (こっし)　遺骨 ashes, remains (いこつ)

ほね ▶ 骨 bone (ほね)

MEMO 骨 vs 胃 vs 背

619 折 break off, fold, occasion ★3

一 寸 扌 扌 折 折 折 7

セツ／セッ- ▶ [骨折(する) to break a bone, fracture (こっせつ)]　折衝(する) to negotiate, to parley (せっしょう)

お-れる・お-る・おり ▶ ～が折れる to be broken, to give in (おれる)　～を折る to break, to snap off (おる)　出張の折 occasion of a business trip (しゅっちょうのおり)

MEMO 斤：折 析 祈

620 肌 skin ★1

ノ 刀 月 月 肌 肌 6

はだ ▶ [肌 skin (はだ)]

MEMO
月：肌 肺 臓 胸 腰

621 皮 skin ★2

ノ 厂 广 皮 皮 5

ヒ ▶ [皮膚科 department of dermatology (ひふか)]　皮膚 skin (ひふ)　皮肉 irony, sarcasm, cynicism, satire (ひにく)

かわ ▶ 皮 skin, cover, coating (かわ)

MEMO 皮：皮 彼 波 破 被

17 医療情報 Medical Information

I. 読みましょう　Read the following

答え ▶ 別冊 p.13
Answers Supplement p.13
🔊 54

次の文を読みましょう。____は、この課の漢字のことばです。
Read the following sentences. The underlined words use the kanji from this section.

1)

1. A氏は<u>臓器</u>の提供に<u>同意</u>した。(agreed)
2. 午後から<u>胃</u>の辺りが痛い。
3. 細かい作業をして<u>肩</u>がこった。(felt stiff shoulder)
4. Bさんは部長の<u>肩書き</u>を持つ。
5. A氏は親の借金を<u>肩代わり</u>した。
6. 煙草は<u>肺</u>に良くない。
7. 工場で爆発が起き<u>炎</u>が上がった。
8. Dさんは<u>体操</u>の先生だ。
9. <u>操作</u>を覚えるのに時間がかかる。
10. 工場の<u>操業</u>時間を変更した。
11. A君は<u>虚弱</u>で、よく学校を休む。
12. C氏に<u>対抗</u>してD氏が出馬した。
13. <u>優先席</u>(priority seat, courtesy seat)に座ることに<u>抵抗</u>がある。
14. 本に<u>索引</u>を付ける。(append, affix, attach)
15. 島を<u>探索</u>した。
16. ビンに<u>液体</u>が残っている。(bottle, jar)
17. <u>胃液</u>には<u>胃酸</u>が含まれている。
18. 2種類の<u>液</u>を混ぜて使う。
19. 会長の<u>秘書</u>に連絡する。
20. <u>秘密</u>を守ることは簡単ではない。
21. 彼はすごい能力を<u>秘</u>めている。
22. 関係者への説明は<u>骨</u>が<u>折</u>れる。(require much effort)
23. 交通事故で腰の<u>骨</u>を<u>折</u>った。
24. 出張の<u>折</u>に古い友人を訪問した。
25. 娘は<u>肌</u>が弱い。
26. 果物の<u>皮</u>をむいて食べた。(peel, skin)

2）

1. 心臓や肺などの臓器移植では、個人情報の保護が重要だ。

2. アジア諸国の肺結核を減らすことはWHO(World Health Organization)の双肩にかかっている。

3. C大臣の街頭演説での発言がインターネット(internet)上で炎上した。

4. 虚偽の情報を流して、株価を操る組織があるらしい。

5. １０代の頃は、この小説が虚構だとは思わなかった。

6. A選手はファウル(foul)の判定について審判に抗議し、警告を受けた。

7. 暴力団の抗争が始まり、市民の間に不安が広がっている。

8. スポーツは内臓の働きをよくし、体の抵抗力を高める。

9. 製品を効率よく輸送するために、企業間の連携が模索されている。

10. この肺炎の薬は血液に入って、肺に運ばれる。

11. A社とB社の経営統合の計画は極秘に進められた。

12. 遺体や遺骨の扱いは文化によって違う。

13. 法案の骨子をまとめるため、関係者と何回も折衝を行った。

14. 転んで足を骨折し、皮膚(ふ)にも傷ができ、１カ月入院した。

15. 彼女のためを思って言ったのだが、皮肉と受け取られてしまった。

⑰ 医療情報　Medical Information

II. 書きましょう
Write the following

答え ▶ 別冊 p.13
Answers Supplement p.13

1) 次のことばの＿＿の漢字を書きましょう。送り仮名があれば書きましょう。
Write the missing kanji for the following words in the blanks. Write additional *okurigana* if needed.

1. 心＿＿ しん／ぞう
2. ＿＿酸 い／さん
3. 双＿＿ そう／けん
4. ＿＿結核 はい／けっ／かく
5. ＿＿上 えん／じょう
6. 体＿＿ たい／そう
7. ＿＿弱な きょ／じゃく
8. ＿＿＿＿力 てい／こう／りょく
9. ＿＿引 さく／いん
10. ＿＿体 えき／たい
11. ＿＿書 ひ／しょ
12. 遺＿＿ い／こつ
13. ＿＿衝する せっ／しょう
14. ＿＿ はだ
15. ＿＿をむく (to peel, to skin) かわ

2) 【 】から漢字を選んで、＿＿に書きましょう。送り仮名があれば書きましょう。
Choose the correct kanji from inside the brackets and write them in the blanks. Write additional *okurigana* if needed.

1. 【骨・胃】 ＿＿の辺りが痛い。 い
2. 【抗・抵】 上からの圧力に＿＿＿＿する。 てい／こう
3. 【蔵・臓】 ＿＿器移植をした。 ぞう／き
4. 【災・炎】 爆発で＿＿が上がった。 ほのお
5. 【肌・肺】 ＿＿が乾燥しやすい。 はだ／そう
6. 【夜・液】 血＿＿が流れる。 けつ／えき

3) 【　】のパーツを組み合わせて、＿＿に漢字を書きましょう。パーツは何回使ってもいいです。

Assemble the parts in the brackets to form the correct kanji and write it in the blanks. You may use any of the parts more than once.

1. 【 皮　氵　石　彳　衤 】

　＿＿害　　＿＿肉　　＿＿壊　　電＿＿　　＿＿れ
　ひ　がい　　ひ　にく　　は　かい　　でん　ぱ　　かれ

2. 【 必　禾　宀　山 】

　極＿＿　　＿＿要　　＿＿輸
　ごく　ひ　　ひつ　よう　　みつ　ゆ

3. 【 方　月　戸　隹 】

　＿＿代わり　　＿＿用　　＿＿籍　　官＿＿　　＿＿長官
　かた　が　　　こ　よう　　こ　せき　　かん　ぼう　　ちょう　かん

4. 【 扌　木　戸　衤　斤 】

　分＿＿　　骨＿＿　　住＿＿　　＿＿る
　ぶん　せき　　こっ　せつ　　じゅう　しょ　　いの

III. 聞きましょう
Listen to the following

答え ▶ 別冊 p.13
Answers　Supplement p.13　🔊 55

音声に含まれていることばを選んで、○をつけましょう。
Choose and circle the words that are included in the audio clip.

1. 【 肺 ・ 愛 】

2. 【 操業 ・ 創業 】

3. 【 競技 ・ 虚偽 】

17 医療情報　Medical Information

まとめの問題 7（⑯〜⑰）

Review Question 7

答え ▶ 別冊 p.22
Answers Supplement p.22

I. ☐から漢字を選んで、＿＿に書きましょう。＿＿の下には読み仮名を書きましょう。

Choose the correct kanji from the box below and write it in the blanks. Write the readings for the kanji below the blanks.

索　遺　併　症　抗　骨

① ┌ 認知＿＿になった
　└ 感染＿＿を予防する

② ┌ ＿＿族が裁判を起こす
　└ ＿＿言に従う

③ ┌ ＿＿折した
　└ ＿＿子を発表した

④ ┌ 2種類の薬を＿＿用する
　├ A国はB国を＿＿合した
　└ A社とB社は合＿＿する

⑤ ┌ 島を探＿＿する
　└ 連携を模＿＿する

⑥ ┌ 審判に＿＿議する
　├ 暴力団の＿＿争が激しい
　└ A氏に対＿＿して立候補した

II. ☐から適当な漢字を選んで、＿＿に書きましょう。（　）に助詞も書き、文を完成させましょう。＿＿の下には読み仮名も書きましょう。2回使う漢字もあります。

Choose the correct kanji from the box below and write it in the blanks. Write the necessary particle in the parentheses to complete the sentence. Write the readings for the kanji below the blanks. Some kanji may be used twice.

沈　操　秘　折

① 能力（　）＿＿＿＿＿。

② 株価（　）＿＿＿＿＿。

③ お湯に体（　）＿＿＿＿＿。

④ 日（　）＿＿＿＿＿。

⑤ 骨（　）＿＿＿＿＿。

⑥ 骨（　）＿＿＿＿＿。

III. 読みましょう。
Read the following.

① 秘湯*

秘湯とは、人にあまり知られていない温泉のことだ。秘湯の中には、サルの群れが入浴するものや、お湯を飲むことで胃などの内臓の働きが良くなるものもある。だいたいは、鉄道の駅やバス停から離れた場所にある。宿で豊富なお湯に体を沈め、肩の力を抜き、土地の料理を楽しむというのは貴重なひととき*だ。

② 駅弁*

旅の楽しみの一つに駅弁がある。駅弁には、地元の畑や海で採れた食材*が使われているので、旅情*が感じられる。冷めてもおいしいように、味は少し濃いことが多い。以前は駅のホーム*に売り歩く人がいて、短い停車*時間に買うことができた。最近は、そうしたサービス*が減り、乗車する*前に駅の売店*で並んで買うのが普通だ。

③ 健康で長生き*

江戸から明治*にかけて、日本にも西洋医学が導入された。国内でも寄生虫や細菌の研究が行われ、公衆衛生*が改善された。薬や遺伝子の研究が発展するとともに、塩分を減らしたり、禁煙したりするなど、個人の生活習慣の改善も進んでいる。その結果、日本人の平均寿命は長くなった。一方で、介護が必要な高齢者は増加しており、新しい福祉政策が模索されている。

④ 美容*

美容とは、顔や髪の毛、肌などを美しく整えることとされ、インターネットで「美容」と入力する*と、体操やヨガ、さらには食品まで大量の情報が出てくる。皮膚に使う液体だけでも、美容液*、乳液*など各種あるそうだ。知識が浅い多くの男性には違いが全くわからないだろう。

秘湯 little-known hot spring　ひととき moment, a (short) time, a while　駅弁 boxed lunch sold at a station
食材 ingredient, foodstuff　旅情 one's mood while traveling　ホーム platform　停車 train stoppage　サービス service
乗車する to get on (a train, bus), to board　売店 stand, stall, booth　長生き longevity, long life　明治 Meiji era (1868-1912)
公衆衛生 sanitation, public health　美容 beauty (treatment)　入力する to input　美容液 liquid foundation, beauty lotion
乳液 milky lotion (cosmetic), body milk

18 トピックを読む　AI（人工知能）　Artificial Intelligence

622 卸　623 蓄　624 駐　625 庫　626 既　627 伴　628 薄　629 載　630 跡　631 撮
632 端　633 即　634 我　635 奪　636 抽　637 傾

データマイニング（Data mining）

ビッグデータ*から有益な情報を見つけ出す、データマイニングの重要性が高まっている。データマイニングは、卸売業、小売業等、さまざまな企業に蓄積された大量のデータをAI等で解析する技術だ。潜在的な需要を喚起し、ビジネスに結び付けることが期待されている。

自動運転

近年、車の自動運転技術は急速に進歩している。ボタン一つで自動的に駐車や車庫入れができる機能は既に実用化されている。先日A社はドライバー*の操作を必要としない車を2025年までに実現すると発表した。こうした技術革新に伴い、既存の車社会*とは全く異なる社会が到来しようとしている。

留守番カメラ

2日、A社は「留守番カメラ」の新機種を発売した。小型・軽量・薄型で、センサー*を4つ搭載しており、360度全方向の変化を逃さずキャッチ*。動きや音を感知するとカメラがその方向に回転し、追跡撮影も可能だ。外出先から、スマートフォン*などの端末で、即座に室内の確認ができる。

ＡＩでなくなる職業

「近い将来、我々人間の仕事の約半分がAIやロボット*などに奪われる」というレポート*が世界中に衝撃を与えた。特別な技能・知識が不要な仕事やデータの分析等は、AIで代替できる可能性が高いそうだ。一方、芸術的な技能や抽象的な概念が必要な仕事、例えば映画監督、心理学研究者等はAIでの代替が難しい傾向があるそうだ。

ビッグデータ big data　ドライバー driver　車社会 automobile society　センサー sensor　キャッチ catch
スマートフォン smartphone　ロボット robot　レポート report

これも覚えよう！

- 人工（じんこう）artificial, man-made
- 知能（ちのう）intelligence, intellect
- 有益な（ゆうえき）beneficial, profitable
- 見つけ出す（み・だ）to find out, to discover
- 小売業（こうりぎょう）retail trade, retailing
- 結び付ける（むす・つ）to combine, to join, to tie on
- 急速に（きゅうそく）rapidly
- 自動的に（じどうてき）automatically
- 実用化する（じつようか）to make practicable, to become common place
- 先日（せんじつ）the other day, a few days ago
- 技術革新（ぎじゅつかくしん）technological innovation
- 到来する（とうらい）to arrive, to come
- 留守番（るすばん）house-sitting, house-watching
- 新機種（しんきしゅ）innovation, new model
- 軽量（けいりょう）light weight
- 全方向（ぜんほうこう）every direction
- 感知する（かんち）to sense, to detect
- 技能（ぎのう）technical skill, ability
- 不要な（ふよう）unnecessary, unneeded
- 心理学（しんりがく）psychology
- 研究者（けんきゅうしゃ）researcher

新しい漢字とことば

[　]：トピック・記事に出てくることば

622　卸　wholesale
ノ ﾉ 上 午 午 年 缶 缶 卸 卸　★1　9

- おろ-す・おろし
  - [卸売業（おろしうりぎょう）wholesale business]
  - 卸す（おろす）to sell wholesale
  - 卸売り（おろしうり）wholesale, wholesaling

MEMO　卸：卸 御

623　蓄　store up
一 十 艹 艹 芊 芊 荖 荖 蕃 蓄 蓄 蓄 蓄　★1　13

- チク
  - [蓄積（する）（ちくせき）to accumulate]
  - 備蓄（する）（びちく）to store, to save, to stockpile
- たくわ-える
  - 蓄える（たくわえる）to store, to save up, to accumulate, to build up

MEMO　畜：蓄 畜

624　駐　stationed
丨 厂 П 戸 戸 馬 馬 馬 馬 馬 駐 駐 駐 駐　★3　15

- チュウ
  - [駐車（する）（ちゅうしゃ）to park]
  - 駐車場（ちゅうしゃじょう）parking lot
  - 駐留（する）（ちゅうりゅう）to be stationed
  - 駐在（する）（ちゅうざい）to reside
  - 駐日ベトナム大使（ちゅうにち・たいし）Vietnamese ambassador residing in Japan

MEMO　主：駐 注 住 柱　　馬：駐 駅

625　庫　storage chamber
、 亠 广 广 广 庐 庐 庐 庫 庫　★3　10

- コ・ク
  - [車庫入れ（しゃこい）parking in a garage]
  - 在庫（ざいこ）inventory, stock
  - 倉庫（そうこ）storehouse, warehouse
  - 冷蔵庫（れいぞうこ）refrigerator
  - 庫裏（くり）the kitchen of a temple, the priests' living quarters

MEMO　車：庫 運 転 輪

18　AI（人工知能）Artificial Intelligence

626 既 already ★1

ユヨヨ旦艮即野既既 — 10

- **キ**: [既存(する)/既存(する) to exist] 既得権 vested rights, vested interests; 既成 established, existing; 既定 fixed, predetermined
- **すで-に**: [既に already]

MEMO 既：既 概

627 伴 accompany ★1

ノイイ仁仁仁伴 — 7

- **ハン・バン**: 伴走(する) to accompany, to run alongside; 伴侶 companion, partner, spouse
- **ともな-う**: [〜に伴い with ~, due to ~] 伴う to accompany, to go hand in hand with

628 薄 thin ★3

一十艹艹艹芦芦芦菏菏菏蒲蒲薄薄 — 16

- **ハク**: 希薄(な) diluted, sparse, deficient; 薄情(な) unfeeling, heartless
- **うす-い・うす-れる・うす-まる・うす-める・うす-らぐ**: [薄型 thin, slim, flat] 薄い thin, slim, light; 薄れる to fade, to become dim; 〜が薄まる to become weak; 〜を薄める to dilute, to water down; 薄らぐ to become thin, to fade, to grow pale

629 載 load, put in print ★1

一十十キ±吉青青壹車載載載 — 13

- **サイ**: [搭載(する) to load, to equip] 掲載(する) to publish, to print; 記載(する) to mention (in a document)
- **の-る・の-せる**: 〜が載る to appear in a newspaper, to be printed, to be put on top of something; 〜を載せる to place on, to give a ride, to publish

MEMO 戈：載 裁

630 跡 trace, track ★2

- **セキ**: [追跡(する) to chase, to pursue] 遺跡 historic ruins, archeological site; 足跡 footprint, contribution
- **あと**: 跡 trace, track, remains

MEMO 亦：跡 湾 恋 変

631 撮 photograph ★1

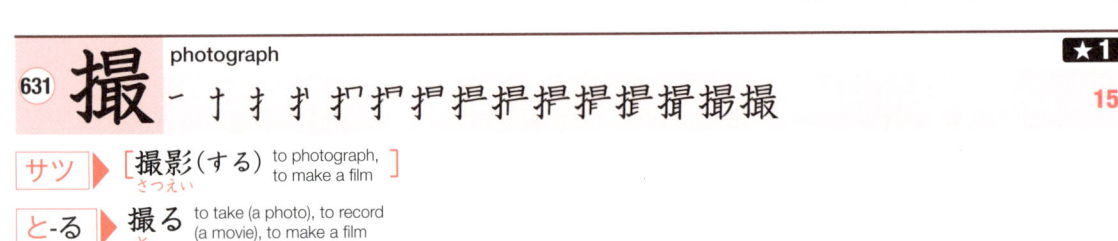

- **サツ**: [撮影(する) to photograph, to make a film]
- **と-る**: 撮る to take (a photo), to record (a movie), to make a film

632 端 — edge ★1 — 14 strokes

- **タン**: 端末(たんまつ) terminal, computer terminal; 先端(せんたん) forefront, pointed end, tip; 最先端(さいせんたん) cutting edge, leading edge, forefront; 極端(な)(きょくたん) extreme, extremity
- **はし・は／-ぱ・-ばた**: 端(はし) tip, point, edge; 端数(はすう) fraction, odd amount; 中途半端(な)(ちゅうとはんぱ) halfway, half measures, unfinished, incomplete; 道端(みちばた) roadside, wayside

MEMO 而：端 需 耐

633 即 — immediate ★1 — 7 strokes

- **ソク**: 即座に(そくざに) immediately, on the spot; 即時(そくじ) immediate, in real time; 即死(する)(そくし) to be killed instantly; 即位(する)(そくい) to ascend the throne, to be enthroned

MEMO 卩：即 却 卸 節

634 我 — self ★1 — 7 strokes

- **ガ**: 我慢(する)(がまん) to endure, to be patient
- **われ・わ**: 我々(われわれ) we; 我が国(わがくに) our country, our land

MEMO 戈：我 武 戦 域

635 奪 — rob ★1 — 14 strokes

- **ダツ／ダッ-**: 奪還(する)(だっかん) to recover, to recapture; 略奪(する)(りゃくだつ) to plunder, to pillage
- **うば-う**: 奪う(うばう) to snatch away, to steal

MEMO 隹：奪 焦 雇 離

636 抽 — draw out ★1 — 8 strokes

- **チュウ**: 抽象的(な)(ちゅうしょうてき) abstract; 抽選(する)(ちゅうせん) to draw lots; 抽出(する)(ちゅうしゅつ) to extract

637 傾 — incline ★2 — 13 strokes

- **ケイ**: 傾向(けいこう) tendency, trend
- **かたむ-く・かたむ-ける**: ～が傾く(かたむく) to decline, to turn toward; ～を傾ける(かたむける) to tilt, to devote oneself to

MEMO 頃：傾 頃

AI (人工知能) Artificial Intelligence

I. 読みましょう　Read the following

答え ▶ 別冊 p.13
Answers Supplement p.13

次の文を読みましょう。＿＿は、この課の漢字のことばです。
Read the following sentences. The underlined words use the kanji from this section.

1)

1. 石油を<u>備蓄</u>する。
2. ノウハウを<u>蓄</u>える。　(know-how)
3. 駅の近くに<u>駐車場</u>がない。
4. 海外に<u>駐在</u>した経験がある。
5. <u>駐日</u>ベトナム大使が来日した。
6. <u>在庫</u>がない。
7. 東京湾岸には<u>倉庫</u>（そう）が多い。
8. <u>冷蔵庫</u>に飲み物を入れた。
9. <u>既</u>得権を侵害された。
10. 秘書を<u>伴</u>って出張した。
11. Aさんは<u>薄情</u>な人だと思う。
12. 新聞に広告を<u>載</u>せる。
13. これは辞書に<u>載</u>っていない。
14. <u>遺跡</u>を見学する。
15. 工場の<u>跡</u>に公園ができた。
16. 写真を<u>撮</u>る。
17. 流行の<u>先端</u>を行く。
18. <u>最先端</u>の技術を学ぶ。
19. パンを<u>極端</u>に<u>薄</u>く切る。
20. 椅子（いす）を部屋の<u>端</u>に寄せる。
21. 自動車事故で男性が<u>即死</u>した。
22. 寒さを<u>我慢</u>（まん）する。
23. 必要なデータを<u>抽出</u>する。　(data)
24. 質問の順番を<u>抽選</u>で決める。
25. 地震で建物が<u>傾</u>いた。
26. 人の話に耳を<u>傾</u>ける。

2）

1. 卸売りの会社は製造者から商品を仕入れ、小売りの店に卸す。

2. A国には常時1万人以上のB国軍人が駐留している。

3. 既成の価値観を壊したところから新しいものが生まれる。

4. 災害時は既定の方針に従って対応する。

5. パラリンピック(the Paralympics Games)のマラソン(marathon)では伴走が認められている。

6. 人間関係が希薄な人が増えている。

7. 最近、防災に対する関心が薄れていないだろうか。

8. 新聞に昨日の首脳会談の写真が掲載された。

9. 「千と千尋(ちひろ)の神隠し」("Spirited Away")は日本映画の歴史に大きな足跡を残した。

10. 税の申告書には1円未満の端数は記載しない。

11. A社とB社の合併交渉は中途半端な状態で中断している。

12. 米国大統領は、自動車業界への即時支援を決定した。

13. 政府は、我が国の島が奪われる事態を想定している。

14. 奪われた島を奪還するという想定で、軍の訓練が行われた。

15. 第二次世界大戦中、多くの美術品が略奪されたそうだ。

II. 書きましょう
Write the following

答え ▶ 別冊 p.14
Answers　Supplement p.14

1) 次のことばの＿＿の漢字を書きましょう。送り仮名があれば書きましょう。
Write the missing kanji for the following words in the blanks. Write additional *okurigana* if needed.

1. 小売りの店に＿＿＿＿（おろす）
2. ＿＿＿＿（たくわえる）
3. ＿（ちゅう）車（しゃ）する
4. 在＿（ざい）（こ）
5. ＿＿＿＿に（すで）
6. ＿（ばん）走（そう）する
7. ＿＿＿＿（うすい）
8. 搭＿（とう）（さい）する
9. 追＿（つい）（せき）する
10. 写真を＿＿＿＿（とる）
11. ＿（たん）末（まつ）
12. ＿（そく）座（ざ）に
13. ＿が国（わ）
14. ＿（ちゅう）象（しょう）的（てき）な
15. ＿（けい）向（こう）

2)【 】から漢字を選んで、＿＿に書きましょう。送り仮名があれば書きましょう。
Choose the correct kanji from inside the brackets and write them in the blanks. Write additional *okurigana* if needed.

1. 【即・卸】　＿（おろし）売（うり）業（ぎょう）と小売り業
2. 【畜・蓄】　地震に備えて食料を備（び）＿（ちく）する。
3. 【概・既】　＿（き）存（ぞん/そん）の建物を活用する。
4. 【伴・判】　「事業の拡大に＿＿＿＿（ともない）、社員を募集します。」
5. 【傾・頃】　家が＿＿＿＿（かたむく）。

3) 【　】から適切なことばを選んで、＿＿に書きましょう。
　　＿＿の下には読み仮名を書きましょう。
　　Choose the correct words from inside the brackets and write them in the blanks. Write the readings for the kanji below the blanks.

1. 【蓄積・備蓄】　経験を＿＿＿＿＿する。

2. 【駐留・駐在】　Ａ国軍はＢ国に＿＿＿＿＿している。

3. 【希薄・薄情】　酸素が＿＿＿＿＿だ。

4. 【掲載・記載】　契約書に金額の＿＿＿＿＿がある。

5. 【抽選・抽出】　試合相手を決める＿＿＿＿＿が行われた。

6. 【既定・既存】　＿＿＿＿＿の施設を有効に利用する。

III. 聞きましょう
Listen to the following

答え ▶ 別冊 p.14
Answers　Supplement p.14
61

音声に含まれていることばを選んで、○をつけましょう。
Choose and circle the words that are included in the audio clip.

1. 【　載る・乗る　】

2. 【　敬語・傾向　】

3. 【　跡・後　】

19 トピックを読む 宇宙開発 — Space Development

| 638 航 | 639 宇 | 640 宙 | 641 測 | 642 放 | 643 布 | 644 秒 | 645 功 | 646 船 | 647 衣 |
| 648 装 | 649 系 | 650 浮 | 651 射 | 652 片 | 653 戻 |

日本の**航**空**宇宙**開発政策は、**宇宙航**空研究開発機構（JAXA）が担っている。JAXA は、人工衛星、ロケット*、探査機の開発に力を入れている。

人工衛星

人工衛星には、地球観**測**衛星、通信**放**送衛星などの種類がある。地球観**測**衛星は、地球全体の降水マップを作成したり、温室効果ガスの濃度分**布**を観**測**したりしている。

ロケット

2018 年 9 月 23 日午前 2 時 52 分 27 **秒**、JAXA と民間企業と共同で開発した H-IIB ロケットが、**宇宙**ステーション補給機*「こうのとり」7 号機の打ち上げに成**功**した。「こうのとり」は無人の**宇宙船**であり、国際**宇宙**ステーションに長期滞在している**宇宙**飛行士のために、食糧*、**衣**類、実験**装**置を運び、実験試料*などの**宇宙**からの物資回収を行った。

探査機

2014 年に小惑星探査機「はやぶさ 2」が、太陽**系**の起源・進化と生命の原材料物質を解明するために打ち上げられた。2018 年に「はやぶさ 2」は、**宇宙**空間に**浮**かぶ小惑星リュウグウの上空に到着し、観**測**を始めた。2019 年には、小惑星リュウグウに着陸し、地表に向けて弾丸を発**射**することに成功した。その衝撃で舞い上がった砂や岩石の破**片**が採取できたかどうかは、「はやぶさ 2」が地球に**戻**った時に確認される。「はやぶさ 2」は 2020 年に**戻**ることが予定されている。

ロケット rocket　　宇宙ステーション補給機 H-II Transfer Vehicle (HTV)　　食糧 food supply, provisions　　試料 sample, specimen

これも覚えよう！

人工衛星	じんこうえいせい	artificial satellite
探査機	たんさき	(space) probe
降水マップ	こうすい	rainfall map
民間企業	みんかんきぎょう	private enterprise, private business
打ち上げ	うちあげ	launching
無人	むじん	uncrewed, uninhabited
物資	ぶっし	goods, commodities
小惑星	しょうわくせい	minor planet, asteroid
起源	きげん	origin, beginning
進化	しんか	evolution, progress
原材料	げんざいりょう	raw materials, ingredients
解明する	かいめい	to make clear, to elucidate
上空	じょうくう	sky, the skies
地表	ちひょう	surface of the earth, ground surface
弾丸	だんがん	bullet, shot
舞い上がる	まいあがる	to soar, to fly high
採取する	さいしゅ	to pick, to collect, to harvest

新しい漢字とことば

[　]：トピック・記事に出てくることば

638 航 — navigation ★2
ノ ノ 力 月 舟 舟 舟' 舟 舟 航 航 — 10

コウ
- [航空 こうくう aviation, flying]
- 航空機 こうくうき aircraft
- 難航（する）なんこう to voyage with difficulty, to go roughly
- 運航（する）うんこう to operate (ships, aircraft)
- 就航（する）しゅうこう to go into commission, to enter service (ships)

MEMO 舟：航 般

639 宇 — universe ★2
丶 丶 宀 宀 宇 宇 — 6

ウ
- [宇宙 うちゅう universe, space]

MEMO 宀：宇 字

640 宙 — mid air ★2
丶 丶 宀 宀 宀 宙 宙 宙 — 8

チュウ
- [宇宙 うちゅう universe, space]
- 宇宙飛行士 うちゅうひこうし astronaut

MEMO 由：宙 由 届

641 測 — measure, conjecture ★2
丶 丶 氵 氵 氵 沪 沪 沪 浿 測 測 測 — 12

ソク
- [観測（する）かんそく to observe]
- 予測（する）よそく to predict, to estimate
- 測定（する）そくてい to measure, to survey
- 推測（する）すいそく to guess, to conjecture

はか-る
- 測る はかる to measure

MEMO 則：測 則 側 そく そく そく

19 宇宙開発 Space Development

642 **放** release, shoot, emit ★2

丶 亠 方 方 方' 方' 放 放 8

ホウ ▶ [放送(する) ほうそう to broadcast] 開放(する) かいほう to open, to allow access 解放(する) かいほう to release, to unleash 放棄(する) ほうき to waive, to renounce 放置(する) ほうち to leave something as is, to neglect

はな-つ・はな-す・ほう-る・はな-れる ▶ 放つ はな to set free, to fire, to shoot 突き放す つ はな to push away, to thrust aside, to detach oneself from 放る ほう to throw, to toss, to neglect, to abandon 放れる はな to be freed, to be released

MEMO 方：放 旅 施　方：放 ほう 方 ほう

643 **布** cloth, spread ★2

ノ ナ オ 右 布 5

フ／-プ ▶ [分布(する) ぶんぷ to be distributed] 配布(する) はいふ to distribute 財布 さいふ purse

ぬの ▶ 布 ぬの cloth

MEMO 巾：布 市 希　布：布 ふ 怖 ふ

644 **秒** second (time) ★2

一 二 千 千 禾 利 利 秒 秒 9

ビョウ ▶ [秒 びょう second (unit of time)]

645 **功** merit, achievement ★1

一 T エ 工 功 5

コウ・ク ▶ [成功(する) せいこう to succeed, to be successful] 功績 こうせき achievement, merit 功徳 くどく charity, grace (of the buddhas and gods)

MEMO 功 VS 切　工：功 こう 工 こう 攻 こう

646 **船** ship ★3

ノ 丿 月 月 舟 舟 舟 舟' 舟' 船 船 11

セン ▶ [宇宙船 うちゅうせん spaceship] 漁船 ぎょせん fishing boat 造船 ぞうせん shipbuilding

ふね・ふな ▶ 船 ふね ship, boat 船旅 ふなたび trip by boat, sea voyage, cruise

MEMO 舟：船 般 航

647 **衣** garment ★3

丶 亠 ナ 才 衣 衣 6

イ ▶ [衣類 いるい clothes, clothing] 衣料 いりょう clothing 衣服 いふく garment, suit, clothes

ころも ▶ 衣替え ころもが seasonal change of clothing

648 装 — dress, attire ★2

Stroke order: 丨 丬 卄 壮 壮 壮 茽 茽 装 装 装 — 12

ソウ・ショウ
- [装置 そうち] equipment, device
- 武装（する）ぶそう to arm someone
- 装備（する）そうび to equip, to furnish
- 服装 ふくそう garments, attire
- 衣装 いしょう clothing, costume, outfit

よそお-う
- 装う よそお to dress, to attire oneself in, to adorn

649 系 — system, lineage ★1

Stroke order: 一 丆 丞 互 系 系 系 — 7

ケイ
- [太陽系 たいようけい] solar system
- 日系 にっけい Japanese descent
- 外資系 がいしけい foreign company
- 体系 たいけい system, organization
- 系列 けいれつ series, sequence
- 系統 けいとう system, lineage, family line

MEMO 系 : 係 けい けい

650 浮 — floating ★2

Stroke order: 丶 冫 氵 浮 浮 浮 浮 浮 浮 浮 — 10

フ
- 浮上（する）ふじょう to emerge, to rise to the surface

う-く・う-かぶ・う-かべる・う-かれる
- [〜が浮かぶ う] to float, to be suspended, to rise to surface, to come to mind
- 浮く う to float, to become loose
- 〜を浮かべる う to set afloat, to show on one's face (smile, sadness), to recall
- 浮かれる う to make merry, to be festive

651 射 — shoot ★1

Stroke order: 丿 丨 冂 月 冃 身 身 身 射 射 — 10

シャ
- [発射（する）はっしゃ] to launch, to fire
- 放射能 ほうしゃのう radioactivity
- 放射線 ほうしゃせん radiation
- 注射（する）ちゅうしゃ to inject

い-る
- 射る い to shoot (arrow, bolt, dart)

652 片 — fragment, one of two ★2

Stroke order: 丿 丨 ノ 片 — 4

ヘン
- [破片 はへん] fragment, broken piece, splinter, chip

かた
- 片方 かたほう one side, one party
- 片付ける かたづ to tidy up, to put in order, to put away, to settle (a problem)
- 片手 かたて one hand

653 戻 — return ★3

Stroke order: 一 ㇀ 彐 戸 戸 戻 戻 — 7

レイ
- 返戻 へんれい returning, giving back

もど-す・もど-る
- [〜が戻る もど] to return, to come back
- 〜を戻す もど to return, to put ~ back

MEMO 戻 vs 房

19 宇宙開発 Space Development

I. 読みましょう Read the following

答え ▶ 別冊 p.14
Answers Supplement p.14

次の文を読みましょう。＿＿は、この課の漢字のことばです。
Read the following sentences. The underlined words use the kanji from this section.

1)

1. <u>宇宙</u>科学の研究を行う。
2. 結果から失敗の原因を<u>推測</u>する。
3. 池の深さを<u>測</u>る。
4. <u>航</u>空機で台風を<u>観測</u>する。
5. 公園は市民に<u>開放</u>されている。
6. 教科書が<u>配布</u>される。
7. <u>布</u>で作られた<u>財布</u>を買った。
8. 彼は映画界に<u>功績</u>を残した。
9. この地域は<u>造船</u>が盛んだ。
10. <u>船</u>の運<u>航</u>状況を調べる。
11. 歌手が赤い<u>衣装</u>で登場した。
12. 犯人は客を<u>装</u>って店に入った。
13. 地球は太陽<u>系</u>にある。
14. 携帯電話の料金<u>体系</u>を見直す。
15. Ａ社の<u>系列</u>会社で働く。
16. ^{investigation, inquiry} <u>捜査</u>から容疑者が<u>浮上</u>した。
     そうさ
17. 節約をし、経費が<u>浮</u>いた。
18. 笑顔を<u>浮</u>かべる。
19. 海に<u>漁船</u>が<u>浮</u>かんでいた。
20. <u>放射</u>能を<u>測定</u>する。
21. 矢を<u>放</u>ち、的を<u>射</u>る。
22. <u>放射</u>線治療を行う。
23. 病院で<u>注射</u>を打った。
24. ^{ball} <u>片</u>手でボールを遠くまで<u>放</u>る。
25. 靴下が<u>片方</u>見つからない。
26. ^{PC} パソコンの設定を元に<u>戻</u>した。

174

2)

1. A社は世界21カ国の合計144路線に就航している。

2. A国の経済成長予測は2%から3%に引き上げられた。

3. 昨年公開された人気映画が、今週の土曜日にテレビで放送される。

4. 今回の首脳会談で核の放棄の宣言が期待される。

5. 大人は子供を突き放すような態度を取ってはいけない。

6. O選手は2018年に2時間5分50秒のマラソンの日本記録を出した。

7. 今月の個人消費は衣料の売り上げが好調だった。

8. 銃で武装した集団に人質の解放を求めたが、交渉は難航している。

9. この車は自動ブレーキ(car brakes)が装備されている。

10. 天気予報を聞き、明日の服装を決める。

11. 車を放置していたので、電気系統(breakdown, failure, out of order)の故障で動かなくなった。

12. 日系企業に就職するか外資系企業にするか迷っている。

13. 衣替えを行い、部屋の衣服を片付けることができた。

14. 地震で窓が割れ、破片でけがをした。

15. 宇宙飛行士が無事に地球に戻った。

⑲ 宇宙開発　Space Development

II. 書きましょう
Write the following

答え ▶ 別冊 p.14
Answers　Supplement p.14

1) 次のことばの＿＿の漢字を書きましょう。送り仮名があれば書きましょう。
Write the missing kanji for the following words in the blanks. Write additional *okurigana* if needed.

1. ＿＿ 空　　　2. ＿＿ ＿＿　　　3. 予＿＿ ＿＿ する
　こう　くう　　　う　ちゅう　　　　よ　そく

4. ＿＿ 送 する　5. 分 ＿＿ する　6. 10 ＿＿
　ほう そう　　　ぶん　ぷ　　　　びょう

7. ＿＿ 績　　　8. 漁 ＿＿　　　9. ＿＿ 類
　こう せき　　　ぎょ せん　　　い　るい

10. ＿＿ 置　　11. 外 資 ＿＿　　12. ＿＿ 上 する
　そう ち　　　　がい し けい　　　ふ　じょう

13. 発 ＿＿ する　14. ＿＿ 方　　15. ＿＿＿
　はっ しゃ　　　　かた ほう　　　もどる

2) 【　】から漢字を選んで、＿＿に漢字と送り仮名を書きましょう。＿＿の下には読み仮名を書きましょう。
Choose the correct kanji from inside the brackets and write them and their *okurigana* in the blanks. Write the readings for the kanji below the blanks.

【　戻　　浮　　測　】

1. いい考えが＿＿＿＿＿＿ました。　経費が＿＿＿＿＿＿ます。

　笑顔を＿＿＿＿＿＿ます。

2. 家に＿＿＿＿＿＿ます。　話を元に＿＿＿＿＿＿ます。

3. 長さを＿＿＿＿＿＿ます。

3) 【　】から漢字を選んで、＿＿に書きましょう。送り仮名があれば書きましょう。
Choose the correct kanji from inside the brackets and write them in the blanks. Write additional *okurigana* if needed.

1. 【船・航】　台風の影響で＿＿（ふね）の　運＿＿（うんこう）を中止した。

2. 【測・側】　右＿＿（みぎがわ）の腕(arm)で血圧を＿＿＿＿（はかった）。

3. 【功・切】　成＿＿（せいこう）するために　大＿＿（たいせつ）なことは目標を持つことだ。

4. 【戻・房】　内閣　官＿＿（かんぼう）長官は5時に事務所に＿＿＿＿（もどる）予定だ。

5. 【布・怖】　恐＿＿（きょうふ）映画のチラシ(flyer, leaflet)を　配＿＿（はいふ）した。

6. 【届・宙】　「こうのとり」は　宇＿＿（うちゅう）に物資を＿＿＿＿（とどけた）。

Ⅲ. 聞きましょう
Listen to the following

答え ▶ 別冊 p.15
Answers Supplement p.15　🔊63

音声に含まれていることばを選んで、〇をつけましょう。
Choose and circle the words that are included in the audio clip.

1. 【　測る・量る　】

2. 【　駐車・注射　】

3. 【　開放・解放　】

⑲ 宇宙開発　Space Development　177

まとめの問題 8（18〜19）

Review Question 8

答え ▶ 別冊 p.23
Answers Supplement p.23

I. ＿＿と同じ意味のことばを□から選んで、（　）に書きましょう。
＿＿に読み仮名を書きましょう。

Choose the word from the box below that has the same meaning as the word underlined in red and write it in the parentheses. Write the readings for the kanji in the blanks.

測定　略奪　希薄　撮影　掲載　備蓄

① パンフレットに地図をのせる（　　　　）する　＿＿＿＿＿＿する

② 体重と身長をはかる　　　（　　　　）する　＿＿＿＿＿＿する

③ 製品の写真をとる　　　　（　　　　）する　＿＿＿＿＿＿する

④ 敗戦国の美術品をうばう　（　　　　）する　＿＿＿＿＿＿する

⑤ 災害時のために水をたくわえる（　　　　）する　＿＿＿＿＿＿する

⑥ 人々の政治への関心がうすれる（　　　　）になる　＿＿＿＿＿＿になる

II. □から漢字を選んで、＿＿に書きましょう。＿＿の下には読み仮名を書きましょう。

Choose the correct kanji from the box below and write it in the blanks. Write the readings for the kanji below the blanks.

跡　端　航　駐　布

① ┌ 店の前は＿＿車禁止だ。
　└ A氏はベトナムに＿＿在している。（Vietnam）

② ┌ 逃亡する車を追＿＿する。
　└ 古い遺＿＿を見て回る旅

③ ┌ 彼の意見は極＿＿だ。
　└ 「＿＿数は切り捨てください。」

④ ┌ プロジェクトは難＿＿している。（project）
　└ 大型客船が就＿＿した。

⑤ ┌ 人口の分＿＿を調査する。
　└ 会場の地図を配＿＿する。

III.

Choose the correct kanji from the box below and write it in the blanks. Write the readings for the kanji below the blanks.

線　権　系　最　業

① 外資___　② 既得___　③ ___先端　④ 放射___　⑤ 卸売___

IV. 読みましょう。

Read the following.

① AIタクシーで売上増加

　少子高齢化に伴い、タクシー業界も人材不足の傾向にある。最近は、タクシーにAI（人工知能）装置が搭載され始めた。この装置は過去の営業データや天候の情報を総合的に判断し、乗車が集中する場所や時間を予測してくれる。AIの導入により、経験の少ない新人*ドライバー*でも、車庫を出てから戻るまでの間、効率よく売り上げを上げて成功している。

② 人工知能と人間の対局*

　将棋*の対局で、一方にロボット*がいるのを見ても驚かなくなった。人工知能は、人間の対局の数え切れない蓄積の中から、即座に適切な手*を抽出する。2017年に功績のある棋士*が敗北する様子が放送されたが、相手のロボットが薄情に見えたものだ。我々人間がAIから勝利を奪還する日は来るのだろうか。

③ 宇宙旅行の募集開始

　従来、観測調査や実験が目的だった宇宙科学技術が一般にも活用される時代になった。米国の民間*宇宙船スペースシップによる宇宙旅行の募集が開始された。民間人の太陽系の観光の実現も秒読みの段階で、普通の人々が宇宙を訪れた足跡を残す日もそれほど遠くない。

新人 newcomer, rookie, fresh recruit　ドライバー driver　対局 playing a game (of go, shogi, chess)　将棋 shogi, Japanese chess
ロボット robot　手 move, turn　棋士 shogi player, go player　民間 private, non-governmental, civilian

20 トピックを読む 刑事事件

Criminal Cases

654 刑　655 罪　656 犯　657 訟　658 捜　659 検　660 捕　661 逮　662 廷　663 弁
664 了　665 控　666 聴　667 傍　668 猶

　事件には民事事件と刑事事件がある。このうち、民事事件は個人や企業同士の紛争である。お金を払ってもらう、土地を引き渡してもらうなどの財産上の争いが中心となる。これに対して、刑事事件は、傷害などの犯罪行為を扱う。

　刑事事件の手続きは刑事訴訟法で定められている。捜査の結果、容疑者が起訴されると裁判が行われる。検察官が、罪を犯した疑いがある者（被告人）を訴えて、裁判所が被告人は本当に罪を犯したのか、犯したとすれば、どのような刑罰を科すべきかを判断するのである。容疑者が逮捕されず、在宅のまま起訴される場合もある。

　法廷では証拠調べが行われる。まず、検察官が証拠によって事実を証明しようとする。次に、被告人側が立証する。弁護士は被告人を補助する。証拠調べが終了すると、検察官が求刑し、判決が言い渡される。判決に不服があるときは、控訴できる。裁判は原則として、だれでも傍聴することができる。

　有罪の判決が確定すれば、罰金が科されたり、刑務所に収容されたりする。他の犯罪を起こさないことを条件として、一定の期間、判決の執行が猶予される場合もある。執行猶予の目的は、被告人を社会復帰させながら、更生させることである。執行猶予が付かない判決を実刑判決と言う。

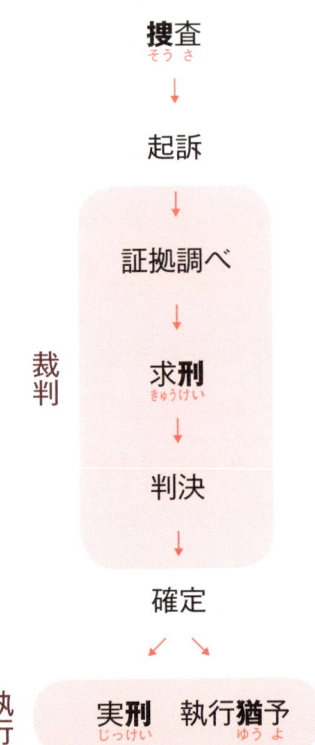

刑事事件の手続き

捜査
↓
起訴
↓
証拠調べ
↓
求刑
↓
判決
↓
確定
↙　↘
実刑　執行猶予

裁判

執行

これも覚えよう！

- 民事事件（みんじじけん）civil case
- 個人（こじん）individual, personal, private
- 企業同士（きぎょうどうし）(between) companies, fellow businesses
- 引き渡す（ひきわたす）to deliver, to extradite, to hand over
- 財産上の（ざいさんじょうの）property ~, asset ~
- 争い（あらそい）dispute, strife, quarrel
- 傷害（しょうがい）wound, injury, inflicting bodily injury
- 容疑者（ようぎしゃ）suspect (person)
- 被告人（ひこくにん）defendant, accused
- 在宅（ざいたく）being at home
- ～側（がわ）the ~ side
- 補助する（ほじょする）to assist, to support, to aid
- 判決（はんけつ）judicial decision, judgement
- 言い渡す（いいわたす）to sentence
- 不服（ふふく）dissatisfaction, discontent, disapproval
- 収容する（しゅうようする）to detain
- 条件（じょうけん）condition, term
- 更生する（こうせいする）to be born again, to start a new life

新しい漢字とことば

[　]：トピック・記事に出てくることば

654 刑 penalty
一 二 チ 开 刑 刑　★1　6

ケイ
- [刑事事件（けいじじけん）criminal case]
- 刑罰（けいばつ）penalty, punishment
- 求刑（する）（きゅうけい）to demand a penalty
- 刑務所（けいむしょ）prison, penitentiary
- 実刑（じっけい）prison sentence (without a stay of execution)
- 刑（けい）sentence, penalty, punishment
- 死刑（しけい）death penalty, capital punishment
- 刑事裁判（けいじさいばん）criminal trial
- 量刑（りょうけい）determining the amount of punishment

MEMO　刑（けい）：刑　型（けい）

655 罪 crime
丶 冂 罒 罒 罒 罒 罒 罪 罪 罪 罪 罪 罪　★2　13

ザイ
- [有罪（ゆうざい）guilt, culpability]
- 謝罪（する）（しゃざい）to apologize
- 無罪（むざい）innocence, being not guilty

つみ
- [罪（つみ）crime]

MEMO　非：罪　非

656 犯 offense
ノ 犭 犭 犭 犯 犯　★2　5

ハン
- [犯罪（はんざい）crime, offence]
- 犯行（はんこう）crime, criminal act
- 犯人（はんにん）criminal, offender, culprit

おか-す
- [犯す（おかす）to commit (a crime), to perpetrate, to break (a rule)]

MEMO　己：犯　危

657 訟 litigate
丶 亠 二 言 言 言 言 訴 訟 訟 訟　★1　11

ショウ
- [刑事訴訟法（けいじそしょうほう）Criminal Procedure Code]
- 訴訟（そしょう）litigation, lawsuit
- 民事訴訟（みんじそしょう）civil action, civil suit

MEMO　公：訟　公

⑳ 刑事事件　Criminal Cases

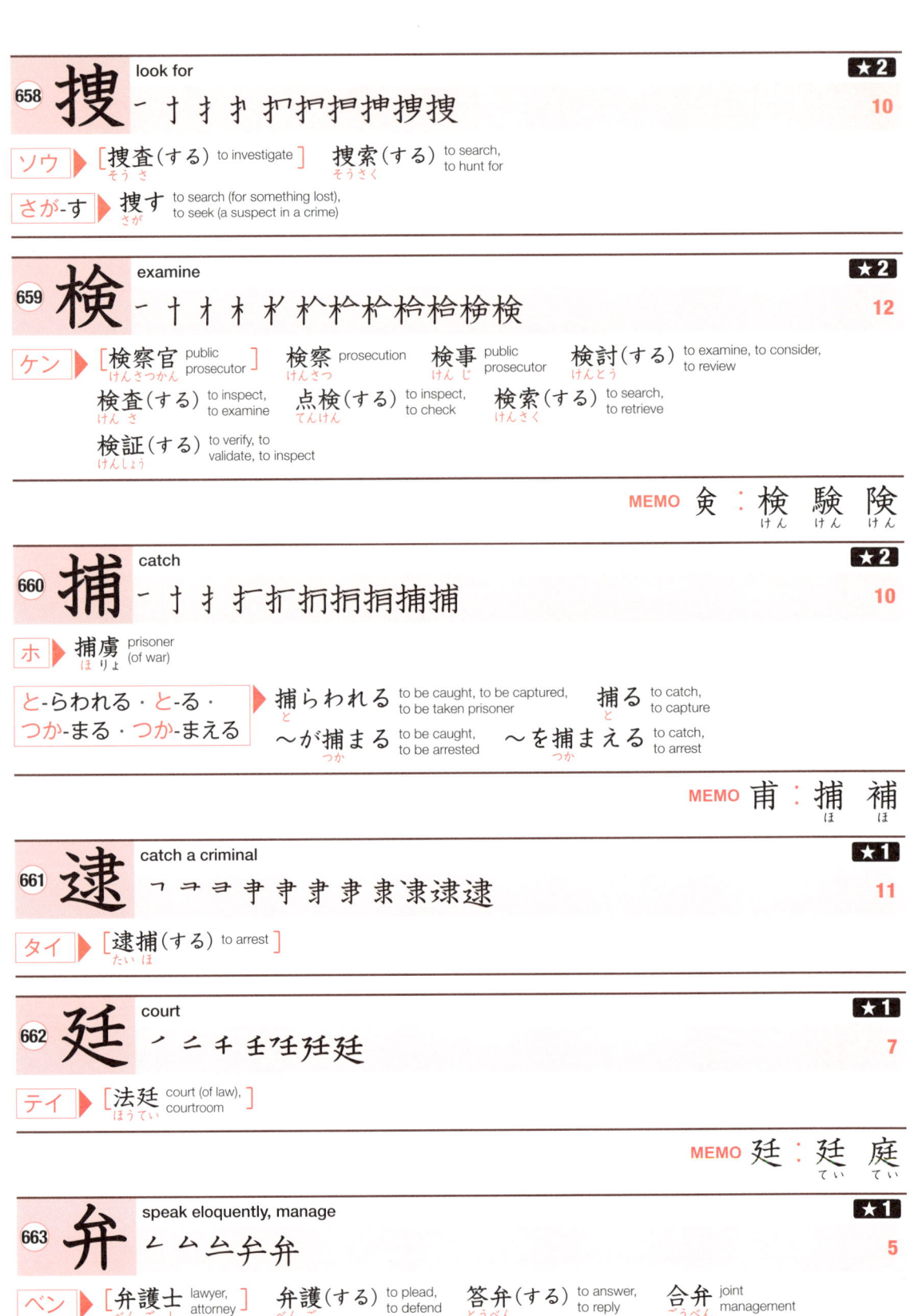

664 了 — finish, clear ★3

2

リョウ ▶ [終了(する) to conclude, to end] 了承(する) to approve, to accept　了解(する) to understand
完了(する) to complete, to finish

---

665 控 — hold back ★1

一 扌 扌 扌' 扩 扩 控 控 控 控　11

コウ ▶ [控訴(する) to appeal, to lodge an appeal]　控除(する) to deduct

ひか-える ▶ 控える to refrain, to prepare for, to hold back

MEMO　空：控　空

---

666 聴 — listen ★1

一 丆 F F E 耳 耳 耳 耳 耶 耶 聍 聴 聴 聴 聴　17

チョウ ▶ 聴取(する) to hear, to listen　視聴率 ratings (of a television program)　公聴会 public hearing　聴衆 audience, attendance, hearers

き-く ▶ 聴く to listen (to music), to hear

MEMO　恵：聴　徳

---

667 傍 — beside ★1

ノ イ イ' 伫 伫 伫 倅 倅 傍 傍　12

ボウ ▶ [傍聴(する) to attend, to observe]

かたわ-ら ▶ 傍ら side, edge, beside, at the same time

---

668 猶 — delay ★1

ノ 犭 犭 犭 犭' 犭 犳 猶 猶 猶 猶 猶　12

ユウ ▶ [猶予(する) to defer, to postpone]　執行猶予 stay of execution, suspended sentence

MEMO　酋：猶　尊

---

20 刑事事件　Criminal Cases

I. 読みましょう Read the following

答え ▶ 別冊 p.15
Answers Supplement p.15

次の文を読みましょう。____は、この課の漢字のことばです。
Read the following sentences. The underlined words use the kanji from this section.

1)

1. **刑罰**を科す。
2. **刑務所**に収容する。
3. 取引先に**謝罪**した。
4. **罪**を**犯**す。
5. **犯行声明**が出された。
6. **犯罪**の**捜査**を行う。
7. 容疑者の自宅を**捜索**する。
8. めがねを**捜**している。
9. 対策を**検討**する。
10. 血液を**検査**する。
11. 情報を**検索**する。
12. 実験結果を**検証**する。
13. 虫を**捕**る。
14. 外見に**捕**らわれる。 _(outward appearance)_
15. 犯人を**捕**まえる。
16. 容疑者が**逮捕**された。
17. **訴訟**を起こし、**法廷**で争った。
18. 大臣が国会で答**弁**する。
19. 合**弁**会社を設立する。
20. 毎朝**弁当**を作る。
21. 申し込みの期間が**終了**する。
22. 工事が**完了**した。
23. 娘は受験を**控**えている。
24. 公**聴**会を開く。
25. 刑事裁判を**傍聴**する。
26. 支払いを**猶予**する。

2)

1. 裁判所が言い渡す刑の種類や程度を決めることを量刑と言う。

2. 民事訴訟は個人や企業同士の争いである。

3. 検察側の求刑通り、有罪の実刑判決が出た。

4. ジュネーブ条約は戦争捕虜の待遇改善を定めている。
   (Geneva Convention) (りょ)

5. 検事も副検事も検察官だ。

6. 住民は早く犯人が捕まることを願っている。

7. 弁護を担当する弁護士は、被告人が無罪だと主張している。

8. 日程の変更を閣議で了解した。

9. 「点検中のため、エレベーターが使えません。ご了承ください。」

10. 年間10万円以上の医療費を払った場合、所得から控除できる。

11. 被告人側は判決を不服として控訴した。

12. 死刑制度について各界から幅広く意見を聴く。

13. 警察の事情聴取を受けた。

14. 番組の視聴率が上がった。

15. 聴衆は全員立ち上がって、アンコールを求めた。
    (encore)

II. 書きましょう
Write the following

答え ▶ 別冊 p.15
Answers Supplement p.15

1) 次のことばの＿＿の漢字を書きましょう。送り仮名があれば書きましょう。
Write the missing kanji for the following words in the blanks. Write additional *okurigana* if needed.

1. ＿＿罰　　けい　ばつ
2. ＿＿を＿＿　はん　ざい　おかす
3. 訴＿＿　そ　しょう
4. ＿＿査する　そう　さ
5. ＿＿証する　けん　しょう
6. 虫を＿＿　とる
7. ＿＿する　たい　ほ
8. 法＿＿で争う　ほう　てい
9. ＿＿護士　べん　ご　し
10. 終＿＿する　しゅう　りょう
11. ＿＿除する　こう　じょ
12. ＿＿　ひかえる
13. ＿＿する　ぼう　ちょう
14. ＿＿予する　ゆう　よ

2) 【　】から漢字を選んで、＿＿に書きましょう。送り仮名があれば書きましょう。
Choose the correct kanji from inside the brackets and write them in the blanks. Write additional *okurigana* if needed.

1. 【空・控】　被告人側が＿＿訴した。　こう　そ
2. 【検・険】　設備を点＿＿する。　てん　けん
3. 【捕・補】　容疑者が＿＿＿＿。　つかまった
4. 【非・罪】　＿＿を認める。　つみ
5. 【刑・型】　実＿＿判決が言い渡された。　じっ　けい
6. 【恥・聴】　公＿＿会を開く。　こう　ちょう　かい

3) 【　】から適切なことばを選んで、＿＿に書きましょう。
　　＿＿の下には読み仮名を書きましょう。
Choose the correct words from inside the brackets and write them in the blanks. Write the readings for the kanji below the blanks.

1.【 捜査・検査 】　製品を＿＿＿＿＿＿する。

2.【 検討・検索 】　新制度の導入を＿＿＿＿＿＿する。

3.【 弁護・答弁 】　大臣が議員の質問に対して＿＿＿＿＿＿する。

4.【 完了・終了 】　試合が＿＿＿＿＿＿した。

5.【 捜して・探して 】　どこかに置いた携帯電話を＿＿＿＿＿＿いる。

6.【 捕まる・捕まえる 】　警察が犯人を＿＿＿＿＿＿。

Ⅲ. 聞きましょう
Listen to the following

答え ▶ 別冊 p.15
Answers　Supplement p.15　　68

音声に含まれていることばを選んで、○をつけましょう。
Choose and circle the words that are included in the audio clip.

1.【　警察・検察　】

2.【　聴取・聴衆　】

3.【　捜査・捜索　】

⑳ 刑事事件　Criminal Cases　187

21 トピックを読む 裁判員制度

Citizen Judge System

669 忠　670 象　671 殺　672 尋　673 評　674 互　675 詳　676 慮　677 充　678 促
679 脅　680 途　681 触　682 似　683 陪　684 釈

　裁判員制度は、さまざまな経験を持つ市民が刑事裁判に直接参加することで、無罪推定などの刑事裁判の原則に**忠**実な「よりよい刑事裁判」を実現することを目的とする制度である。2009年に導入された。裁判員裁判の対**象**となる事件は、**殺**人などの重大な犯罪である。裁判員は裁判員候補者の中から事件ごとに無作為に選任される。自分で処理しなければならない重要な仕事がある場合などは、裁判員になることを辞退できる。

　裁判員は法廷で証人**尋**問などの手続きに立ち会った上で、**評**議で**互**いに自分の意見を述べる。裁判員経験者のアンケート*によると、「法律に**詳**しくない裁判員にもわかりやすいように配**慮**されていた」、「**評**議は**充**実していた」という意見が多かった。「裁判官が意見を言いやすいように**促**してくれた」という感想もあった。

　一方で、裁判員になることで身の安全が**脅**かされるのではないかと不安に思う人もいる。しかし、裁判員の個人情報は厳重に管理されている。裁判員裁判も傍聴することができるが、裁判の**途**中で裁判員に接**触**することは禁止されている。

　裁判員制度に**似**た制度に、アメリカやイギリスで採用されている**陪**審制がある。**陪**審制では、被告人が有罪かどうか（事実認定）は**陪**審員だけで決め、どのような刑にするか（量刑）は裁判官が決める。これに対して、裁判員制度では、裁判員が裁判官と共同で事実認定と量刑を担当する。訴訟手続きに関する問題や法律の解**釈**については、裁判官が判断する。

アンケート　questionnaire

これも覚えよう！

- 裁判員 (さいばんいん) lay judge, citizen judge
- 推定 (すいてい) presumption, assumption, estimation
- 導入する (どうにゅう) to introduce, to install
- 重大な (じゅうだい) serious, important, significant
- 候補者 (こうほしゃ) candidate, applicant
- 選任する (せんにん) to appoint, to elect
- 処理する (しょり) to process, to deal with
- 辞退する (じたい) to refuse to accept, to decline
- 立ち会う (たちあう) to be present, to be witness to
- 経験者 (けいけんしゃ) experienced person, person who has had a particular experience
- 裁判官 (さいばんかん) judge
- 感想 (かんそう) impressions, thoughts, feelings, reactions
- 管理する (かんり) to administer, to manage
- 採用する (さいよう) to adopt

新しい漢字とことば

[　]：トピック・記事に出てくることば

669 忠　loyalty　★1
丶 口 口 中 中 忠 忠 忠　8

チュウ ▶ [忠実(な)] ちゅうじつ faithful, devoted, loyal　忠告(する) ちゅうこく to advise, to counsel

MEMO 中：忠 ちゅう 中 ちゅう

670 象　phenomenon, elephant　★2
ノ ク ケ 凸 凸 缶 争 身 身 象 象 象　12

ショウ・ゾウ ▶ [対象] たいしょう subject, object, target　印象 いんしょう impression　現象 げんしょう phenomenon　象徴(する) しょうちょう to symbolize, to represent
気象庁 きしょうちょう (Japanese) Meteorological Agency, JMA　象 ぞう elephant

MEMO 象：象 ぞう 像 ぞう

671 殺　kill, dampen　★3
ノ メ 乂 쏘 羊 羊 剎 糸 殺 殺　10

サツ／サッ-・サイ・セツ／セッ- ▶ [殺人] さつじん murder, homicide, manslaughter　自殺(する) じさつ to commit suicide　殺害(する) さつがい to kill, to slay
殺傷(する) さっしょう to harm or kill, to kill and wound　相殺(する) そうさい to offset, to counterbalance　殺生(する) せっしょう to take life, to kill
殺生(な) せっしょう cruel, brutal

ころ-す ▶ 殺す ころす to kill, to murder

MEMO 殳：殺 投 役

672 尋　inquire　★1
フ ヨ ヨ ヨ ヨ 尹 尹 尋 尋 尋 尋 尋　12

ジン ▶ [尋問(する)] じんもん to examine, to interrogate

たず-ねる ▶ 尋ねる たずねる to ask, to inquire

MEMO 寸：尋 寿 尊

21 裁判員制度　Citizen Judge System

673 評 — evaluate, comment ★1 (12 strokes)

ヒョウ
- [評議(する) ひょうぎ to confer, to discuss]
- 評価(する) ひょうか to evaluate, to appraise
- 評判 ひょうばん fame, reputation
- 好評(な) こうひょう popularity, favorable reputation
- 総評 そうひょう general comment

MEMO 平：評 平

674 互 — reciprocal ★2 (4 strokes)

ゴ
- 相互(に) そうご mutually, reciprocally

たが-い
- [互い(に) たが mutually, with each other, reciprocally]

675 詳 — detailed ★1 (13 strokes)

ショウ
- 詳細(な) しょうさい detailed

くわ-しい
- [詳しい くわ detailed]

MEMO 羊：詳 群 洋

676 慮 — consider ★1 (15 strokes)

リョ
- [配慮(する) はいりょ to consider]
- 考慮(する) こうりょ to take into consideration
- 遠慮(する) えんりょ to decline, to show restraint, to hesitate

MEMO 虍：慮 虚

677 充 — fill ★1 (6 strokes)

ジュウ
- [充実(する) じゅうじつ to enrich, to be fulfilling]
- 拡充(する) かくじゅう to expand, to widen
- 補充(する) ほじゅう to replenish, to supplement
- 充電(する) じゅうでん to charge, to recharge

あ-てる
- 充てる あ to assign, to set aside

678 促 — hasten, urge ★1 (9 strokes)

ソク
- 促進(する) そくしん to promote, to accelerate

うなが-す
- [促す うなが to urge, to encourage, to press]

MEMO 足：促 足 そく そく

679 脅 — threaten ★1 (10 strokes)

フ カ ヌ ヵ 叐 叅 脅 脅 脅

- キョウ ▶ 脅威（きょうい）threat, menace / 脅迫（きょうはく）(する) to intimidate, to threaten
- おびや-かす・おど-す・おど-かす ▶ [脅（おびや）かす to threaten, to intimidate, to scare] / 脅（おど）す to threaten, to menace, to frighten (into doing) / 脅（おど）かす to intimidate, to frighten, to scare

MEMO 叒：脅 協（きょう きょう）

680 途 — way ★2 (10 strokes)

ノ 入 ハ 合 今 余 余 余 涂 途

- ト／-ド ▶ [途中（とちゅう）in the way, en route, in the middle of] / 途上（とじょう）en route, half-way, on the road / 開発途上国（かいはつとじょうこく）developing country, emerging nation / 使途（しと）purpose for which money is spent, the way money is spent / 用途（ようと）use, service, purpose / 前途（ぜんと）future, prospects, outlook, journey ahead / 目途（めど）aim, goal, prospect

MEMO 余：途 除 余

681 触 — touch ★2 (13 strokes)

ノ ク ア 产 角 角 角 甪 甪 触 触 触 触

- ショク ▶ [接触（せっしょく）(する) to touch, to come in contact with] / 感触（かんしょく）feeling, texture
- ふ-れる・さわ-る ▶ 触（ふ）れる to touch, to feel, to touch on (an issue) / 触（さわ）る to touch, to feel

682 似 — resemble ★2 (7 strokes)

ノ イ 亻 亻 亻 似 似

- ジ ▶ 類似（るいじ）(する) relating, similar
- に-る ▶ [似（に）る to be similar, to resemble] / 似合（にあ）う to suit, to match, to be becoming

MEMO 以：似 以

683 陪 — accompany ★1 (11 strokes)

フ ろ 阝 阝 阝 阝 阝 阝 陪 陪 陪

- バイ ▶ [陪審制（ばいしんせい）jury system] / 陪審員（ばいしんいん）juror

MEMO 咅：陪 倍（ばい ばい）

684 釈 — elucidate, release ★1 (11 strokes)

ノ ハ ヘ 立 平 乎 釆 釈 釈 釈 釈

- シャク ▶ [解釈（かいしゃく）(する) to interpret, to construe] / 釈放（しゃくほう）(する) to release, to liberate / 釈明（しゃくめい）(する) to explain

MEMO 尺：釈 択 駅

21 裁判員制度 Citizen Judge System

I. 読みましょう　Read the following

次の文を読みましょう。＿＿は、この課の漢字のことばです。
Read the following sentences. The underlined words use the kanji from this section.

1)

1. 友人の<u>忠告</u>で酒をやめた。
2. ハト(pigeon)は平和の<u>象徴</u>だ。
3. 彼は第一<u>印象</u>が良かった。
4. 高齢の夫婦が<u>殺傷</u>された。
5. 債務を<u>相殺</u>する。
6. 証人<u>尋問</u>に立ち会う。
7. 交番で道を<u>尋</u>ねた。
8. 選手の能力を<u>評価</u>する。
9. この医者は<u>評判</u>がいい。
10. <u>互</u>いに助け合う。
11. <u>詳細</u>はまだ決まっていない。
12. 環境に<u>配慮</u>する。
13. <u>脅迫</u>事件の影響を<u>考慮</u>する。
14. 「煙草はご<u>遠慮</u>ください。」
15. 商品を<u>補充</u>する。
16. 携帯電話を<u>充電</u>する。
17. 販売を<u>促進</u>する。
18. A氏に立候補を<u>促</u>す。
19. 景気は回復の<u>途上</u>にある。
20. 土地の<u>用途</u>を制限する。
21. 青年の<u>前途</u>は明るい。
22. 車の<u>接触</u>事故が起きた。
23. 息子は父親に<u>似</u>ている。
24. 彼女は赤がよく<u>似合</u>う。
25. <u>陪審員</u>が<u>評議</u>している。
26. 作品を<u>解釈</u>する。

2)

1. この映画は、原作に忠実に作られている。

2. スピーチコンテストの最後に、審査員が総評を述べた。

3. 気象庁が地震の詳しい情報を発表した。

4. 調達した資金をマーケティング費用に充てる。

5. 自殺予防の相談窓口を拡充する。

6. 「急に大きな声を出して、脅かさないでよ。」

7. ２つの銀行は、相互にネットワークを利用できる目途が立った。

8. 帰宅途中の会社員が「殺すぞ」と脅され、現金を奪われた。

9. 開発途上国の中には、エルニーニョ現象に脅かされている国がある。

10. 「作品に手を触れないでください。」

11. 動物園の象に触ることができるイベントが好評だ。

12. 交渉が前進している感触はある。

13. A社が類似製品を発売したことが、当社にとっては脅威となった。

14. 女性を殺害した容疑で逮捕された男は、証拠不十分で釈放された。

15. 使途不明金が見つかり、大臣は釈明に追われた。

II. 書きましょう
Write the following

答え ▶ 別冊 p.16
Answers Supplement p.16

1) 次のことばの＿＿の漢字を書きましょう。送り仮名があれば書きましょう。
Write the missing kanji for the following words in the blanks. Write additional *okurigana* if needed.

1. ＿＿告＿＿する
   ちゅう　こく

2. 対＿＿＿＿
   たい　しょう

3. ＿＿＿＿＿
   ころす

4. 道を＿＿＿＿＿
   たずねる

5. ＿＿議＿＿する
   ひょう　ぎ

6. ＿＿＿＿＿に
   たがい

7. ＿＿＿＿＿
   くわしい

8. 配＿＿＿＿する
   はい　りょ

9. ＿＿実＿＿する
   じゅう　じつ

10. ＿＿＿＿＿
    うながす

11. ＿＿＿＿＿
    おどす

12. ＿＿中＿＿
    と　ちゅう

13. ＿＿＿＿＿
    ふれる

14. ＿＿＿＿＿
    にる

15. ＿＿審＿＿制＿＿
    ばい　しん　せい

16. ＿＿明＿＿する
    しゃく　めい

2) 【　】から漢字を選んで、＿＿に書きましょう。
Choose the correct kanji from inside the brackets and write them in the blanks.

1. 【投・殺】　＿＿人＿＿の容疑で逮捕された。
   さつ　じん

2. 【足・促】　雇用を＿＿進＿＿する。
   そく　しん

3. 【寿・尋】　証人＿＿問＿＿が行われた。
   じん　もん

4. 【詳・洋】　＿＿細＿＿な説明を聞いた。
   しょう　さい

5. 【択・釈】　法律を解＿＿＿＿する。
   かい　しゃく

6. 【象・像】　動物園で＿＿＿＿を見た。
   ぞう

194

3) 【　】から適切なことばを選んで、＿＿に書きましょう。
　　＿＿の下には読み仮名を書きましょう。
Choose the correct words from inside the brackets and write them in the blanks. Write the readings for the kanji below the blanks.

1. 【印象・現象】　エルニーニョ＿＿＿＿＿＿で海水の温度が高くなっている。

2. 【相殺・自殺】　借金を＿＿＿＿＿＿する。

3. 【評判・好評】　この店は＿＿＿＿＿＿がいい。

4. 【考慮・遠慮】　景気の現状を＿＿＿＿＿＿して、決定する。

5. 【拡充・補充】　冷蔵庫に食品を＿＿＿＿＿＿する。

6. 【途上・前途】　会社は経営再建の＿＿＿＿＿＿にある。

III. 聞きましょう
Listen to the following

答え ▶ 別冊 p.16
Answers Supplement p.16

音声に含まれていることばを選んで、○をつけましょう。
Choose and circle the words that are included in the audio clip.

1. 【　訪ねる・尋ねる　】

2. 【　脅す・脅かす　】

3. 【　相互・総合　】

22 記事を読む　ニュースの見出し(2)　News Headline (2)

685 令　686 陳　687 脱　688 仲　689 貯　690 賄　691 黙　692 皇　693 赦　694 紋
695 拐　696 偵　697 譲　698 滅　699 謀　700 窒

通信大手A社、全国で通信障害　総務省、業務改善命令も

データ改ざん、B社社長が陳謝

消費税7100万円脱税　不動産投資仲介業者を告発　広島国税局

医薬品の無許可貯蔵疑いで逮捕

前C市長、収賄などの容疑　聴取には黙秘

天皇即位、秋に恩赦

手紙から容疑者の指紋出ず　手袋着用か、少女誘拐

三沢基地航空祭*が開催、アメリカ軍無人偵察機が初展示

有名ミュージシャン*、女性への麻薬譲渡で逮捕

AI監視カメラが日本人のプライバシー*を消滅させる?

スーパー強盗「4人で共謀はしていない」容疑を一部否認

91歳女性を殺害容疑＝無職男性逮捕、死因は窒息

航空祭 aviation festival　ミュージシャン musician　プライバシー privacy

これも覚えよう！

- 改ざん（かい） alteration, falsification, faking
- 業者（ぎょうしゃ） trader, dealer
- 告発（こくはつ） indictment, prosecution
- 国税局（こくぜいきょく） taxation bureau
- 医薬品（いやくひん） medicinal supplies, drugs
- 即位（そくい） accession to the throne, enthronement
- 出ず（で） to not be found
- 手袋（てぶくろ） glove
- 着用（ちゃくよう） wearing, having on (a uniform)
- 少女（しょうじょ） little girl
- 死因（しいん） cause of death

新しい漢字とことば

[　]：トピック・記事に出てくることば

685 令 command, law ★2
ノ 人 人 今 令　5

レイ
- 命令（めいれい）（する） to order, to command
- 政令（せいれい） government ordinance, cabinet order
- 指令（しれい）（する） to order, to command
- 法令（ほうれい） laws and ordinances, acts (of parliament, congress)
- 令和（れいわ） Reiwa era (May 1, 2019-)

MEMO　令 vs 今

686 陳 exhibit, state ★1
フ フ ß ß` ß`̀ ß¯ ß¯ 阿 陣 陳 陳　11

チン
- [陳謝（ちんしゃ）（する） to apologize]
- 陳述（ちんじゅつ）（する） to state

MEMO　東：陳 練 凍

687 脱 remove, escape ★1
丿 刀 月 月 月' 月' 胪 胪 胪 脱　11

ダツ／ダッ-
- [脱税（だつぜい）（する） to evade a tax, to dodge taxes]
- 離脱（りだつ）（する） to withdraw, to secede from
- 脱出（だっしゅつ）（する） to evacuate, to escape from

ぬ-げる・ぬ-ぐ
- 〜が脱（ぬ）げる to come off, to be detached
- 〜を脱（ぬ）ぐ to take 〜 off, to remove

MEMO　兌：脱 説 税

688 仲 intermediary, personal relations ★2
ノ 亻 仃 仃 仲 仲　6

チュウ
- [仲介（ちゅうかい）（する） to mediate between]

なか
- 仲（なか） relation, relationship
- 仲間（なかま） friend, associate, member of the same category

MEMO　イ：仲（ちゅう） 伸（しん）　中：仲（ちゅう） 中（ちゅう）

22　ニュースの見出し (2)　News Headline (2)　197

689 貯 — savings ★2
Strokes: 12
Stroke order: 丨 冂 冃 月 目 貝 貝 貯 貯 貯

- チョ
  - 貯蔵(する) ちょぞう — to store, to save
  - 貯蓄(する) ちょちく — to save, to save (up)
  - 貯金(する) ちょきん — to save money

MEMO 貝：貯 販 財

690 賄 — bribe ★1
Strokes: 13
Stroke order: 丨 冂 冃 月 目 貝 貝 貯 貯 賄 賄 賄

- ワイ
  - 収賄 しゅうわい — accepting bribes, corruption
  - 贈賄 ぞうわい — bribery
- まかな-う
  - 賄う まかなう — to supply (goods, money), to cover (costs); to finance

MEMO 貝：賄 贈 購

691 黙 — silent ★1
Strokes: 15
Stroke order: 丨 口 日 甲 里 里 野 默 默 默 默 默 黙

- モク
  - 黙秘(する) もくひ — to keep silent about
  - 沈黙(する) ちんもく — to fall silent
- だま-る
  - 黙る だまる — to be silent

MEMO 灬：黙 然 照

692 皇 — emperor ★1
Strokes: 9
Stroke order: ノ 亻 冂 白 白 皁 皇 皇

- コウ・オウ
  - *天皇 てんのう — emperor, Emperor of Japan
  - 皇太子 こうたいし — crown prince
  - 皇居 こうきょ — Imperial Palace (of Japan), imperial residence
  - 皇室 こうしつ — imperial household
  - 法皇 ほうおう — ex-emperor who becomes a monk

MEMO 白：皇 泉

693 赦 — amnesty ★1
Strokes: 11
Stroke order: 一 十 土 十 赤 赤 赤 赤 赦 赦 赦

- シャ
  - 恩赦 おんしゃ — amnesty, pardon

MEMO 赤：赦 赤　攵：赦 政 枚

694 紋 — crest ★1
Strokes: 10
Stroke order: く 幺 幺 幺 幺 糸 糸 紅 紋 紋

- モン
  - 指紋 しもん — fingerprint
  - 波紋 はもん — ripple, ring on water, repercussions

MEMO 文：紋もん 文もん

695 拐 — kidnap
ノ † 扌 扌 扣 护 拐 拐 — 8 strokes — ★1

カイ ▶ [誘拐(する) ゆうかい to kidnap]

696 偵 — spy
ノ イ イ' イ' 伫 伫 侦 偵 偵 偵 — 11 strokes — ★1

テイ ▶ 偵察機 ていさつき reconnaissance plane, spy plane　偵察(する) ていさつ to scout, to spy

697 譲 — to cede
丶 亠 二 = 言 言 言 言' 訃 訃 諒 諒 諅 諅 譲 譲 譲 譲 — 20 strokes — ★1

ジョウ ▶ [譲渡(する) じょうと to transfer, to assign]　譲歩(する) じょうほ to compromise, to make a concession

ゆず-る ▶ 譲る ゆず to hand over, to turn over, to give up (one's seat), to give way

MEMO 言 ： 譲　護

698 滅 — destroy
丶 丶 氵 氵 氵 氵 沪 沪 滅 滅 滅 滅 滅 — 13 strokes — ★1

メツ ▶ [消滅(する) しょうめつ to disappear, to cease to be]　絶滅(する) ぜつめつ to exterminate

ほろ-びる・ほろ-ぼす ▶ 〜が滅びる ほろ to fall into ruin, to be destroyed　〜を滅ぼす ほろ to destroy, to ruin

MEMO 氵 ： 滅　減

699 謀 — scheme
丶 亠 二 = 言 言 言 計 計 詳 詳 詳 謀 謀 — 16 strokes — ★1

ボウ・ム ▶ [共謀(する) きょうぼう to conspire together]　謀反 むほん plotting to overthrow the government

はか-る ▶ 謀る はか to work out a plan of deception, to scheme

700 窒 — obstruct
丶 宀 宀 宀 宀 宀 宁 窣 窒 窒 窒 — 11 strokes — ★1

チツ／チッ- ▶ [窒息(する) ちっそく to choke, to suffocate]

MEMO 穴 ： 窒　空　室

22 ニュースの見出し (2) News Headline (2)

I. 読みましょう　Read the following

答え ▶ 別冊 p.16
Answers　Supplement p.16

次の文を読みましょう。＿＿は、この課の漢字のことばです。
Read the following sentences. The underlined words use the kanji from this section.

1)

1. 上司の<u>命令</u>に従った。
2. ロボットに<u>指令</u>を出した。 (robot)
3. 発言を撤回し<u>陳謝</u>した。
4. <u>脱税</u>の容疑で起訴された。
5. 攻撃を受けた町から<u>脱出</u>した。
6. 日本では家に入る時に靴を<u>脱</u>ぐ。
7. 走っていたら、靴が<u>脱</u>げた。
8. 私と母は<u>仲</u>がいい。
9. 食料を<u>貯蔵</u>する。
10. 生活が苦しく<u>貯金</u>ができない。
11. 寄付で建設費用を<u>賄</u>った。
12. 首相は記者の問いに<u>沈黙</u>した。
13. <u>黙</u>って親の話を聞いた。
14. A教授は<u>皇室</u>の歴史に詳しい。
15. <u>皇居</u>周辺でランニングをした。 (running)
16. 1993年に<u>恩赦</u>が実施された。
17. 車に犯人の<u>指紋</u>が残されていた。
18. <u>誘拐</u>事件が起きた。
19. 基地に<u>偵察機</u>が着陸した。
20. 試合の相手の練習を<u>偵察</u>する。
21. 息子に株を<u>譲渡</u>する。
22. 電車でお年寄りに席を<u>譲</u>った。
23. この動物は<u>絶滅</u>してしまった。
24. 地球が<u>滅</u>びる映画を見た。
25. AIは人類を<u>滅</u>ぼすのだろうか。
26. クーデターを<u>謀</u>る。 (coup d'état)

2）

1. 交通違反の罰金は政令で定められている。

2. 被告人は最終陳述で「心から反省しています」と謝罪した。

3. 英国は2016年に行った国民投票でEU離脱を決定した。

4. 国連の仲介で2カ国の協議が開かれた。

5. サッカークラブに入り、新しい仲間ができた。

6. 貯蓄には銀行預金だけではなく、保険や株も含まれる。

7. 会社の規則で贈賄は禁止されている。

8. 市職員が現金300万円を受け取り、収賄で逮捕された。

9. 容疑者は調べに対して黙秘している。

10. 皇太子ご夫妻の記者会見が開かれた。

11. A社の法令違反に波紋が広がっている。

12. この契約交渉で譲歩するつもりはない。

13. 時代の変化に対応できない企業は消滅するだろう。

14. A氏は外国勢力と共謀し、国を混乱させようとしている。

15. 食品による窒息事故の聴取を行った。

II. 書きましょう
Write the following

答え ▶ 別冊 p.16
Answers Supplement p.16

1) 次のことばの＿＿の漢字を書きましょう。送り仮名があれば書きましょう。
Write the missing kanji for the following words in the blanks. Write additional *okurigana* if needed.

1. 命＿＿する　めい・れい
2. ＿＿述する　ちん・じゅつ
3. ＿＿出する　だつ・しゅつ
4. ＿＿介する　ちゅう・かい
5. ＿＿金する　ちょ・きん
6. 贈＿＿　ぞう・わい
7. ＿＿秘する　もく・ひ
8. 天＿＿　てん・のう
9. 恩＿＿　おん・しゃ
10. 指＿＿　し・もん
11. 誘＿＿する　ゆう・かい
12. ＿＿察する　てい・さつ
13. ＿＿歩する　じょう・ほ
14. 絶＿＿する　ぜつ・めつ
15. 共＿＿する　きょう・ぼう
16. ＿＿息する　ちっ・そく

2) 【　】から漢字を選んで、＿＿に書きましょう。送り仮名があれば書きましょう。
Choose the correct kanji from inside the brackets and write them in the blanks. Write additional *okurigana* if needed.

1. 【税・脱】　A氏は＿＿税容疑で起訴された。　だつ・ぜい
2. 【譲・護】 (pet) owner　飼い主のいない犬を保＿＿し、希望者に＿＿渡する。　ほ・ご / じょう・と
3. 【令・今】 computer　コンピューターに指＿＿する。　し・れい
4. 【陳・練】　記者会見で＿＿謝した。　ちん・しゃ
5. 【減・滅】　首都が消＿＿する映画を見た。　しょう・めつ

3) A【　　】とB【　　】から漢字を選んで、＿＿に書きましょう。
Choose the correct kanji from bracket A and bracket B and write them in the blanks.

A【 仲 天 指 貯 共 贈 誘 】　B【 金 拐 間 謀 紋 皇 賄 】

1. 給料を A___ B___ する。
　　　　　 ちょ　きん

2. 子供を A___ B___ する。
　　　　　 ゆう　かい

3. A___ B___ を採取する。
　　 し　　もん

4. A___ B___ 容疑で逮捕される。
　　 ぞう　わい

5. A___ B___ と A___ B___ し、強盗をしようとした。
　　 なか　ま　　　きょう　ぼう

6. 新しい A___ B___ が即位した。
　　　　　 てん　のう

Ⅲ. 聞きましょう
Listen to the following

答え ▶ 別冊 p.17
Answers　Supplement p.17

音声に含まれていることばを選んで、○をつけましょう。
Choose and circle the words that are included in the audio clip.

1. 【　御社 ・ 恩赦　】

2. 【　公共 ・ 皇居　】

3. 【　情報 ・ 譲歩　】

まとめの問題 9 (⑳〜㉒)

Review Question 9

答え ▶ 別冊 p.23
Answers Supplement p.23

I. ＿＿と同じ意味のことばを□から選んで、（　）に書きましょう。
　　＿＿に読み仮名を書きましょう。

Choose the word from the box below that has the same meaning as the word underlined in red and write it in the parentheses. Write the readings for the kanji in the blanks.

| 完了　　逮捕　　類似　　脅迫　　殺害　　沈黙　　譲渡　　謝罪 |

① 兵士を<u>ころす</u>　　　　（　　　　　）する　　＿＿＿＿＿＿する

② 社長を<u>おどす</u>　　　　（　　　　　）する　　＿＿＿＿＿＿する

③ 権利を<u>ゆずる</u>　　　　（　　　　　）する　　＿＿＿＿＿＿する

④ 警官が犯人を<u>つかまえる</u>（　　　　　）する　　＿＿＿＿＿＿する

⑤ 取引先に<u>あやまる</u>　　　（　　　　　）する　　＿＿＿＿＿＿する

⑥ 工事が<u>おわる</u>　　　　（　　　　　）する　　＿＿＿＿＿＿する

⑦ 男は<u>だまっている</u>　　（　　　　　）している　＿＿＿＿＿＿している

⑧ ２つの事件は<u>にている</u>（　　　　　）している　＿＿＿＿＿＿している

II. ことばを分けられるところに｜を書きましょう。下に読み仮名も書きましょう。

Draw vertical line(s) where the words can be separated. Write the readings for the kanji below each character.

---

① 刑事訴訟法　　② 弁護士　　③ 視聴率

④ 執行猶予　　　⑤ 気象庁　　⑥ 開発途上国

III. 読みましょう。
Read the following.

① 新天皇即位

2016年に天皇が国民に向けたビデオメッセージ*を発表し、高齢のため、憲法に定められた「象徴の務め*を果たしていくことが、難しくなるのではないか」と述べた。2017年に退位*を認める法律が成立し、2019年に天皇は皇太子に位を譲った。2019年4月までは平成31年だったが、新天皇の即位に伴い、5月からは令和元年になった。他の国を見ると、カンボジアでは2004年に国王が退位を表明*。首相らによる評議会が新国王を選んだ。

② 裁判員脅迫事件、有罪判決

昨年福岡地方裁判所で暴力団幹部の殺人未遂*事件の裁判員裁判が行われた。その際、この幹部の知り合い*の元暴力団員ら2人が、裁判所の外で裁判員に対して「顔は覚えている」などと声をかけて、脅した。2人は裁判員法違反で逮捕され、その判決公判*が、1月6日にあった。裁判長は被告人Aに懲役*9カ月、執行猶予3年(求刑・懲役1年)、被告人Bに懲役1年、執行猶予3年(同*)を言い渡した。

③ ゆるキャラ

ゆるキャラは「緩いマスコットキャラクター*」を省略した言葉だ。多くのゆるキャラは、地方自治体や地域の催し*に着ぐるみ*姿で登場し、参加者と触れ合ったり、特産品*の販売を促進したりして、評価を得ている。2000年頃から脱力系*のキャラクターが評判を呼ぶようになった。その後毎年「ゆるキャラグランプリ*」が開催されている。

④ カワウソ*生息情報

日本全国に生息していたニホンカワウソ*は、1979年以降目撃例がなく、絶滅したとされていた。ところが、2017年に長崎県対馬市でカワウソが撮影され、話題になった。しかし、遺伝子を詳しく解析した結果、類似する別の種類であることがわかった。韓国沿岸から対馬に流れついた可能性がある。

ビデオメッセージ video message　務め service, duty, responsibility　退位 abdication　表明 declaration, announcement
未遂 attempted, failed attempt　知り合い acquaintance　公判 public hearing, trial　懲役 imprisonment with hard labor, penal servitude
同 the same　マスコットキャラクター mascot character, mascot　催し event, festivities, social gathering
着ぐるみ cartoon-character costume　特産品 local specialty　脱力系 low-energy, sluggish　グランプリ grand prix
カワウソ otter　ニホンカワウソ Japanese river otter

Appendixes

よくある言葉の組み合わせ 〜この本の例文より
Frequent Combinations of Words (from this book)

言葉と言葉の結びつきを知っていると、文を作るとき助けになります。この本に出てくる例をいくつかピックアップしてリストを作りました。

Having a knowledge of frequent combinations of words will help you form sentences more easily. To illustrate the point, some examples are collected from this book.

語彙	課	例文	英語訳
上がる	13	効果が上がる	improve effectiveness
	17	炎が上がる	burn up
上げる	まとめ8	売り上げを上げる	increase sales
挙げる	4	結婚式を挙げる	have a wedding
	5	例を挙げる	list examples
ある	2	向上の余地がある	there is room for improvement
	2	精神的なストレスがある	be under psychological stress
	8	国王と血縁関係がある	be a blood relation to the king
	8	Aさんに恩がある	be indebted to A
	11	信頼関係がある	have relationship of trust
	12	威力がある	be powerful
	17	優先席に座ることに抵抗がある	hesitate to sit in a priority seat
	18	傾向がある	have a tendency
	21	感触がある	have a feeling
	まとめ1	才能がある	be talented
ない	8	恋には全く縁がない	be unlucky in love
受ける	1	影響を受ける	be impacted or inspired
	7	地価の下落で打撃を受ける	suffer from real-estate price drop
	8	委託を受ける	accept outsourced work
	9	刺激を受ける	be stimulated
	11	訓練を受ける	receive training
	12	宣告を受ける	be notified
	14	処罰を受ける	get punished
	14	講義を受ける	attend a lecture
	17	審判に抗議し、警告を受ける	receive a warning on a complaint made to the umpire
	20	事情聴取を受ける	be interrogated
	まとめ3	衝撃を受ける	be shocked
得る	1	賞金を得る	win prize money
	13	承諾を得る	get an approval

	まとめ3		支持を得る	win support
	まとめ9		評価を得る	get a good review
	14		承認を得る	get an approval
起きる	7		凶悪な事件が起きる	a violent crime is committed
	17		工場で爆発が起きる	a factory explosion happens
	まとめ3		騒動が起きる	an incident happens
起こる	4		事故が起こる	an accident happens
起こす	9		反乱を起こす	start a riot
	20		犯罪を起こす	commit a crime
	20		訴訟を起こす	sue
行う	4		投資を行う	invest
	9		出馬表明を行う	declare one's candidacy
	17		関係者と何回も折衝を行う	have multiple discussions with relevant parties
及ぼす	15		影響を及ぼす	make a impact
かかる	17	肺結核を減らすことはWHOの双肩にかかる		it is up to WHO to control the tuberculosis epidemic
進める	8		港湾の整備を進める	develop ports
	17		経営統合の計画を進める	push for management integration
高まる	2		期待が高まる	grow expectations
	5		和食への関心が高まる	interest in Japanese cuisine rises
高める	7		購買意欲を高める	fan consumer interest
	17		体の抵抗力を高める	strengthen one's immune system
つける	9		優劣をつける	rank
	12		道筋をつける	pave the way
出る	7		決勝に出る	move to the finals
	20		判決が出る	pass judgment
出す	10		勇気を出す	find the courage
取る	7		免許を取る	get a license
	8		騒音を防止する措置を取る	take noise control measures
	14		脈を取る	check someone's pulse
	14		休暇を取る	go on vacation
取り組む	2		稽古に真剣に取り組む	practice seriously
発生する	6		地震が発生する	an earthquake occurs
	8		駅前で火災が発生する	a fire occurs in front of the train station
広がる	17		市民の間に不安が広がる	a feeling of unrest spreads among the citizens
	22		波紋が広がる	have a ripple effect
広げる	9		幅を広げる	broaden one's horizon
結ぶ	5		仮契約を結ぶ	sign a memorandum of understanding
持つ	9		緊張感を持つ	feel tense
	17		部長の肩書きを持つ	have the title of the head of a department
あう	7		事故にあう	have an accident
集める	5		話題を集める	draw someone's attention

当てる	3		焦点を当てる	focus on something
浴びる	10		春の柔らかな光を浴びる	bask in a gentle spring sunlight
いい	22		仲がいい	have a good relationship
言い渡す	20		判決を言い渡す	hand out a verdict
生かす	11		過去の教訓を生かす	make use of a lesson learned
至る	13		現在に至る	continuing to this day
薄れる	18		関心が薄れる	lose interest
打つ	19		注射を打つ	give someone an injection
打ち出す	13		政策を打ち出す	propose new policies
描く（えが-く）	5		将来の夢を描く	plan for the future
	5		自分の理想を描く	come up with an ideal
犯す	20		罪を犯す	commit a crime
抱える	5		苦悩を抱える	have psychological difficulties
	15		債務を抱える	have debt
掲げる	13		経済政策を掲げる	promote a economic policy
かく	2		恥をかく	humiliate oneself
科す	20		刑罰を科す	impose punishment
	14		罰則を科す	issue a fine
固まる	7		体制が固まる	establish a team
固める	7		投資を増やす方針を固めた	decide to invest more
	14		チームの結束を固める	build teamwork
傾ける	18		話に耳を傾ける	listen to someone speak
喚起する	13		注意を喚起する	raise awareness
感じる	8		恐怖を感じる	be frightened
緩和する	7		規制を緩和する	ease, relax regulations
築く	7		拠点を築く	build a business location
	11		緊密な関係を築く	build a close relationship
緊迫する	10		国際情勢が緊迫する	international situation becomes tense
崩す	6		体調を崩す	become ill
加える	11		他人に暴行を加える	unleash violence against others
企てる	10		逃亡を企てる	plan an escape
講じる	14		措置を講じる	put a measure in place
敷く	7		厳重な警備体制を敷く	enhanced security
迫る	11		報告書の締め切りが迫る	face a report deadline
沿う	8		お客様のご希望に沿う	fulfill a customer's wish
即位する	22		天皇が即位する	the Emperor assumes throne
託す	8		未来を託す	entrust the future
妥結する	14		交渉が妥結する	close a negotiation
立つ	21		目途が立つ	see the light at the end of the tunnel
立てる	7		戦略や事業計画を立てる	map out a strategic planning of activity
立ち向かう	10		困難に立ち向かう	face difficulties

尽くす	14	最善を尽くす	do one's best
詰める	2	協定の内容を詰める	fill in the details of an agreement
締結する	11	条約を締結する	sign an agreement
問う	9	是非を問う	question one's conduct
なる	11	違法薬物の密輸が問題になる	the smuggling of illegal drugs bicomes a problem
運びとなる	8	実現する運びとなる	become a reality
逃す	10	チャンスを逃す	miss an opportunity
逃れる	10	責任を逃れる	shirk responsibilities
残る	16	後遺症が残る	suffer from the aftereffects
残す	1	業績を残す	make business accomplishments
	1	実績を残す	give satisfactory results
	18	足跡を残す	make a mark on
臨む	2	初めての首脳会談に臨む	attend the first summit meeting
励む	10	練習に励む	devote oneself to practice
柱にする	7	減税を政策の柱にする	policies focused on tax reduction
ふるう	11	暴力をふるう	be violent
編成する	1	予算を編成する	draw up a budget
	まとめ1	ナショナルチームを編成する	create a national team
まとめる	17	法案の骨子をまとめる	propose basic policies
見合わせる	8	M線は運転を見合わせる	train service is suspended on M Line
乱れる	9	ダイヤが乱れる	a train is delayed
求める	9	是正を求める	demand a correction
	19	解放を求める	demand the release
呼ぶ	まとめ5	話題を呼ぶ	attract attention
	まとめ9	評判を呼ぶ	get favorable opinions

新聞によく出てくる国・地域の名前の略語

Country and Place Name Abbreviations Often Seen in Newspapers

５０音順(おんじゅん) the order of Japanese syllabary or kana order

亜(あ)	アジア	Asia	蘭(らん)	オランダ	Netherlands	日	日本	Japan
米	アメリカ	United States of America	加	カナダ	Canada	比	フィリピン	Philippines
英	イギリス	United Kingdom	韓(かん)	韓国(かんこく)	Korea	仏	フランス	France
伊	イタリア	Italy	朝	北朝鮮(きたちょうせん)	North Korea	伯(はく)	ブラジル	Brazil
印	インド	India	台(たい)	台湾(たいわん)	Taiwan	越	ベトナム	Vietnam
欧	欧州	Europe	中	中国	China	露	ロシア	Russia
豪(ごう)	オーストラリア	Australia	独	ドイツ	Germany			

県名によく使われる漢字

けんめい

Kanji Often Used in Prefecture Names

①川　②奈　③島　④福　⑤岡　⑥山　⑦崎　⑧賀

	漢字	県名	
①	石川県	いしかわけん	
①	香川県	かがわけん	
①②	神奈川県	かながわけん	
②	奈良県	ならけん	
③	島根県	しまねけん	
③	広島県	ひろしまけん	
③	徳島県	とくしまけん	
③	鹿児島県	かごしまけん	
③④	福島県	ふくしまけん	
④	福井県	ふくいけん	
④⑤	福岡県	ふくおかけん	
⑤	静岡県	しずおかけん	
⑤⑥	岡山県	おかやまけん	
⑥	山形県	やまがたけん	
⑥	富山県	とやまけん	
⑥	山梨県	やまなしけん	
⑥	和歌山県	わかやまけん	
⑥	山口県	やまぐちけん	
⑦	長崎県	ながさきけん	
⑦	宮崎県	みやざきけん	
⑧	滋賀県	しがけん	
⑧	佐賀県	さがけん	

地名によく使われる漢字
Kanji Often Used in Place Names
町・橋・谷・池・宿・門・色の漢字・数字の漢字

あなたの住んでいる町、興味のある町でも調べてみましょう。
The following kanji characters may be used in the name of places. Let's check the name of the town in which you live or you have an interest.

例：東京の駅名より　Ex: from the station names in Tokyo

町		橋		谷		池	
大手町	おおてまち	飯田橋	いいだばし	市ヶ谷	いちがや	池袋	いけぶくろ
御徒町	おかちまち	新橋	しんばし	渋谷	しぶや	溜池山王	ためいけさんのう
信濃町	しなのまち	水道橋	すいどうばし	日比谷	ひびや		
田町	たまち	竹橋	たけばし	四ツ谷	よつや		
神保町	じんぼうちょう	京橋	きょうばし				
永田町	ながたちょう	二重橋前	にじゅうばしまえ				
人形町	にんぎょうちょう						
有楽町	ゆうらくちょう						

宿		門		色の漢字		数字の漢字	
新宿	しんじゅく	桜田門	さくらだもん	青山一丁目	あおやまいっちょうめ	三田	みた
原宿	はらじゅく	大門	だいもん	赤坂	あかさか	四ツ谷	よつや
		半蔵門	はんぞうもん	目黒	めぐろ	五反田	ごたんだ
		門前仲町	もんぜんなかちょう	目白	めじろ	六本木	ろっぽんぎ
				白金高輪	しろがねたかなわ	八王子	はちおうじ
				銀座	ぎんざ	九段下	くだんした
						麻布十番	あざぶじゅうばん
						千石	せんごく

体の漢字
Kanji for Parts of the Body

パーツ	①	②	③	④	⑤	パーツ	⑥	⑦	⑧	⑨	パーツ	⑩	⑪
月	肺 はい	肌 はだ	腰 こし	胸 むね	心臓 しんぞう	月	肩 かた	骨 ほね	胃 い	背中 せなか	頁	頭 あたま	顔 かお

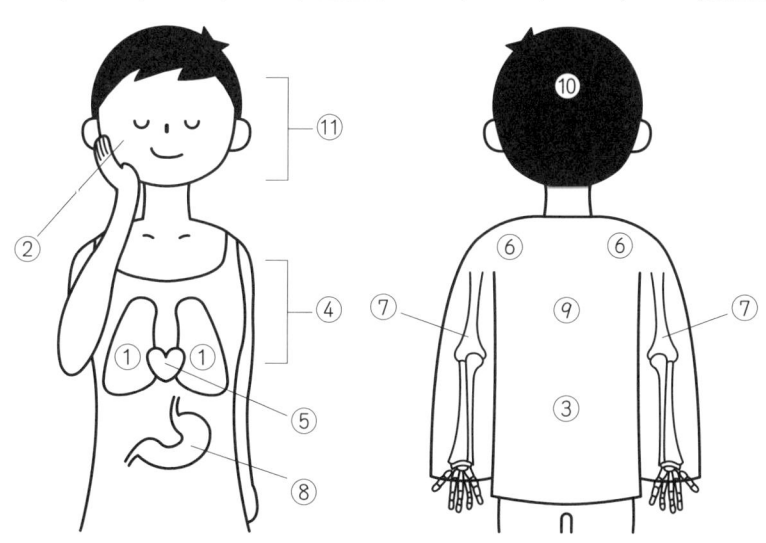

同じ読み方の言葉 ～Practical Kanji より
Words with the Same Readings (from Practical Kanji)

500＝ 基礎 500 漢字、700 ＝現代社会を読む 700 漢字

読み方	漢字	例文	英語訳	Vol.	課	漢字NO
あう	会う	友だちに会う。	meet with friends	500-1	3	37
	合う	この料理には白ワインが合う。	this food goes with white wine	500-2	11	367
あく	空く	「この席、空いていますか。」	is this seat open?	500-1	13	136
	開く	窓が開いている。	window is open	500-1	17	182
あげる	上げる	価格を上げる。	raise prices	500-1	5	52
	挙げる	手を挙げる。	raise one's hand	700-1	5	74
あたたかい	温かい	「温かいお茶をどうぞ。」	have some warm tea	500-2	5	299
	暖かい	今年の冬は暖かい。	we have a mild winter	700-1	10	145
あつい	熱い	「カップが熱いから気をつけて。」	be careful because the cup is hot	500-1	20	209
	暑い	東京の夏はむし暑い。	summers in Tokyo are muggy	500-1	23	247
	厚い	厚い本を読む。	read a thick book	700-1	6	92
あと	後	会議の後でレストランに行った。	went out to eat after the meeting	500-1	3	32
	跡	工場の跡に公園ができた。	a park was built on a old factory site	700-2	18	630
あらわす	表す	音楽で気持ちを表す。	express one's feelings with music	500-2	7	327
	現す	行方不明だった父が姿を現した。	the missing father came back	500-2	8	337
	著す	小説を著す。	write a novel	700-1	11	191
あらわれる	表れる	気持ちがすぐに顔に表れる。	wears one's heart on the sleeve	500-2	7	327
	現れる	突然黒い雲が現れた。	the sky was suddenly covered with black clouds	500-2	8	337
うつす	写す	絵画サークルで先生の絵を写した。	copied the instructor's painting at the painting workshop	500-1	21	222
	移す	本社を東京に移す。	move the headquarters to Tokyo	700-1	2	32
おう	負う	火事で4人が重軽傷を負った。	four people were injured in the fire	700-1	8	126
	追う	課長は部長の後を追った。	the manager followed the GM	700-1	21	335
おさめる	治める	国を治める。	govern a country	500-2	19	461
	修める	この大学で医学を修めた。	studied medicine at this school	700-1	13	205
	収める	チームが初めての勝利を収めた。	the team had its first win	700-1	15	239
	納める	取引先に商品を納める。	deliver a product to customer	700-1	22	336
かいほう	開放	公園は市民に開放されている。	the park is open to the public	700-2	19	642
	解放	人質を解放する。	release hostages	700-2	19	642
かえる	帰る	今月アメリカに帰る。	return to the US this month	500-1	3	36
	代える	担当者を代える。	assign a new person	500-2	7	326
	変える	文字の大きさを変える。	change the font size	500-2	14	402
	返る	エラーメールが返る。	get an error message	500-2	22	497
	替える	新しいいすに替える。	replace with a new chair	700-1	3	47
	換える	株を現金に換える。	sell a stock for cash	700-1	11	172
かく	書く	ノートにことばを書いた。	write a message in a notebook	500-1	9	101
	描く	花の絵を描く。	draw a picture of flowers	700-2	5	418

よみ	漢字	例文	English	巻	課	#
かてい	過程	製造**過程**に問題があった。	the problem is found in the manufacturing process	700-1	13	207
	課程	修士**課程**と博士**課程**	master's degree and PhD	700-1	13	207
きょうちょう	強調	次官は増税の必要性を**強調**した。	the vice minister stressed a need to raise taxes	500-2	13	391
	協調	国際社会が**協調**する必要がある。	the international community must work together	700-1	7	103
しじ	支持	予算の削減案を**支持**する。	support a proposal to cut the budget	500-2	22	494
	指示	部下に**指示**した。	instructed a subordinate	700-1	2	28
しょうめい	照明	もっと明るい**照明**が必要だ。	need more lighting	700-2	15	577
	証明	卒業を**証明**する書類が必要だ。	need a copy of the diploma	700-2	15	583
すすめる	進める	道路をつくる計画を**進める**。	plan the building of new roads	500-2	8	345
	勧める	マンションの購入を**勧める**。	recommend purchasing a condominium	700-2	7	108
たいしょう	対照	兄と弟の性格は**対照**的だ。	the brothers have opposite personalities	700-2	15	577
	対象	調査の**対象**を決める。	target an investigation	700-2	21	670
ついきゅう	追求	味を**追求**する。	be in the pursuit of flavor	700-1	21	335
	追及	大臣の責任を**追及**する。	hold the minister accountable	700-2	15	581
つくる	作る	知人がこの歌を**作**った。	an acquaintance wrote this song	500-2	21	219
	造る	米から酒を**造**る。	produce wine from rice	700-1	2	20
	創る	芸術作品を**創**る。	create art	700-2	13	554
つとめる	務める	会議の議長を**務める**。	chair the meeting	500-1	14	150
	勤める	父は商社に**勤め**ている。	my father works for a trading company	500-2	17	444
	努める	市場の拡大に**努める**。	promote market growth	700-2	16	254
とる	取る	自動車の免許を**取**る。	get a driver's license	500-2	9	352
	採る	キノコを**採**る。	forage for mushrooms	700-1	9	135
	撮る	写真を**撮**る。	take pictures	700-2	18	631
	捕る	虫を**捕**る。	catch bugs	700-2	20	660
なおす	直す	「この服を**直**してください。」	please tailor these clothes	500-2	5	303
	治す	薬を飲んで病気を**治**す。	take medicine to heal an illness	500-2	19	461
のる	乗る	先週初めて新幹線に**乗**った。	took the first bullet-train ride last week	500-1	13	143
	載る	新聞に広告を**載せ**る。	run an ad in the newspaper	700-2	18	629
はかる	計る	時間を**計**る。	keep time	500-1	16	165
	図る	生産性の向上を**図**る。	work on productivity enhancement	500-2	2	267
	量る	スーツケースの重さを**量**る。	weigh a suitcase	700-1	10	152
	測る	池の深さを**測**る。	measure a pond's depth	700-2	19	641
	謀る	クーデターを**謀**る。	attempt a coup	700-2	22	699
はやい	速い	新幹線は**速く**て安全な乗り物だ。	bullet trains are fast and safe	500-2	8	341
	早い	「朝**早**く起きましょう。」	get up early in the morning	500-2	12	386
ほしょう	保障	憲法は人権を**保障**している。	the constitution guarantees human rights	700-1	8	117
	保証	品質を**保証**する。	guarantee the quality	700-2	15	583
	補償	損害を**補償**する保険がある。	have insurance against damages	700-2	15	588

音訓索引
On-kun Index

ひらがな：訓読み　カタカナ：音読み　-〜：送りがな　数字：漢字番号

あ

アイ	愛	498
あさ	麻	521
あさ-い	浅	597
あず-かる	預	582
あず-ける	預	582
あせ-る	焦	393
アツ	圧	536
アッ	圧	536
あつか-う	扱	396
あ-てる	充	677
あと	跡	630
あば-く	暴	525
あば-れる	暴	525
あま-る	余	381
あ-む	編	361
あやつ-る	操	611
あやま-る	謝	508
あわ-せる	併	593

い

イ	偉	356
イ	威	531
イ	為	556
イ	遺	591
イ	胃	607
イ	衣	647
いか-る	怒	524
いさ-む	勇	510
いずみ	泉	443
いた	板	436
いた-す	致	369
いた-る	至	558
いつわ-る	偽	514
いの-る	祈	412
いまし-める	戒	516
い-る	居	403
い-る	射	651
いわ	岩	401
いわ-う	祝	372
イン	隠	363

う

ウ	宇	639
う-かぶ	浮	650
う-かべる	浮	650
う-かれる	浮	650
う-く	浮	650
うけたまわ-る	承	543
う-ける	請	470
うす-い	薄	628
うす-まる	薄	628
うす-める	薄	628
うす-らぐ	薄	628
うす-れる	薄	628
う-つ	撃	460
う-つ	討	481
うった-える	訴	484
うなが-す	促	678
うば-う	奪	635
うま	馬	480
うやま-う	敬	399
うら	裏	394

え

え	江	603
エイ	栄	358
エイ	永	547
えが-く	描	418
エキ	液	616
えら-い	偉	356
エン	縁	472
エン	沿	476
エン	延	566
エン	塩	595
エン	炎	610

お

お	緒	506
オウ	皇	692
おか-す	犯	656
おが-む	拝	407
おく-る	贈	355
おごそ-か	厳	379
おこ-る	怒	524
おさ-える	抑	562
おさな-い	幼	505
おど-かす	脅	679
おど-す	脅	679
おと-る	劣	489
おのれ	己	415
おびや-かす	脅	679
おもむき	趣	424
およ-び	及	581
およ-ぶ	及	581
およ-ぼす	及	581
おり	折	619
お-る	折	619
お-れる	折	619
おろし	卸	622
おろ-す	卸	622
オン	恩	473

か

カ	仮	426
カ	河	439
カ	靴	519
カ	暇	569
ガ	河	439
ガ	我	634
カイ	街	485
カイ	戒	516
カイ	拐	695
ガイ	街	485
ガイ	概	580
かか-げる	掲	552
か-かる	懸	549
か-かる	掛	585
か-く	描	418
カク	核	528
かく-す	隠	363
かく-れる	隠	363
か-ける	懸	549
か-ける	掛	585
かた	肩	608
かた	片	652
かた-い	固	449
かた-まる	固	449
かたむ-く	傾	637
かたむ-ける	傾	637
かた-める	固	449
かたわ-ら	傍	667
カツ	括	530
か ねる	兼	420
かの	彼	503
かべ	壁	455
から-い	辛	378
かり	仮	426
かれ	彼	503
かわ	河	439
かわ	皮	621
かわ-かす	乾	373
かわ-く	乾	373
カン	監	351
カン	乾	373
カン	刊	390
カン	鑑	428
カン	看	435
カン	勧	458
カン	緩	461
カン	幹	482
カン	喚	555
ガン	岩	401
ガン	岸	468
かんが-みる	鑑	428

き

キ	祈	412
キ	己	415
キ	寄	440
キ	棄	537
キ	貴	600
キ	既	626
ギ	偽	514
き-く	聴	666
きし	岸	468
きず-く	築	450
キツ	詰	382
キツ	喫	430
キツ	喫	430
きび-しい	厳	379
キャク	却	509
キャッ	却	589
キュウ	泣	375
キュウ	救	442
キュウ	久	548
キュウ	及	581
キョ	巨	400
キョ	居	403
キョ	虚	612
きよ-い	清	409
キョウ	凶	448
キョウ	胸	509
キョウ	脅	679
きよ-める	清	409
キン	緊	488
キン	筋	534
キン	菌	602

く

ク	久	548
ク	庫	625
ク	功	645
グウ	遇	567
くさ	草	445
くず-す	崩	438
くず-れる	崩	438
くつ	靴	519
くわ-しい	詳	675
クン	訓	523
グン	群	598

け

ケ	仮	426
ケ	懸	549
け	毛	604
ケイ	敬	399
ケイ	掲	552
ケイ	傾	637
ケイ	系	649
ケイ	刑	654
ゲイ	芸	360
ゲイ	迎	512
ゲキ	劇	395
ゲキ	撃	460
ゲキ	激	483
ケン	剣	380

ケン	兼	420		ころも	衣	647		シ	至	558
ケン	懸	549		こわ-い	怖	464		ジ	除	414
ケン	券	584		コン	根	392		ジ	児	501
ケン	肩	608		コン	混	425		ジ	似	682
ケン	検	659		ゴン	厳	379		しあわ-せ	幸	411
ゲン	厳	379						しお	塩	595

こ

さ

し

コ	己	415		サイ	才	366		し-く	敷	447
コ	固	449		サイ	災	431		じ-く	敷	447
こ	粉	518		サイ	債	586		しず-む	沈	605
コ	虚	612		サイ	載	629		しず-める	沈	605
コ	庫	625		サイ	殺	671		シツ	執	383
ゴ	互	674		ザイ	罪	655		シッ	執	383
こ-い	濃	596		さいわ-い	幸	411		し-まる	締	515
コウ	幸	411		さか-える	栄	358		し-める	締	515
コウ	購	452		さが-す	探	522		シャ	捨	386
こ-う	請	470		さが-す	捜	658		シャ	謝	508
コウ	攻	494		さかずき	杯	374		シャ	射	651
コウ	拘	564		サク	索	615		シャ	赦	693
コウ	講	573		さぐ-る	探	522		シャク	釈	684
コウ	江	603		さ-ける	避	437		シュ	趣	424
コウ	抗	613		さそ-う	誘	546		ジュ	寿	590
コウ	航	638		さち	幸	411		シュウ	祝	372
コウ	功	645		サツ	冊	389		シュウ	執	383
コウ	控	665		サツ	札	398		シュウ	拾	385
コウ	皇	692		サツ	撮	631		シュウ	宗	406
こ-がす	焦	393		サツ	殺	671		ジュウ	柔	500
こ-げる	焦	393		サッ	冊	389		ジュウ	銃	513
こし	腰	427		サッ	殺	671		ジュウ	充	677
コツ	骨	618		さわ	沢	444		シュク	祝	372
コッ	骨	618		さわ-ぐ	騒	463		シュク	縮	535
ことぶき	寿	590		さわ-る	触	681		ジュン	純	587
こな	粉	518						ショ	署	441
こ-む	混	425						ショ	緒	506
ころ	頃	462		シ	姿	376		ジョ	序	404
ごろ	頃	462		シ	誌	388		ジョ	除	414
ころ-す	殺	671		シ	旨	466		ショウ	賞	354
				シ	施	490		ショウ	星	367
								ショウ	精	371

ショウ	焦	393	すで-に	既	626	ソウ	草	445
ショウ	清	409	す-てる	捨	386	ソウ	騒	463
ショウ	章	419				そ-う	沿	476
ショウ	床	454	**せ**			ソウ	層	493
ショウ	承	543	セ	施	490	ソウ	双	541
ショウ	称	551	ゼ	是	486	ソウ	創	554
ショウ	渉	560	セイ	星	367	ソウ	操	611
ショウ	照	577	セイ	精	371	ソウ	装	648
ショウ	証	583	セイ	聖	402	ソウ	捜	658
ショウ	償	588	セイ	清	409	ゾウ	贈	355
ショウ	症	594	セイ	請	470	ゾウ	臓	606
ショウ	装	648	セキ	績	357	ゾウ	象	670
ショウ	訟	657	セキ	析	579	ソク	束	563
ショウ	象	670	セキ	跡	630	ソク	即	633
ショウ	詳	675	セツ	折	619	ソク	測	641
ジョウ	城	364	セツ	殺	671	ソク	促	678
ジョウ	星	367	セッ	折	619	そこ	底	520
ジョウ	譲	697	セッ	殺	671	ぞこ	底	520
ショク	触	681	ゼツ	絶	533	そこ-なう	損	578
しろ	城	364	ゼッ	絶	533	そこ-ねる	損	578
シン	辛	378	せま-る	迫	496	ソン	尊	572
シン	震	432	せ-める	攻	494	ソン	損	578
シン	請	470	セン	泉	443			
シン	津	475	セン	潜	478	**た**		
シン	針	542	セン	宣	540	ダ	妥	559
シン	診	592	セン	浅	597	タイ	耐	453
ジン	尋	672	セン	船	646	タイ	滞	553
			ゼン	善	568	タイ	逮	661
す						た-える	耐	453
ス	須	575	**そ**			た-える	絶	533
すがた	姿	376	ソ	措	471	だお-し	倒	433
すく-う	救	442	ソ	訴	484	たお-す	倒	433
すじ	筋	534	ソ	祖	499	たお-れる	倒	433
すず-しい	涼	423	ソ	狙	544	たが-い	互	674
すず-む	涼	423	ゾ	祖	499	たから	宝	410
すす-める	勧	458	ぞ-い	沿	476	タク	沢	444
すた-る	廃	532	ソウ	贈	355	タク	託	465
すた-れる	廃	532	ソウ	宗	406	たくわ-える	蓄	623

読み	漢字	ページ
たず-ねる	尋	672
た-つ	絶	533
ダツ	奪	635
ダツ	脱	687
ダツ	奪	635
ダツ	脱	687
たっと-ぶ	尊	572
たば	束	563
たま	弾	539
だま-る	黙	691
た-やす	絶	533
タン	探	522
タン	誕	550
タン	端	632
ダン	団	359
ダン	弾	539

ち

読み	漢字	ページ
チ	致	369
チ	恥	370
チク	築	450
チク	蓄	623
ちぢ-まる	縮	535
ちぢ-む	縮	535
ちぢ-める	縮	535
チツ	秩	405
チツ	室	700
チツ	室	700
チュウ	柱	456
チュウ	虫	601
チュウ	駐	624
チュウ	抽	636
チュウ	宙	640
チュウ	忠	669
チュウ	仲	688
チョ	緒	506
チョ	貯	689
チョウ	聴	666

読み	漢字	ページ
チン	賃	561
チン	沈	605
チン	陳	686

つ

読み	漢字	ページ
つ	津	475
つか-まえる	捕	660
つか-まる	捕	660
つぐな-う	償	588
つく-る	創	554
つつ-む	包	529
つ-まる	詰	382
つみ	罪	655
つ-む	摘	526
づ-め	詰	382
つ-める	詰	382
つゆ	露	429
つるぎ	剣	380

て

読み	漢字	ページ
テイ	庭	416
テイ	締	515
テイ	底	520
テイ	抵	614
テイ	廷	662
テイ	偵	696
テキ	摘	526
テツ	撤	469
テツ	撤	469
て-らす	照	577
て-る	照	577
て-れる	照	577
テン	殿	408
テン	典	422
デン	殿	408

と

読み	漢字	ページ
ト	徒	413

読み	漢字	ページ
ト	途	680
ド	怒	524
ド	途	680
トウ	倒	433
トウ	党	479
トウ	討	481
トウ	踏	487
トウ	逃	497
トウ	糖	517
ドウ	倒	433
ドウ	童	502
とうと-い	尊	572
とうと-い	貴	600
とうと-ぶ	尊	572
とうと-ぶ	貴	600
トク	督	352
トク	徳	387
トク	匿	474
ドク	毒	446
とこ	床	454
とどこお-る	滞	553
との	殿	408
どの	殿	408
ともな-う	伴	627
と-らわれる	捕	660
と-る	執	383
と-る	撮	631
と-る	捕	660
トン	団	359

な

読み	漢字	ページ
なか	仲	688
なが-い	永	547
な-く	泣	375
な-み	並	391
なみ	並	391
なみだ	涙	377
なや-ます	悩	417

なや-む	悩	417	の-る	載	629	バツ	罰	565
なら-ぶ	並	391				バッ	抜	457
なら-べる	並	391		は		バッ	罰	565
ナン	軟	570	は	端	632	はな-す	放	642
			バ	馬	480	はな-つ	放	642
	に		ぱ	端	632	はな-れる	放	642
ニ	児	501	ハイ	杯	374	はば	幅	492
に-がす	逃	497	ハイ	拝	407	はま	浜	477
に-げる	逃	497	ハイ	廃	532	はり	針	542
にせ	偽	514	ハイ	肺	609	ハン	範	362
ニュウ	柔	500	バイ	陪	683	ハン	版	397
に-る	似	682	パイ	杯	374	ハン	板	436
にわ	庭	416	パイ	拝	407	ハン	伴	627
ニン	認	571	パイ	廃	532	ハン	犯	656
			は-え	栄	358	バン	板	436
	ぬ		は-える	栄	358	バン	伴	627
ぬ-く	抜	457	はか-る	測	641	パン	版	397
ぬ-ぐ	脱	687	はか-る	謀	699			
ぬ-ける	抜	457	ハク	迫	496		ひ	
ぬ-げる	脱	687	ハク	薄	628	ヒ	避	437
ぬの	布	643	バク	暴	525	ヒ	彼	503
			バク	爆	538	ヒ	秘	617
	ね		パク	迫	496	ヒ	皮	621
ね	根	392	はげ-しい	激	483	ピ	秘	617
ねら-う	狙	544	はげ-ます	励	504	ひか-える	控	665
ネン	念	451	はげ-む	励	504	ひ-く	弾	539
			はし	端	632	ひさ-しい	久	548
	の		はじ	恥	370	ひそ-む	潜	478
ノウ	悩	417	はしら	柱	456	ヒツ	筆	384
ノウ	濃	596	は-じる	恥	370	ヒッ	筆	384
のが-す	逃	497	は-ずかしい	恥	370	ピツ	筆	384
のが-れる	逃	497	はず-む	弾	539	ひま	暇	569
の-せる	載	629	はた	畑	599	ひ-める	秘	617
のぞ-く	除	414	はだ	肌	620	ヒョウ	兵	527
のぞ-む	臨	368	ばた	端	632	ヒョウ	評	673
の-ばす	延	566	はたけ	畑	599	ビョウ	描	418
の-びる	延	566	バチ	罰	565	ビョウ	秒	644
の-べる	延	566	バツ	抜	457	ひろ-う	拾	385

ヒン	浜	477	

ふ

フ	敷	447
フ	怖	464
フ	布	643
フ	浮	650
ブ	舞	507
プ	布	643
フク	幅	492
ふた	双	541
ふだ	札	398
ふち	縁	472
ふで	筆	384
ふな	船	646
ふね	船	646
ふ-まえる	踏	487
ふ-む	踏	487
ぶ-む	踏	487
ふる-える	震	432
ふ-れる	触	681
フン	粉	518

へ

ヘイ	並	391
ヘイ	兵	527
ヘイ	併	593
ペイ	併	593
ヘキ	壁	455
ヘン	編	361
ヘン	片	652
ベン	弁	663
ペン	編	361

ほ

ホ	捕	660
ホウ	邦	365
ホウ	宝	410
ホウ	崩	438
ホウ	包	529
ホウ	放	642
ボウ	暴	525
ボウ	傍	667
ボウ	謀	699
ポウ	邦	365
ほう-る	放	642
ほし	星	367
ぼし	星	367
ほどこ-す	施	490
ほね	骨	618
ほのお	炎	610
ほまれ	誉	353
ほろ-びる	滅	698
ほろ-ぼす	滅	698

ま

ま	馬	480
マ	麻	521
まい	舞	507
ま-う	舞	507
まかな-う	賄	690
ま-ざる	混	425
ま-じる	混	425
ま-ぜる	混	425
まち	街	485
まぬか-れる	免	459
まぬが-れる	免	459

み

みき	幹	482
みさお	操	611
みだ-す	乱	491
みだ-れる	乱	491
ミツ	密	511
みと-める	認	571
ミャク	脈	574
み-る	診	592

む

ム	謀	699
むか-える	迎	512
むし	虫	601
むな	胸	509
むね	旨	466
むね	胸	509
むら	群	598
む-れ	群	598
む-れる	群	598

め

メツ	滅	698
メン	免	459

も

モウ	毛	604
モク	黙	691
もぐ-る	潜	478
もど-す	戻	653
もど-る	戻	653
モン	紋	694

や

やしな-う	養	421
やわ-らか	柔	500
やわ-らか	軟	570
やわ-らかい	柔	500
やわ-らかい	軟	570

ゆ

ユイ	遺	591
ユウ	勇	510
ユウ	誘	546
ユウ	裕	557
ユウ	猶	668

ゆか	床	454
ゆ-さぶる	揺	434
ゆ-する	揺	434
ゆず-る	譲	697
ゆ-らぐ	揺	434
ゆる-い	緩	461
ゆる-む	緩	461
ゆる-める	緩	461
ゆる-やか	緩	461
ゆ-れる	揺	434

よ

ヨ	誉	353
ヨ	余	381
ヨ	預	582
よ-い	善	568
ヨウ	養	421
ヨウ	腰	427
ヨウ	揺	434
ヨウ	幼	505
ヨク	抑	562
よ-せる	寄	440
よそお-う	装	648
よ-る	寄	440

ら

ラン	乱	491

り

リ	裏	394
リョ	慮	676
リョウ	涼	423
リョウ	了	664
リン	臨	368
リン	輪	495

る

ルイ	涙	377

れ

レイ	励	504
レイ	戻	653
レイ	令	685
レツ	劣	489
レッ	劣	489

ろ

ロ	露	429
ロウ	露	429
ロク	録	576

わ

わ	輪	495
わ	我	634
ワイ	賄	690
わく	枠	545
わざわ-い	災	431
わらべ	童	502
われ	我	634
ワン	湾	467

語い索引 / Word Index

351～700:「新しい漢字とことば」の漢字番号　　p.～:「これも覚えよう！」のページ

あ

あい(する)	愛(する)	愛	498
あき-らか	明らか		p.73
あさ	麻	麻	521
あさ-い	浅い	浅	597
あしぶ-み	足踏み	踏	487
あず-かる	預かる	預	582
あず-ける	預ける	預	582
あせ-る	焦る	焦	393
あつか-い	扱い	扱	396
あつか-う	扱う	扱	396
あっしゅく(する)	圧縮(する)	圧	536
あっとう(する)	圧倒(する)	倒	433
あつりょく	圧力	圧	536
あ-てる	充てる	充	677
あと	跡	跡	630
あば-く	暴く	暴	525
あば-れる	暴れる	暴	525
あま-り	余り	余	381
あま-る	余る	余	381
あ-む	編む	編	361
あやつ-る	操る	操	611
あやま-る	謝る	謝	508
あらそ-い	争い		p.181
あら-たな	新たな		p.73
あ-り-かた	在り方		p.83
あわ-せる	併せる	併	593
あんけん	案件		p.73
あんぜんせい	安全性		p.135
あんてい	安定		p.119

い

い	胃	胃	607
い-い-わた-す	言い渡す		p.181
いえき	胃液	液	616
いかく(する)	威嚇(する)	威	531
い-かす	[～を]生かす		p.101
いか-り	怒り	怒	524
いか-る	怒る	怒	524
い-き-づ-まる	行き詰まる	詰	382
いくじ	育児	児	501
いくせい	育成		p.127
いこつ	遺骨	骨	618
いさ-ましい	勇ましい	勇	510
いさん	遺産	遺	591
いさん	胃酸	胃	607
いしょう	衣装	装	648
いずみ	泉	泉	443
いせき	遺跡	跡	630
いぞく	遺族	遺	591
いた	板	板	436
いたい	遺体	遺	591
いだい(な)	偉大(な)	偉	356
いたく(する)	委託(する)	託	465
いた-す	致す	致	369
いた-る	至る	至	558
いちじ	一時		p.73
いちじる-しく	著しく		p.29
いっかつ(する)	一括(する)	括	530
いっきょくしゅうちゅう	一極集中		p.83
いっしょうけんめい	一生懸命	懸	549
いっしょに	一緒に	緒	506
いっそう	一層	層	493
いっち(する)	一致(する)	致	369
いっていきかん	一定期間		p.135
いっていの	一定の		p.119
いっぱんかんりひ	一般管理費		p.135
いっぱんてきに	一般的に		p.47
いっぽう	一方		p.127
いつわ-る	偽る	偽	514
いでん(する)	遺伝(する)	遺	591
いでんし	遺伝子	遺	591
いの-り	祈り	祈	412
いの-る	祈る	祈	412
いはんする	違反する		p.127
いふく	衣服	衣	647
いま	居間	居	403
いまし-める	戒める	戒	516
いやくひん	医薬品		p.197
い-り-え	入り江	江	603
いりょう	衣料	衣	647
いりょく	威力	威	531

いーる	居る	居	403
いーる	射る	射	651
いるい	衣類	衣	647
いわ	岩	岩	401
いわーい	祝い	祝	372
いわーう	祝う	祝	372
いわてけん	岩手県	岩	401
いんしょう	印象	象	670
いんぺい(する)	隠蔽(する)	隠	363

う

うえのかい	上の階		p.65
うーかぶ	浮かぶ	浮	650
うーかべる	浮かべる	浮	650
うーかれる	浮かれる	浮	650
うーく	浮く	浮	650
うーけーいーれる	受け入れる		p.39
うーけーおーう	請け負う	請	470
うけたまわーる	承る	承	543
うすーい	薄い	薄	628
うすがた	薄型	薄	628
うすーまる	薄まる	薄	628
うすーめる	薄める	薄	628
うすーらぐ	薄らぐ	薄	628
うすーれる	薄れる	薄	628
うーちーあーげ	打ち上げ		p.171
うーちーあーげる	打ち上げる		p.47
うーちーだーす	打ち出す		p.119
うちゅう	宇宙	宇	639
		宙	640
うちゅうせん	宇宙船	船	646
うちゅうひこうし	宇宙飛行士	宙	640
うーつ	撃つ	撃	460
うーつ	討つ	討	481
うったーえ	訴え	訴	484
うったーえーつづーける	訴え続ける		p.109
うったーえる	訴える	訴	484
うながーす	促す	促	678
うばーう	奪う	奪	635
うま	馬	馬	480
うやまーう	敬う	敬	399
うら	裏	裏	394
うらがね	裏金	裏	394
うらがわ	裏側	裏	394
うらぎーる	裏切る	裏	394
うらづーけ	裏付け	裏	394
うりあげげんか	売上原価		p.135
うりあげそうりえき	売上総利益		p.135
うりあげだか	売上高		p.135
うりかけきん	売掛金	掛	585
うれしなーき(する)	うれし泣き(する)	泣	375
うんこう(する)	運航(する)	航	638
うんちん	運賃	賃	561

え

えいえん	永遠	永	547
えいがかい	映画界		p.13
えいがかする	映画化する		p.47
えいきゅうに	永久に	久	548
えいぎょうがいしゅうえき	営業外収益		p.135
えいぎょうがいひよう	営業外費用		p.135
えいきょうする	影響する		p.29
えいぎょうりえき	営業利益		p.135
えいこくりゅうがく	英国留学		p.29
えいじゅう(する)	永住(する)	永	547
えいせい	衛星	星	367
えいよ	栄誉	栄	358
えいよう	栄養	養	421
えいわじてん	英和辞典	典	422
えがーく	描く	描	418
えき	液	液	616
えきたい	液体	液	616
えきまえ	駅前		p.73
えどじだい	江戸時代	江	603
えま	絵馬	馬	480
えらーい	偉い	偉	356
えらーびーだーす	選び出す		p.153
えん	縁	縁	472
えんがん	沿岸	沿	476
えんき(する)	延期(する)	延	566
えんげき	演劇	劇	395
えんしゅつ	演出		p.47
えんじょう(する)	炎上(する)	炎	610
えんせん	沿線	沿	476
えんそ	塩素	塩	595
えんちょう(する)	延長(する)	延	566
えんぶん	塩分	塩	595
えんりょ(する)	遠慮(する)	慮	676

お

お-い-あ-げ	追い上げ		p.83
おいわ-い	お祝い	祝	372
おうしゅうりょう	押収量		p.101
おうべいか	欧米化		p.29
おおさかじょう	大阪城	城	364
おおすじ	大筋	筋	534
おおづ-め	大詰め	詰	382
おおて	大手		p.127
おおはば(な)	大幅(な)	幅	492
おか-す	犯す	犯	656
おがた	緒方(人名)	緒	506
おが-む	拝む	拝	407
おく-り-もの	贈り物	贈	355
おく-る	贈る	贈	355
おごそ-か(な)	厳か(な)	厳	379
おこ-る	怒る	怒	524
おさ-える	抑える	抑	562
おさつ	お札	札	398
おさな-い	幼い	幼	505
お-し-よ-せる	押し寄せる	寄	440
お-すす-め(する)	お勧め(する)	勧	458
おすまいのかた	お住まいの方		p.65
おど-かす	脅かす	脅	679
おとしよ-り	お年寄り	寄	440
おど-す	脅す	脅	679
おと-る	劣る	劣	489
おのれ	己	己	415
おびや-かす	脅かす	脅	679
おまい-りする	お参りする		p.39
おみま-い	お見舞い	舞	507
おもむき	趣	趣	424
およ-び	及び	及	581
およ-ぶ	及ぶ	及	581
およ-ぼす	及ぼす	及	581
〈しゅっちょうの〉おり	〈出張の〉折	折	619
お-る	折る	折	619
お-れる	折れる	折	619
おろしう-り	卸売り	卸	622
おろしうりぎょう	卸売業	卸	622
おろ-す	卸す	卸	622
おん	恩	恩	473
おんがえ-し	恩返し	恩	473
おんくん	音訓	訓	523
おんけい	恩恵	恩	473
おんしゃ	恩赦	赦	693
おんしょう	温床	床	454
おんせん	温泉	泉	443

か

かいかけきん	買掛金	掛	585
かいがん	海岸	岸	468
がいこくかわせ	外国為替	為	556
かいざん	改ざん		p.197
がいしけい	外資系	系	649
かいしゃく(する)	解釈(する)	釈	684
かいじょ(する)	解除(する)	除	414
かいせき(する)	解析(する)	析	579
かいせつ	解説		p.153
かいぜん(する)	改善(する)	善	568
がいため	外為	為	556
がいちゅう	害虫	虫	601
かいちょうけんしゃちょう	会長兼社長	兼	420
かいてい	海底	底	520
かいどう	街道	街	485
がいとう	街頭	街	485
がいねん	概念	概	580
かいはつとじょうこく	開発途上国	途	680
かいひ(する)	回避(する)	避	437
かいほう(する)	開放(する)	放	642
かいほう(する)	解放(する)	放	642
かいめいする	解明する		p.171
かいよう	海洋		p.145
がいよう	概要	概	580
かか-げる	掲げる	掲	552
か-かる	懸かる	懸	549
か-かる	掛かる	掛	585
か-く	描く	描	418
かく	核	核	528
かくじっけん	核実験	核	528
かくじつに	確実に		p.101
かくじゅう(する)	拡充(する)	充	677
かく-す	隠す	隠	363
かくとどうふけん	各都道府県		p.73
かくにん(する)	確認(する)	認	571
かくへいき	核兵器	核	528
かくほゆうこく	核保有国	核	528
かく-れる	隠れる	隠	363
か-ける	懸ける	懸	549
か-ける	掛ける	掛	585

かさい	火災	災	431
か-す	科す		p.127
かずおおく	数多く		p.13
かせい	火星	星	367
かせつ(する)	仮設(する)	仮	426
かせん	河川	河	439
かた	肩	肩	608
かた-い	固い	固	449
かたが-き	肩書き	肩	608
かたが-わり	肩代わり	肩	608
かたづ-ける	片付ける	片	652
かたて	片手	片	652
かたほう	片方	片	652
かた-まる	固まる	固	449
かたむ-く	傾く	傾	637
かたむ-ける	傾ける	傾	637
かた-める	固める	固	449
かた-る	語る		p.101
かたわ-ら	傍ら	傍	667
かちく	家畜		p.145
か-ち-ぬ-く	勝ち抜く	抜	457
かっかそうよう	隔靴掻痒	靴	519
かっぱつ	活発		p.55
がっぺい(する)	合併(する)	併	593
がっぺいしょう	合併症	症	594
かてい	家庭	庭	416
かていかんきょう	家庭環境		p.29
か-ねる	兼ねる	兼	420
かのじょ	彼女	彼	503
かぶき	歌舞伎	舞	507
かふん	花粉	粉	518
かべ	壁	壁	455
がまん(する)	我慢(する)	我	634
かもつ	貨物		p.101
から-い	辛い	辛	378
からくち	辛口	辛	378
かりいれきん	借入金		p.135
かりけいやく	仮契約	仮	426
かりに	仮に	仮	426
かれ	彼	彼	503
かれ-ら	彼ら	彼	503
かわ	河	河	439
かわ	皮	皮	621
～がわ	～側		p.181
かわ-かす	乾かす	乾	373
かわ-く	乾く	乾	373
かわせ	為替	為	556
かわぞ-い	川沿い	沿	476
かんが-みる	鑑みる	鑑	428
かんき(する)	喚起(する)	喚	555
かんげい(する)	歓迎(する)	迎	512
かんげいかい	歓迎会	迎	512
かんげき(する)	感激(する)	激	483
かんご(する)	看護(する)	看	435
かんこう(する)	刊行(する)	刊	390
かんこうきゃく	観光客		p.39
かんこく(する)	勧告(する)	勧	458
かんごし	看護師	看	435
かんさ(する)	監査(する)	監	351
かんじ	幹事	幹	482
かんし(する)	監視(する)	監	351
かんじちょう	幹事長	幹	482
かんしゃ(する)	感謝(する)	謝	508
かんしょう(する)	鑑賞(する)	鑑	428
かんしょう(する)	干渉(する)	渉	560
かんしょく	感触	触	681
がんせき	岩石	岩	401
かんせんしょう	感染症	症	594
かんそう	感想		p.189
かんそう(する)	乾燥(する)	乾	373
かんそく(する)	観測(する)	測	641
かんちする	感知する		p.163
かんてい(する)	鑑定(する)	鑑	428
かんとく(する)	監督(する)	督	352
かんぱい(する)	乾杯(する)	杯	374
かんばん	看板	板	436
かんぶ	幹部	幹	482
かんもん(する)	喚問(する)	喚	555
かんゆう(する)	勧誘(する)	誘	546
かんりする	管理する		p.189
かんりょう(する)	完了(する)	了	664
かんるい	感涙	涙	377
かんわ(する)	緩和(する)	緩	461

き

きがん(する)	祈願(する)	祈	412
ききょうどうし	企業同士		p.181
ききんぞく	貴金属	貴	600
き-く	聴く	聴	666
きぐ	器具		p.65

きげん	起源		p.171
きけん(する)	棄権(する)	棄	537
きさい(する)	記載(する)	載	629
きし	岸	岸	468
きしゃ	貴社	貴	600
きしゃかいけん	記者会見		p.13
ぎじゅつかくしん	技術革新		p.163
きしょう(する)	起床(する)	床	454
きしょうちょう	気象庁	象	670
きず-く	築く	築	450
きせい	既成	既	626
きせいちゅう	寄生虫	虫	601
きそ(する)	起訴(する)	訴	484
きそう(する)	寄贈(する)	贈	355
きぞう(する)	寄贈(する)	贈	355
ぎぞう(する)	偽造(する)	偽	514
きぞく	貴族	貴	600
きそん(する)	既存(する)	既	626
きぞん(する)	既存(する)	既	626
きたいがたかまる	期待が高まる		p.47
きちょう(な)	貴重(な)	貴	600
きつえん(する)	喫煙(する)	喫	430
きっさてん	喫茶店	喫	430
きつもん(する)	詰問(する)	詰	382
きてい	既定	既	626
きとくけん	既得権	既	626
きねん(する)	記念(する)	念	451
ぎのう	技能		p.163
きはく(な)	希薄(な)	薄	628
きび-しい	厳しい	厳	379
きふ(する)	寄付(する)	寄	440
ぎぶつ	偽物	偽	514
ぎめい	偽名	偽	514
ぎゃくに	逆に		p.119
きゃっか(する)	却下(する)	却	589
きゅうえん(する)	救援(する)	救	442
きゅうか	休暇	暇	569
きゅうきゅう	救急	救	442
きゅうけい(する)	求刑(する)	刑	654
きゅうさい(する)	救済(する)	救	442
きゅうしゅつ(する)	救出(する)	救	442
きゅうじょ(する)	救助(する)	救	442
きゅうそくに	急速に		p.163
きゅうでん	宮殿	殿	408
きゅうよう(する)	休養(する)	養	421

きよ-い	清い	清	409
きょうあく(な)	凶悪(な)	凶	448
きょうい	胸囲	胸	509
きょうい	脅威	脅	679
きょういくげんば	教育現場		p.29
きょうえい	競泳		p.91
きょうかい	教会		p.39
きょうき	凶器	凶	448
きょうくん	教訓	訓	523
きょうこ(な)	強固(な)	固	449
きょうさく	凶作	凶	448
きょうし	教師		p.29
ぎょうしゃ	業者		p.197
ぎょうせき	業績	績	357
きょうはく(する)	脅迫(する)	脅	679
きょうふ	恐怖	怖	464
きょうぼう(する)	共謀(する)	謀	699
きょうみしんしん(な)	興味津々(な)	津	475
きょがく	巨額	巨	400
きょぎ	虚偽	虚	612
きょくたん(な)	極端(な)	端	632
きょこう	虚構	虚	612
きょじゃく(な)	虚弱(な)	虚	612
きょじん	巨人	巨	400
ぎょせん	漁船	船	646
きょだい(な)	巨大(な)	巨	400
きょまん	巨万	巨	400
きよ-める	清める	清	409
き-り-す-てる	切り捨てる	捨	386
キリストきょうと	キリスト教徒	徒	413
きろく(する)	記録(する)	録	576
きをつかう	気をつかう		p.47
きん	菌	菌	602
ぎんが	銀河	河	439
きんきゅう(な)	緊急(な)	緊	488
きんちょう(する)	緊張(する)	緊	488
きんちょうかん	緊張感	緊	488
きんにく	筋肉	筋	534
きんねん	近年		p.101
きんぱく(する)	緊迫(する)	迫	496
きんみつ(な)	緊密(な)	密	511
きんゆうかんわ	金融緩和		p.119
きんゆうひきしめ	金融引き締め		p.119

く

くおん	久遠	久	548
くさ	草	草	445
くさ-の-ね	草の根	根	392
		草	445
くさばな	草花	草	445
くず-す	崩す	崩	438
くず-れる	崩れる	崩	438
くせん	苦戦		p.83
くつ	靴	靴	519
くつした	靴下	靴	519
くつぞこ	靴底	底	520
くどく	功徳	功	645
くのう(する)	苦悩(する)	悩	417
くふうする	工夫する		p.65
くべつする	区別する		p.39
くり	庫裏	庫	625
くろぼし	黒星	星	367
くわ-しい	詳しい	詳	675
ぐん	群	群	598
ぐんしゅう	群衆	群	598
ぐんしゅく	軍縮	縮	535
くんしょう	勲章	章	419
くんよ-み	訓読み	訓	523
くんれん(する)	訓練(する)	訓	523

け

け	毛	毛	604
けい	刑	刑	654
けいい	敬意	敬	399
けいえん(する)	敬遠(する)	敬	399
けいかい(する)	警戒(する)	戒	516
けいかん	景観		p.73
けいけんしゃ	経験者		p.189
けいけんする	経験する		p.29
けいご	敬語	敬	399
けいこう	傾向	傾	637
けいさい(する)	掲載(する)	載	629
けいさつしょ	警察署	署	441
けいさんしょ	計算書		p.135
けいじ(する)	掲示(する)	掲	552
けいじさいばん	刑事裁判	刑	654
けいじじけん	刑事事件	刑	654
けいじそしょうほう	刑事訴訟法	訟	657
げいじゅつ	芸術	芸	360
げいじゅつか	芸術家	芸	360
げいじゅつてき(な)	芸術的(な)	芸	360
けいじょうりえき	経常利益		p.135
けいとう	系統	系	649
げいのう	芸能	芸	360
けいば	競馬	馬	480
けいばつ	刑罰	刑	654
けいひん	京浜	浜	477
けいほう	警報		p.55
けいむしょ	刑務所	刑	654
けいりょう	軽量		p.163
けいれつ	系列	系	649
げか	外科		p.153
げき	劇	劇	395
げきか(する)	激化(する)	激	483
げきげん(する)	激減(する)	激	483
げきじょう	劇場	劇	395
げきだん	劇団	劇	395
げきてき(な)	劇的(な)	劇	395
げきど(する)	激怒(する)	怒	524
げきれい(する)	激励(する)	励	504
けつあつ	血圧	圧	536
けつえき	血液	液	616
けつえん	血縁	縁	472
けっか	結果		p.29
けっそく(する)	結束(する)	束	563
けねん(する)	懸念(する)	懸	549
けびょう	仮病	仮	426
けん	剣	剣	380
けん	券	券	584
けんあん	懸案	懸	549
けんい	権威	威	531
げんかく(な)	厳格(な)	厳	379
げんかしょうきゃくひ	減価償却費	却	589
げんきゅう(する)	言及(する)	及	581
けんきゅうしゃ	研究者		p.163
げんきょう	元凶	凶	448
げんきん	現金		p.135
けんこうほう	健康法		p.153
けんさ(する)	検査(する)	検	659
げんざいりょう	原材料		p.171
げんさく	原作		p.47
けんさく(する)	検索(する)	検	659
けんさつ	検察	検	659
けんさつかん	検察官	検	659

けんじ	検事	検	659
げんしばくだん	原子爆弾	爆	538
げんじゅう(な)	厳重(な)	厳	379
げんしょう	現象	象	670
けんしょう(する)	検証(する)	検	659
けんちく(する)	建築(する)	築	450
けんどう	剣道	剣	380
けんとう(する)	検討(する)	検	659
げんば	現場		p.73
げんばく	原爆	爆	538
けんむ(する)	兼務(する)	兼	420

こ

こ-い	濃い	濃	596
こ-う	請う	請	470
こうい	行為	為	556
こういしょう	後遺症	症	594
こうえん(する)	講演(する)	講	573
こうぎ(する)	講義(する)	講	573
こうぎ(する)	抗議(する)	抗	613
ごうきゅう(する)	号泣(する)	泣	375
こうきょ	皇居	皇	692
こうぎょう	興行		p.13
こうきょうじぎょう	公共事業		p.119
こうくう	航空	航	638
こうくうき	航空機	航	638
こうけい	光景		p.21
ごうけい	合計		p.135
こうげき(する)	攻撃(する)	攻	494
こうざ	講座	講	573
こうし	講師	講	573
こうしつ	皇室	皇	692
こうじょ(する)	控除(する)	控	665
こうしょう(する)	交渉(する)	渉	560
こう-じる	講じる	講	573
こうすいマップ	降水マップ		p.171
こう-ずる	講ずる	講	573
こうせい	攻勢	攻	494
こうせいする	更生する		p.181
こうせき	功績	功	645
こうそ(する)	控訴(する)	控	665
こうそう	高層	層	493
こうそう(する)	抗争(する)	抗	613
こうそく(する)	拘束(する)	拘	564
こうそくりょく	拘束力	拘	564

こうたいし	皇太子	皇	692
こうたく	光沢	沢	444
こうちく(する)	構築(する)	築	450
こうちしょ	拘置所	拘	564
こうちょうかい	公聴会	聴	666
こうてい	校庭	庭	416
こうどう	行動		p.55
こうにゅう(する)	購入(する)	購	452
こうにん(する)	公認(する)	認	571
こうばい(する)	購買(する)	購	452
ごうはん	合板	板	436
こうひょう(な)	好評(な)	評	673
こうふく(な)	幸福(な)	幸	411
ごうべん	合弁	弁	663
こうほしゃ	候補者		p.189
こうりぎょう	小売業		p.163
こうりょ(する)	考慮(する)	慮	676
こうれいしゃむけ	高齢者向け		p.73
こうわん	港湾	湾	467
こえ	声		p.119
ごえん	ご縁	縁	472
こ-がす	焦がす	焦	393
こくう	虚空	虚	612
こくさい	国債	債	586
こくさいきょうちょう	国際協調		p.119
こくさいつうか	国際通貨		p.119
こくじする	告示する		p.83
こくぜいきょく	国税局		p.197
こくそ(する)	告訴(する)	訴	484
こくはつ	告発		p.197
ごくひ	極秘	秘	617
こくほう	国宝	宝	410
こ-げ-つ-く	焦げ付く	焦	393
こ-げる	焦げる	焦	393
こし	腰	腰	427
こしつ(する)	固執(する)	執	383
こしゅう(する)	固執(する)	執	383
ごしゅうぎ	ご祝儀	祝	372
こじん	個人		p.181
こたい	固体	固	449
こっし	骨子	骨	618
こっせつ(する)	骨折(する)	折	619
こてい(する)	固定(する)	固	449
ごてん	御殿	殿	408
ことぶき	寿	寿	590

こどものころ	子供の頃	頃	462
こな	粉	粉	518
このごろ	この頃	頃	462
こ-む	混む	混	425
こむぎこ	小麦粉	粉	518
こようけいたい	雇用形態		p.127
ごりん	五輪	輪	495
〈こどもの〉ころ	〈子供の〉頃	頃	462
〈この〉ごろ	〈この〉頃	頃	462
〈6じ〉ごろ	〈6時〉頃	頃	462
ころ-す	殺す	殺	671
ころもが-え	衣替え	衣	647
こわ-い	怖い	怖	464
こんげん	根源	根	392
こんご	今後		p.73
こんざつ(する)	混雑(する)	混	425
こんちゅう	昆虫	虫	601
こんてい	根底	根	392
こんぽんてき(な)	根本的(な)	根	392
こんらん(する)	混乱(する)	乱	491

さ

〈にじゅうご〉さい	〈25〉才	才	366
さいがい	災害	災	431
さいきん	細菌	菌	602
さいけん	債権	債	586
さいけん	債券	債	586
ざいこ	在庫	庫	625
ざいさんじょうの	財産上の		p.181
さいしゅする	採取する		p.171
ざいせいなん	財政難		p.73
さいぜん	最善	善	568
さいせんたん	最先端	端	632
ざいたく	在宅		p.181
さいたくする	採択する		p.109
さいのう	才能	才	366
さいばんいん	裁判員		p.189
さいばんかん	裁判官		p.189
さいふ	財布	布	643
さいへん(する)	再編(する)	編	361
さいむ	債務	債	586
さいようする	採用する		p.189
さいわ-い	幸い	幸	411
さか-える	栄える	栄	358
さがし-だ-す	探し出す	探	522

さが-す	探す	探	522
さが-す	捜す	捜	658
さかずき	杯	杯	374
さくいん	索引	索	615
さくじょ(する)	削除(する)	除	414
さぐ-る	探る	探	522
さ-ける	避ける	避	437
さそ-い	誘い	誘	546
さそ-う	誘う	誘	546
さち	幸	幸	411
〈1〉さつ	〈1〉冊	冊	389
さつ	札	札	398
さつえい(する)	撮影(する)	撮	631
さつがい(する)	殺害(する)	殺	671
さっし	冊子	冊	389
ざっし	雑誌	誌	388
さっしょう(する)	殺傷(する)	殺	671
さつじん	殺人	殺	671
ざっそう	雑草	草	445
さとう	砂糖	糖	517
さよう	作用		p.153
さわ	沢	沢	444
さわ-ぎ	騒ぎ	騒	463
さわ-ぐ	騒ぐ	騒	463
さわ-る	触る	触	681
さんこう	参考		p.65
さんこうにする	参考にする		p.153
さんしょう(する)	参照(する)	照	577
さんせい	賛成		p.109
さんどう	参道		p.39
ざんねん(な)	残念(な)	念	451
さんぱい(する)	参拝(する)	拝	407
さんぴりょうろん	賛否両論		p.119

し

しあわ-せ(な)	幸せ(な)	幸	411
しいん	死因		p.197
しお	塩	塩	595
しか-ける	仕掛ける	掛	585
しきち	敷地	敷	447
しきてん	式典	典	422
しきゅう	至急	至	558
し-く	敷く	敷	447
しけい	死刑	刑	654
しげき(する)	刺激(する)	激	483

じこ	自己	己	415
しこう(する)	施行(する)	施	490
しこう(する)	施工(する)	施	490
じこりゅう	自己流	己	415
しさく	施策	施	490
じさつ(する)	自殺(する)	殺	671
ししゃごにゅう	四捨五入	捨	386
じじょう	事情		p.127
しじょうはつ	史上初		p.91
ししん	指針	針	542
じしん	地震	震	432
しず-む	沈む	沈	605
しず-める	沈める	沈	605
しせい	姿勢	姿	376
しせつ	施設	施	490
しぜんに	自然に		p.39
じたいする	辞退する		p.189
したう-け	下請け	請	470
したうけ	下請	請	470
したじ-き	下敷き	敷	447
した-しみやすい	親しみやすい		p.47
しちょうりつ	視聴率	聴	666
しつぎょうりつ	失業率		p.119
じっけい	実刑	刑	654
しっこう(する)	執行(する)	執	383
しっこうぶ	執行部	執	383
しっこうゆうよ	執行猶予	猶	668
じっし(する)	実施(する)	施	490
じっせき	実績	績	357
しつない	室内		p.65
しっぴつ(する)	執筆(する)	筆	384
じつようかする	実用化する		p.163
していする	指定する		p.39
してき(する)	指摘(する)	摘	526
してん	視点		p.29
じてん	事典	典	422
じてん	時点		p.135
しと	使途	途	680
じどう	児童	童	502
じどうてきに	自動的に		p.163
じばんちんか	地盤沈下	沈	605
しほん	資本		p.135
し-まる	締まる	締	515
じみんとう	自民党	党	479
し-め-き-り	締め切り	締	515
しめ-す	示す		p.109
し-める	締める	締	515
しめん	誌面	誌	388
しもん	指紋	紋	694
しゃくほう(する)	釈放(する)	釈	684
しゃくめい(する)	釈明(する)	釈	684
しゃこい-れ	車庫入れ	庫	625
しゃざい(する)	謝罪(する)	罪	655
しゃりん	車輪	輪	495
じゅう	銃	銃	513
しゅういんせん	衆院選		p.83
しゅうかんし	週刊誌	刊	390
しゅうぎ	祝儀	祝	372
じゅうき	銃器	銃	513
じゅうきょ	住居	居	403
しゅうきょう	宗教	宗	406
しゅうこう(する)	就航(する)	航	638
しゅうじつ	終日		p.73
じゅうじつ(する)	充実(する)	充	677
しゅうしゅう(する)	収拾(する)	拾	385
じゅうたい(する)	渋滞(する)	滞	553
じゅうだいな	重大な		p.189
じゅうたくがい	住宅街	街	485
しゅうだん	集団	団	359
しゅうち	羞恥	恥	370
しゅうちゃく(する)	執着(する)	執	383
じゅうでん(する)	充電(する)	充	677
じゅうどう	柔道	柔	500
じゅうなん(な)	柔軟(な)	軟	570
〈150〉しゅうねん	〈150〉周年		p.29
しゅうは	宗派	宗	406
じゆうみんしゅとう	自由民主党	党	479
しゅうようする	収容する		p.181
しゅうりょう(する)	終了(する)	了	664
しゅうわい	収賄	賄	690
しゅくじつ	祝日	祝	372
しゅくしょう(する)	縮小(する)	縮	535
しゅこう	趣向	趣	424
しゅし	趣旨	旨	466
しゅしゃせんたく(する)	取捨選択(する)	捨	386
じゅしょう(する)	受賞(する)	賞	354
じゅしょうしき	授賞式	賞	354
じゅしょうしゃ	受賞者	賞	354
しゅじんこう	主人公		p.29
しゅっしんち	出身地		p.21

しゅっちょうのおり	出張の折	折	619
しゅつば(する)	出馬(する)	馬	480
しゅっぱん(する)	出版(する)	版	397
しゅみ	趣味	趣	424
じゅみょう	寿命	寿	590
しゅんき	春季		p.127
じゅんしさん	純資産	純	587
じゅんじょ	順序	序	404
じゅんりえき	純利益	純	587
しょう	賞	賞	354
しょうがい	傷害		p.181
しょうきん	賞金	賞	354
じょうくう	上空		p.171
しょうげき	衝撃	撃	460
しょうけん	証券	券	584
じょうけん	条件		p.181
じょうげん	上限		p.127
しょうげん(する)	証言(する)	証	583
しょうけんがいしゃ	証券会社	券	584
しょうこ	証拠	証	583
しょうさい(な)	詳細(な)	詳	675
しょうじょ	少女		p.197
しょうじょう	症状	症	594
しょうしんする	昇進する		p.21
しょうじん(する)	精進(する)	精	371
しょうじんりょうり	精進料理	精	371
しょうする	称する	称	551
しょうせつ	小説		p.29
しょうだく(する)	承諾(する)	承	543
しょうち(する)	招致(する)	致	369
しょうち(する)	承知(する)	承	543
じょうちょ	情緒	緒	506
しょうちょう(する)	象徴(する)	象	670
しょうてん	焦点	焦	393
じょうと(する)	譲渡(する)	譲	697
しょうにか	小児科	児	501
しょうにん	証人	証	583
しょうにん(する)	承認(する)	認	571
しょうねん	少年		p.47
しょうへき	障壁	壁	455
じょうほ(する)	譲歩(する)	譲	697
しょうぼうしょ	消防署	署	441
しょうめい	照明	照	577
しょうめい(する)	証明(する)	証	583
しょうめつ(する)	消滅(する)	滅	698
しょうよ	賞与	賞	354
しょうわくせい	小惑星	星	367
			p.171
じょがい(する)	除外(する)	除	414
しょぐう(する)	処遇(する)	遇	567
しょくちゅうどく	食中毒	毒	446
じょしょう	序章	序	404
しょにつく	緒に就く	緒	506
しょばつ(する)	処罰(する)	罰	565
しょめい(する)	署名(する)	署	441
しょりする	処理する		p.189
しれい(する)	指令(する)	令	685
しろ	城	城	364
しろぼし	白星	星	367
しんか	進化		p.171
しんかんせん	新幹線	幹	482
しんきしゅ	新機種		p.163
しんけん(な)	真剣(な)	剣	380
じんこう	人工		p.163
しんこう(する)	侵攻(する)	攻	494
じんこうえいせい	人工衛星		p.171
しんさい	震災	震	432
しんさつ(する)	診察(する)	診	592
しんせい(する)	申請(する)	請	470
しんせい(な)	神聖(な)	聖	402
しんぜん	親善	善	568
しんぞう	心臓	臓	606
しんたく	信託	託	465
しんだん(する)	診断(する)	診	592
しんと	信徒	徒	413
しんど	震度	震	432
しんとう	神道		p.39
しんぼう(する)	辛抱(する)	辛	378
しんぼうづよーい	辛抱強い	辛	378
じんみゃく	人脈	脈	574
じんもん(する)	尋問(する)	尋	672
しんらいかんけい	信頼関係		p.101
しんらいせい	信頼性		p.153
しんりがく	心理学		p.163
しんりょう(する)	診療(する)	診	592

す

すいしんは	推進派		p.109
すいそく(する)	推測(する)	測	641
すいぞくかん	水族館		p.145

すいてい	推定		p.189
すいりょう	水量		p.55
すえながく	末永く	永	547
すがた	姿	姿	376
ずかん	図鑑	鑑	428
すく-う	救う	救	442
すじ	筋	筋	534
すず-しい	涼しい	涼	423
すず-む	涼む	涼	423
すすめる	勧める	勧	458
すた-る	廃る	廃	532
すた-れる	廃れる	廃	532
すでに	既に	既	626
す-て-ねこ	捨て猫	捨	386
す-てる	捨てる	捨	386
すなはま	砂浜	浜	477

せ

せいいき	聖域	聖	402
ぜいかん	税関		p.101
せいがん(する)	請願(する)	請	470
せいきゅう(する)	請求(する)	請	470
せいけつ(な)	清潔(な)	清	409
せいこう(する)	成功(する)	功	645
せいさくしょ	製作所		p.73
せいさくのはしら	政策の柱	柱	456
せいさん(する)	清算(する)	清	409
せいしゃいん	正社員		p.127
せいしょ	聖書	聖	402
せいしんてき(な)	精神的(な)	精	371
せいせき	成績	績	357
せいそく	生息		p.145
せいちょうせんりゃく	成長戦略		p.119
せいと	生徒	徒	413
せいとう	政党	党	479
せいなる	聖なる	聖	402
ぜいむしょ	税務署	署	441
せいれい	政令	令	685
せかいじゅう	世界中		p.47
せかいてきに	世界的に		p.13
せこう(する)	施行(する)	施	490
せこう(する)	施工(する)	施	490
ぜせい(する)	是正(する)	是	486
せっしょう(する)	折衝(する)	折	619
せっしょう(する)	殺生(する)	殺	671

せっしょう(な)	殺生(な)	殺	671
せっしょく(する)	接触(する)	触	681
ぜったい	絶対	絶	533
ぜつめつ(する)	絶滅(する)	滅	698
ぜひ	是非	是	486
せま-る	迫る	迫	496
せ-める	攻める	攻	494
〈3〉せん	〈3〉選		p.83
せんえんさつ	千円札	札	398
ぜんかいいっち	全会一致	致	369
せんげん(する)	宣言(する)	宣	540
せんこう(する)	専攻(する)	攻	494
せんこく(する)	宣告(する)	宣	540
せんざい(する)	潜在(する)	潜	478
せんざいてき(な)	潜在的(な)	潜	478
せんじつ	先日		p.163
せんすいかん	潜水艦	潜	478
せんぞ	先祖	祖	499
せんそうじ	浅草寺	浅	597
せんたん	先端	端	632
せんでん(する)	宣伝(する)	宣	540
ぜんと	前途	途	680
せんにんする	選任する		p.189
ぜんぱい(する)	全廃(する)	廃	532
せんばつ(する)	選抜(する)	抜	457
ぜんほうこう	全方向		p.163

そ

そ-う	沿う	沿	476
そう	層	層	493
ぞう	象	象	670
そうあん	草案	草	445
そうおん	騒音	騒	463
そうかつ(する)	総括(する)	括	530
ぞうき	臓器	臓	606
ぞうきいしょく	臓器移植	臓	606
そうぎょう(する)	操業(する)	操	611
そうぐう(する)	遭遇(する)	遇	567
そうけん	双肩	肩	608
そうこ	倉庫	庫	625
そうご(に)	相互(に)	互	674
そうごん-な	荘厳な	厳	379
そうさ(する)	操作(する)	操	611
そうさ(する)	捜査(する)	捜	658
そうさい	総裁		p.119

そうさい(する)	相殺(する)	殺	671
そうさく(する)	捜索(する)	捜	658
そうじ(する)	掃除(する)	除	414
そうしゅこく	宗主国	宗	406
そうしゅつ(する)	創出(する)	創	554
ぞうしょう	蔵相		p.119
そうせつ(する)	創設(する)	創	554
そうぜん	騒然	騒	463
ぞうせん	造船	船	646
そうぞう(する)	創造(する)	創	554
ぞうだいする	増大する		p.101
そうち	装置	装	648
そうどう	騒動	騒	463
そうび(する)	装備(する)	装	648
そうひょう	総評	評	673
ぞうふく(する)	増幅(する)	幅	492
そうほう	双方	双	541
ぞうよ(する)	贈与(する)	贈	355
そうりつ(する)	創立(する)	創	554
ぞうわい	贈賄	賄	690
そくい(する)	即位(する)	即	633
			p.197
そくざに	即座に	即	633
そくじ	即時	即	633
そくし(する)	即死(する)	即	633
そくしん(する)	促進(する)	促	678
そくせき	足跡	跡	630
そくてい(する)	測定(する)	測	641
そげき(する)	狙撃(する)	狙	544
そこ	底	底	520
そこく	祖国	祖	499
そこ-なう	損なう	損	578
そこ-ねる	損ねる	損	578
そしょう	訴訟	訟	657
そち(する)	措置(する)	措	471
そのいっぽう	その一方		p.119
そふ	祖父	祖	499
そぼ	祖母	祖	499
そん	損	損	578
そんえきけいさんしょ	損益計算書	損	578
そんがい	損害	損	578
そんけい(する)	尊敬(する)	尊	572
そんしつ	損失	損	578
そんちょう(する)	尊重(する)	尊	572
ぞんぶんに	存分に		p.47

た

だいいちだん	第一弾	弾	539
だいきぎょう	大企業		p.119
たいぐう(する)	待遇(する)	遇	567
たいけい	体系	系	649
たいこ	太古		p.39
たいこう(する)	対抗(する)	抗	613
たいざい(する)	滞在(する)	滞	553
だい〈3〉しょう	第〈3〉章	章	419
たいしつ	体質		p.153
たいしゃ	代謝	謝	508
たいしゃく	貸借		p.135
たいしゃくたいしょうひょう	貸借対照表	照	577
たいしょう	対象	象	670
たいしょうてき(な)	対照的(な)	照	577
たいしんこうぞう	耐震構造	耐	453
たいしんせい	耐震性	耐	453
たいそう	体操	操	611
だいにじ	第二次		p.119
だい〈2〉はん	第〈2〉版	版	397
だいひょうさく	代表作		p.29
たいほ(する)	逮捕(する)	逮	661
たいようけい	太陽系	系	649
た-える	耐える	耐	453
た-える	絶える	絶	533
たお-す	倒す	倒	433
たお-れる	倒れる	倒	433
たが-い(に)	互い(に)	互	674
たから	宝	宝	410
たから-くじ	宝くじ	宝	410
だきょう(する)	妥協(する)	妥	559
たく-す	託す	託	465
たくわ-える	蓄える	蓄	623
だげき	打撃	撃	460
だけつ(する)	妥結(する)	妥	559
だしん(する)	打診(する)	診	592
たず-ねる	尋ねる	尋	672
た-ち-あ-う	立ち会う		p.189
た-つ	絶つ	絶	533
だっかん(する)	奪還(する)	奪	635
だっしゅつ(する)	脱出(する)	脱	687
だつぜい(する)	脱税(する)	脱	687
たっと-ぶ	尊ぶ	尊	572
たてもの	建物		p.65
だとう(な)	妥当(な)	妥	559

たば	束	束	563
たばこ	煙草	草	445
たま	弾	弾	539
だま-る	黙る	黙	691
た-やす	絶やす	絶	533
たようせい	多様性		p.127
だんあつ(する)	弾圧(する)	弾	539
だんかいてきに	段階的に		p.109
だんがん	弾丸	弾	539
			p.171
たんさ(する)	探査(する)	探	522
たんさき	探査機		p.171
たんさく(する)	探索(する)	索	615
たんしゅく(する)	短縮(する)	縮	535
たんじゅん(な)	単純(な)	純	587
たんじょう(する)	誕生(する)	誕	550
たんじょうび	誕生日	誕	550
だんたい	団体	団	359
たんち(する)	探知(する)	探	522
たんちけん	探知犬	探	522
たんとうしゃ	担当者		p.101
たんなる	単なる		p.153
だんねん(する)	断念(する)	念	451
たんぺん	短編	編	361
たんまつ	端末	端	632

ち

ちいき	地域		p.109
ちいきしゃかい	地域社会		p.39
ちからづよ-く	力強く		p.47
ちき	知己	己	415
ちきゅうおんだんか	地球温暖化		p.145
ちくせき(する)	蓄積(する)	蓄	623
ちしきじん	知識人		p.29
ちぢ-まる	縮まる	縮	535
ちぢ-む	縮む	縮	535
ちぢ-める	縮める	縮	535
ちつじょ	秩序	秩	405
ちっそく(する)	窒息(する)	窒	700
ちのう	知能		p.163
ちひょう	地表		p.171
ちゃくしゅする	着手する		p.73
ちゃくよう	着用		p.197
ちゅうかい(する)	仲介(する)	仲	688
ちゅうかんほうこく	中間報告		p.73

ちゅうこく(する)	忠告(する)	忠	669
ちゅうざい(する)	駐在(する)	駐	624
ちゅうじつ(な)	忠実(な)	忠	669
ちゅうしゃ(する)	駐車(する)	駐	624
ちゅうしゃ(する)	注射(する)	射	651
ちゅうしゃじょう	駐車場	駐	624
ちゅうしゅつ(する)	抽出(する)	抽	636
ちゅうしょうてき(な)	抽象的(な)	抽	636
ちゅうせん(する)	抽選(する)	抽	636
ちゅうどく	中毒	毒	446
ちゅうとはんぱ(な)	中途半端(な)	端	632
ちゅうにち-ベトナム-たいし	駐日ベトナム大使	駐	624
ちゅうもくをあつめる	注目を集める		p.29
ちゅうりゅう(する)	駐留(する)	駐	624
ちょうかん	朝刊	刊	390
ちょうきてきな	長期的な		p.119
ちょうさだん	調査団	団	359
ちょうじかん	長時間		p.127
ちょうじゅ	長寿	寿	590
ちょうしゅ(する)	聴取(する)	聴	666
ちょうしゅう	聴衆	聴	666
ちょうへん	長編	編	361
ちょうほう(する)	重宝(する)	宝	410
ちょうほう(な)	重宝(な)	宝	410
ちょうわ	調和		p.73
ちょきん(する)	貯金(する)	貯	689
ちょくげき(する)	直撃(する)	撃	460
ちょぞう(する)	貯蔵(する)	貯	689
ちょちく(する)	貯蓄(する)	貯	689
ちょにつく	緒に就く	緒	506
ちんあ-げ	賃上げ	賃	561
ちんぎん	賃金	賃	561
ちんしゃ(する)	陳謝(する)	陳	686
ちんじゅつ(する)	陳述(する)	陳	686
ちんせい(する)	沈静(する)	沈	605
ちんたい(する)	賃貸(する)	賃	561
ちんもく(する)	沈黙(する)	黙	691

つ

ついきゅう(する)	追及(する)	及	581
ついせき(する)	追跡(する)	跡	630
つうしょう	通称	称	551
つう-じて	通じて		p.39
つか-い-す-て	使い捨て	捨	386
つか-まえる	捕まえる	捕	660

つか-まる	捕まる	捕	660
つき-はな-す	突き放す	放	642
つぐな-う	償う	償	588
つく-る	創る	創	554
つた-わる	伝わる		p.47
つつ-む	包む	包	529
つなみ	津波	津	475
つ-まる	詰まる	詰	382
つみ	罪	罪	655
つ-む	摘む	摘	526
つ-める	詰める	詰	382
つゆ	露	露	429
つるぎ	剣	剣	380

て

であ-う	出会う		p.91
てあつ-い	手厚い		p.119
ていきんり	低金利		p.119
ていけつ(する)	締結(する)	締	515
ていこう(する)	抵抗(する)	抵	614
ていこうりょく	抵抗力	抵	614
ていさつ(する)	偵察(する)	偵	696
ていさつき	偵察機	偵	696
ていそ(する)	提訴(する)	訴	484
ていたい(する)	停滞(する)	滞	553
てきはつ(する)	摘発(する)	摘	526
てぐち	手口		p.101
で-ず	出ず		p.197
てっかい(する)	撤回(する)	撤	469
てっきょ(する)	撤去(する)	撤	469
てったい(する)	撤退(する)	撤	469
てってい(する)	徹底(する)	底	520
てっぱい(する)	撤廃(する)	廃	532
てぶくろ	手袋		p.197
でむか-える	出迎える	迎	512
て-らす	照らす	照	577
て-る	照る	照	577
て-れる	照れる	照	577
～でんか	～殿下	殿	408
でんかせいひん	電化製品		p.65
でんき	電機		p.127
てんけいてき(な)	典型的(な)	典	422
てんけん(する)	点検(する)	検	659
てんさい	天才	才	366
てんだいしゅう	天台宗	宗	406
でんちゅう	電柱	柱	456
でんとう	伝統		p.145
てんとう(する)	転倒(する)	倒	433
てんのう	天皇	皇	692
でんらいする	伝来する		p.39

と

～というてん	～という点		p.153
⟨130⟩とう	⟨130⟩頭		p.101
とう	党	党	479
どういつ	同一		p.127
とういん	党員	党	479
とうかいひょう	投開票		p.83
とうかする	投下する		p.109
とうき	当期		p.135
とうぎ(する)	討議(する)	討	481
どうきょ(する)	同居(する)	居	403
とうさい(する)	搭載(する)	載	629
とうさん(する)	倒産(する)	倒	433
とうじつ	当日		p.47
とうしゅ	党首	党	479
とうしゅう(する)	踏襲(する)	踏	487
とうそう(する)	逃走(する)	逃	497
とうと-い	尊い	尊	572
とうと-い	貴い	貴	600
どうとくてき(な)	道徳的(な)	徳	387
とうと-ぶ	尊ぶ	尊	572
とうと-ぶ	貴ぶ	貴	600
どうにゅうする	導入する		p.189
とうぶん	糖分	糖	517
とうべん(する)	答弁(する)	弁	663
とうぼう(する)	逃亡(する)	逃	497
どうみゃく	動脈	脈	574
どうめいこく	同盟国		p.109
どうよう(する)	動揺(する)	揺	434
とうらいする	到来する		p.163
とうろく(する)	登録(する)	録	576
とうろん(する)	討論(する)	討	481
とうろんかい	討論会	討	481
どうわ	童話	童	502
とく	徳	徳	387
どく	毒	毒	446
どくガス	毒ガス	毒	446
どくしゃ	読者		p.153
とくせい	特性		p.101

とくべつりえき	特別利益		p.135
とくめい	匿名	匿	474
とこや	床屋	床	454
としぶ	都市部		p.83
どしゃくずーれ	土砂崩れ	崩	438
とじょう	途上	途	680
としょーり	年寄り	寄	440
とちゅう	途中	途	680
とどこおーる	滞る	滞	553
～どの	～殿	殿	408
とのさま	殿様	殿	408
とほ	徒歩	徒	413
ともない	伴い	伴	627
ともなーう	伴う	伴	627
とーらわれる	捕らわれる	捕	660
とーりーあつかーい	取り扱い	扱	396
とりい	鳥居	居	403
とーりーおこなーう	執り行う	執	383
とーりーしーまる	取り締まる	締	515
とーりーのぞーく	取り除く	除	414
とーる	執る	執	383
とーる	撮る	撮	631
とーる	捕る	捕	660
ドルやす	ドル安		p.119

な

ないぞう	内臓	臓	606
なか	仲	仲	688
ながたちょう	永田町	永	547
なかま	仲間	仲	688
なーく	泣く	泣	375
なふだ	名札	札	398
なみ	並	並	391
なみだ	涙	涙	377
なみだーぐむ	涙ぐむ	涙	377
なやーます	悩ます	悩	417
なやーみ	悩み	悩	417
なやーむ	悩む	悩	417
ならーびに	並びに	並	391
ならーぶ	並ぶ	並	391
ならーべる	並べる	並	391
[～と]ならーんで	[～と]並んで	並	391
なんこう(する)	難航(する)	航	638

に

にあーう	似合う	似	682
にーがす	逃がす	逃	497
にーげる	逃げる	逃	497
にじゅうにする	二重にする		p.101
にせもの	偽物	偽	514
にちぎん	日銀		p.119
にっけい	日系	系	649
にっし	日誌	誌	388
にほんぎんこう	日本銀行		p.119
にほんじかん	日本時間		p.13
にゅうきょ(する)	入居(する)	居	403
にゅうさつ(する)	入札(する)	札	398
にゅうしょう(する)	入賞(する)	賞	354
にゅうわ(な)	柔和(な)	柔	500
にーる	似る	似	682
にわ	庭	庭	416
にんげんもよう	人間模様		p.29
にんしき(する)	認識(する)	認	571
にんちしょう	認知症	症	594
にんてい(する)	認定(する)	認	571

ぬ

ぬーく	抜く	抜	457
ぬーぐ	脱ぐ	脱	687
ぬーける	抜ける	抜	457
ぬーげる	脱げる	脱	687
ぬの	布	布	643

ね

ね	根	根	392
ねあーがり	値上がり		p.119
ねづよーい	根強い	根	392
ねふだ	値札	札	398
ねまわーし	根回し	根	392
ねらーい	狙い	狙	544
ねらーう	狙う	狙	544
ねんがん	念願	念	451
ねんとう	念頭	念	451

の

のうしゅく(する)	濃縮(する)	濃	596
のうど	濃度	濃	596
のうりょう	納涼	涼	423
のがす	逃す	逃	497

読み	語	漢字	ページ
のが-れる	逃れる	逃	497
の-せる	載せる	載	629
のぞ-く	除く	除	414
のぞ-む	臨む	臨	368
の-ばす	延ばす	延	566
の-びる	延びる	延	566
の-べ	延べ	延	566
のぼ-り-つ-める	上り詰める	詰	382
の-み-こ-む	飲み込む		p.101
の-る	載る	載	629

は

読み	語	漢字	ページ
〈2〉はい	〈2〉杯	杯	374
はい	肺	肺	609
はいあん	廃案	廃	532
はいえん	肺炎	炎	610
はいき(する)	廃棄(する)	棄	537
ばいきゃく(する)	売却(する)	却	589
はいけっかく	肺結核	肺	609
はいけん(する)	拝見(する)	拝	407
はいし(する)	廃止(する)	廃	532
はいじょ(する)	排除(する)	除	414
ばいしんいん	陪審員	陪	683
ばいしんせい	陪審制	陪	683
はいぜつ(する)	廃絶(する)	絶	533
はいでん	拝殿	殿	408
はいふ(する)	配布(する)	布	643
はいりょ(する)	配慮(する)	慮	676
はいれい(する)	拝礼(する)	拝	407
は-えある	栄えある	栄	358
は-える	栄える	栄	358
は-える	生える		p.145
はか-る	測る	測	641
はか-る	謀る	謀	699
はき(する)	破棄(する)	棄	537
はくがい(する)	迫害(する)	迫	496
はくじょう(な)	薄情(な)	薄	628
ばくだん	爆弾	弾	539
ばくはつ(する)	爆発(する)	爆	538
はくりょく	迫力	迫	496
ばくろ(する)	暴露(する)	暴	525
はげ-しい	激しい	激	483
はげ-ます	励ます	励	504
はげ-む	励む	励	504
はし	端	端	632
はじ	恥	恥	370
はしら	柱	柱	456
〈せいさくの〉はしら	〈政策の〉柱	柱	456
は-じる	恥じる	恥	370
はすう	端数	端	632
は-ずかしい	恥ずかしい	恥	370
はず-む	弾む	弾	539
はだ	肌	肌	620
はたけ	畑	畑	599
はたさく	畑作	畑	599
ばちあたり	罰当たり	罰	565
〈はっせん〉ぱつ	〈8千〉発		p.47
ばっきん	罰金	罰	565
はっこう	発効		p.109
はっしゃ(する)	発射(する)	射	651
はっせいする	発生する		p.73
ばっそく	罰則	罰	565
はってんする	発展する		p.29
はっぴょうする	発表する		p.29
ばっぽん	抜本	抜	457
ばっぽんてき(な)	抜本的(な)	抜	457
はなたば	花束	束	563
はな-つ	放つ	放	642
はなればなれになる	離ればなれになる		p.91
はな-れる	放れる	放	642
はば	幅	幅	492
はばひろ-い	幅広い	幅	492
はへん	破片	片	652
はま	浜	浜	477
はもん	波紋	紋	694
はり	針	針	542
はんい	範囲	範	362
はんが	版画	版	397
はんけつ	判決		p.181
はんこう	犯行	犯	656
はんざい	犯罪	犯	656
ばんそう(する)	伴走(する)	伴	627
はんにん	犯人	犯	656
はんばいひ	販売費		p.135
はんらん(する)	反乱(する)	乱	491
はんりょ	伴侶	伴	627

ひ

読み	語	漢字	ページ
ひか-える	控える	控	665
ひがん	彼岸	彼	503

ひ-き-がね	引き金		p.119
ひ-き-ぬ-く	引き抜く	抜	457
ひ-き-わた-す	引き渡す		p.181
ひ-く	弾く	弾	539
ひげき	悲劇	劇	395
ひこくにん	被告人		p.181
ひごろ	日頃	頃	462
ひさい(する)	被災(する)	災	431
ひさ-しい	久しい	久	548
ひさ-しぶり	久しぶり	久	548
ひしょ	秘書	秘	617
ひせいきしゃいん	非正規社員		p.127
ひそ-む	潜む	潜	478
びちく(する)	備蓄(する)	蓄	623
ひっし	必至	至	558
ひっしゃ	筆者	筆	384
ひつじゅん	筆順	筆	384
ひっす	必須	須	575
ひっとう	筆頭	筆	384
ひていてきな	否定的な		p.119
びとく	美徳	徳	387
(〜の)ひとつ	(〜の)一つ		p.153
ひとのわ	人の輪	輪	495
ひとびと	人々		p.119
ひなん(する)	避難(する)	避	437
ひにく	皮肉	皮	621
ひにん(する)	否認(する)	認	571
ひのもと	火の元		p.55
ひばく(する)	被爆(する)	爆	538
ひふ	皮膚	皮	621
ひふか	皮膚科	皮	621
ひほゆうこく	非保有国		p.109
ひま(な)	暇(な)	暇	569
ひみつ	秘密	秘	617
ひ-める	秘める	秘	617
〈27〉びょう	〈27〉秒	秒	644
ひょうか(する)	評価(する)	評	673
ひょうぎ(する)	評議(する)	評	673
ひょうごけん	兵庫県	兵	527
びょうしゃ(する)	描写(する)	描	418
ひょうばん	評判	評	673
ひょうめいする	表明する		p.13
ひょうりいったい	表裏一体	裏	394
ひら-く	[〜を]開く		p.21
ひろ-う	拾う	拾	385
ひろう(する)	披露(する)	露	429
ひろ-げる	広げる		p.127

ふ

ふうう	風雨		p.55
ふ-え-つづ-ける	増え続ける		p.91
ふかくさん	不拡散		p.109
ふきゅう(する)	普及(する)	及	581
ふくぎょう	副業		p.127
ふくざつな	複雑な		p.29
ふくそう	服装	装	648
ふこう(な)	不幸(な)	幸	411
ふさい	負債	債	586
ふじょう(する)	浮上(する)	浮	650
ふしん	普請	請	470
ふせつ(する)	敷設(する)	敷	447
ぶそう(する)	武装(する)	装	648
ふだ	札	札	398
ぶたい	舞台	舞	507
ふたご	双子	双	541
ふち	縁	縁	472
ぶっし	物資		p.171
ふで	筆	筆	384
ふどうさんかかく	不動産価格		p.119
ふとん	布団	団	359
ふなたび	船旅	船	646
ふね	船	船	646
ふふく	不服		p.181
ふ-まえる	踏まえる	踏	487
ふ-み-き-る	踏み切る	踏	487
ふ-み-こ-む	踏み込む	踏	487
ふ-む	踏む	踏	487
ふもう(な)	不毛(な)	毛	604
ふゆうそう	富裕層	裕	557
ふような	不要な		p.163
ふる-える	震える	震	432
ふるくから	古くから		p.47
ふ-れる	触れる	触	681
ぶんげい	文芸	芸	360
ぶんしょう	文章	章	419
ぶんせき(する)	分析(する)	析	579
ぶんぷ(する)	分布(する)	布	643

へ

へい	兵	兵	527

へいき	兵器	兵	527
へいきん	平均		p.145
へいこう(する)	並行(する)	並	391
へいごう(する)	併合(する)	併	593
へいし	兵士	兵	527
へいよう(する)	併用(する)	併	593
へいりょく	兵力	兵	527
へや	部屋		p.65
へ-る	経る		p.29
べんご(する)	弁護(する)	弁	663
べんごし	弁護士	弁	663
へんしゅう(する)	編集(する)	編	361
へんせい(する)	編成(する)	編	361
べんとう	弁当	弁	663
べんぴ	便秘	秘	617
へんれい	返戻	戻	653

ほ

ほうい(する)	包囲(する)	包	529
ぼうえきあかじ	貿易赤字		p.119
ほうおう	法皇	皇	692
ほうが	邦画	邦	365
ほうかい(する)	崩壊(する)	崩	438
ほうかつ(する)	包括(する)	括	530
ほうかつてき(な)	包括的(な)	括	530
ほうき(する)	放棄(する)	放	642
ぼうこう(する)	暴行(する)	暴	525
ぼうさい	防災	災	431
ほうしゃせん	放射線	射	651
ほうしゃのう	放射能	射	651
ほうしん	方針	針	542
ほうじん	邦人	邦	365
ほうじんぜい	法人税		p.135
ほうせき	宝石	宝	410
ほうそう(する)	放送(する)	放	642
ほうち(する)	放置(する)	放	642
ほうちょう	包丁	包	529
ぼうちょう(する)	傍聴(する)	傍	667
ほうてい	法廷	廷	662
ほうてきな	法的な		p.127
ほうどうする	報道する		p.21
ぼうらく(する)	暴落(する)	暴	525
ぼうりょく	暴力	暴	525
ぼうりょくだん	暴力団	暴	525
ほう-る	放る	放	642

ほうれい	法令	令	685
ほこう	歩行		p.73
ほし	星	星	367
ほしとりひょう	星取表	星	367
ほじゅう(する)	補充(する)	充	677
ほしょう(する)	保証(する)	証	583
ほしょう(する)	補償(する)	償	588
ほじょする	補助する		p.181
ほぜん	保全		p.73
ほどこ-す	施す	施	490
ほね	骨	骨	618
ほのお	炎	炎	610
ほまれ	誉	誉	353
ほりょ	捕虜	捕	660
ほろ-びる	滅びる	滅	698
ほろ-ぼす	滅ぼす	滅	698
ほんぎょう	本業		p.127
ほんじつ	本日		p.73

ま

まい	舞	舞	507
ま-い-あ-がる	舞い上がる	舞	507
			p.171
ま-う	舞う	舞	507
まえだお-し(する)	前倒し(する)	倒	433
まかな-う	賄う	賄	690
ま-き-かえ-し	巻き返し		p.83
ま-ざる	混ざる	混	425
ま-じる	混じる	混	425
ま-ぜる	混ぜる	混	425
まちがった	間違った		p.153
まちかど	街角	街	485
まぬか-れる	免れる	免	459
まぬが-れる	免れる	免	459
まやく	麻薬	麻	521
まんきつ(する)	満喫(する)	喫	430

み

み	身		p.55
みあ-わせる	見合わせる		p.73
みき	幹	幹	482
みさお	操	操	611
みだ-す	乱す	乱	491
みだ-れる	乱れる	乱	491
みちすじ	道筋	筋	534

みちばた	道端	端	632
み-つけ-だ-す	見つけ出す		p.163
みつゆ(する)	密輸(する)	密	511
みと-める	認める	認	571
みな-れた	見慣れた		p.65
みま-い	見舞い	舞	507
みま-う	見舞う	舞	507
みゃく	脈	脈	574
みょうじょう	明星	星	367
み-る	診る	診	592
みんかんきぎょう	民間企業		p.171
みんかんとうし	民間投資		p.119
みんじじけん	民事事件		p.181
みんじそしょう	民事訴訟	訟	657

む

むか-える	迎える	迎	512
むざい	無罪	罪	655
むさくい	無作為	為	556
むし	虫	虫	601
むじん	無人		p.171
むす-び-つ-ける	結び付ける		p.163
むとうはそう	無党派層	層	493
むなもと	胸元	胸	509
むね	旨	旨	466
むね	胸	胸	509
むほん	謀反	謀	699
むら-がる	群がる	群	598
む-れ	群れ	群	598
む-れる	群れる	群	598

め

めいさく	名作		p.29
めいしょう	名称	称	551
めいよ(な)	名誉(な)	誉	353
めいれい(する)	命令(する)	令	685
めど	目途	途	680
めんきょ	免許	免	459
めんじょ(する)	免除(する)	免	459
めんしんこうぞう	免震構造	免	459
めんぜい	免税	免	459
めんどう(な)	面倒(な)	倒	433

も

もくげき(する)	目撃(する)	撃	460
もくひ(する)	黙秘(する)	黙	691
もぐ-る	潜る	潜	478
もさく(する)	模索(する)	索	615
もど-す	戻す	戻	653
もと-める	求める		p.109
もど-る	戻る	戻	653
ものがたり	物語		p.47

や

やくそく(する)	約束(する)	束	563
やくだ-てる	役立てる		p.153
やくば	役場		p.55
やくぶつ	薬物		p.101
やしな-う	養う	養	421
やちん	家賃	賃	561
やとう	野党	党	479
やど-る	宿る		p.39
やね	屋根	根	392
やわ-らか(な)	柔らか(な)	柔	500
やわ-らか(な)	軟らか(な)	軟	570
やわ-らかい	柔らかい	柔	500
やわ-らかい	軟らかい	軟	570

ゆ

ゆいごん	遺言	遺	591
ゆうえきな	有益な		p.163
ゆうかい(する)	誘拐(する)	拐	695
ゆうかしょうけん	有価証券	券	584
ゆうかん	夕刊	刊	390
ゆうき	勇気	勇	510
ゆうぐう(する)	優遇(する)	遇	567
ゆうざい	有罪	罪	655
ゆうしきしゃ	有識者		p.73
ゆうしょうはい	優勝杯	杯	374
ゆうち(する)	誘致(する)	誘	546
ゆうどう(する)	誘導(する)	誘	546
ゆうどく(な)	有毒(な)	毒	446
ゆうふく(な)	裕福(な)	裕	557
ゆうよ(する)	猶予(する)	猶	668
ゆうれつ	優劣	劣	489
ゆか	床	床	454
ゆ-き-づ-まる	行き詰まる	詰	382
ゆ-さぶる	揺さぶる	揺	434
ゆ-する	揺する	揺	434
ゆず-る	譲る	譲	697

ゆびわ	指輪	輪	495
ゆ-らぐ	揺らぐ	揺	434
ゆる-い	緩い	緩	461
ゆる-む	緩む	緩	461
ゆる-める	緩める	緩	461
ゆる-やか(な)	緩やか(な)	緩	461
ゆ-れる	揺れる	揺	434

よ

よ-い	善い	善	568
ようがん	溶岩	岩	401
ようぎしゃ	容疑者		p.181
ようご(する)	養護(する)	養	421
ようし	容姿	姿	376
ようし	要旨	旨	466
ようじ	幼児	幼	505
ようすこう	揚子江	江	603
ようせい(する)	養成(する)	養	421
ようせい(する)	要請(する)	請	470
ようちえん	幼稚園	幼	505
ようつう	腰痛	腰	427
ようと	用途	途	680
ようにん(する)	容認(する)	認	571
よか	余暇	暇	569
よきん(する)	預金(する)	預	582
よくあつ(する)	抑圧(する)	抑	562
よくせい(する)	抑制(する)	抑	562
よこはま	横浜	浜	477
よ-せる	寄せる	寄	440
よそお-う	装う	装	648
よそく(する)	予測(する)	測	641
よち	余地	余	381
よとう	与党	党	479
〈30〉よねん	〈30〉余年	余	381
よぶん(な)	余分(な)	余	381
よゆう	余裕	裕	557
よ-る	寄る	寄	440

ら

らくさつ(する)	落札(する)	札	398
らんりつ(する)	乱立(する)	乱	491

り

りじかい	理事会		p.21
りだつ(する)	離脱(する)	脱	687
りっしょう(する)	立証(する)	証	583
りとう(する)	離党(する)	党	479
りねん	理念	念	451
りめん	裏面	裏	394
りゃくしょう	略称	称	551
りゃくだつ(する)	略奪(する)	奪	635
りゅうどう	流動		p.135
りょうかい(する)	了解(する)	了	664
りょうけい	量刑	刑	654
りょうしょう(する)	了承(する)	了	664
りょこうきゃく	旅行客		p.101
りんかい	臨海	臨	368
りんじ	臨時	臨	368
りんじやくいんかい	臨時役員会		p.83
りんしょう	臨床	床	454

る

るいじ(する)	類似(する)	似	682
るすばん	留守番		p.163

れ

れいぞうこ	冷蔵庫	庫	625
れいねんな-み	例年並み	並	391
れいわ	令和	令	685
れきしじょう	歴史上		p.91
れきだい	歴代		p.13
れっせい	劣勢	劣	489
れんあい	恋愛	愛	498
れんぽう	連邦	邦	365

ろ

ろうか	老化		p.153
ろうし	労使		p.127
ろくおん(する)	録音(する)	録	576
ろくが(する)	録画(する)	録	576
ろっこんしょうじょう	六根清浄	清	409
ろてん	露店	露	429
ろんせん	論戦		p.83
(ひとの)わ	(人の)輪	輪	495

わ

わがくに	我が国	我	634
わく	枠	枠	545
わくぐ-み	枠組み	枠	545
わくない	枠内	枠	545

わざわ-い	災い	災	431
わだいの	話題の		p.47
わらべ	童	童	502
われわれ	我々	我	634
わん	湾	湾	467
わんがん	湾岸	岸	468
わんがんぶ	湾岸部	岸	468

『PRACTICAL KANJI 現代社会を読む700漢字』漢字リスト

Vol. 1

B5判、本冊248pp＋別冊解答24pp、2,200円（税別）
音声ダウンロード
赤シート付、英語訳付
ISBN978-4-86639-207-3

L1	1 陸	2 位	3 囲	4 列	5 帯	6 候	7 紅	8 葉	9 黄	10 型	11 危	12 険	13 総	14 積	15 億	16 側
L2	17 農	18 漁	19 製	20 造	21 設	22 輸	23 信	24 商	25 融	26 含	27 占	28 示	29 構	30 成	31 推	32 移
L3	33 貿	34 源	35 燃	36 貸	37 得	38 額	39 諸	40 窓	41 丸	42 兆	43 影	44 響	45 価	46 値	47 替	48 由
L4	49 景	50 退	51 復	52 供	53 給	54 能	55 需	56 想	57 株	58 均	59 夢	60 願	61 落	62 苦	63 失	64 呼
L5	65 憲	66 権	67 裁	68 閣	69 組	70 織	71 属	72 衆	73 参	74 挙	75 歳	76 任	77 散	78 改	79 臣	80 級
L6	81 策	82 僚	83 省	84 庁	85 官	86 房	87 責	88 命	89 副	90 財	91 労	92 厚	93 境	94 環	95 防	96 衛
L7	97 脳	98 独	99 仏	100 統	101 領	102 欧	103 協	104 処	105 翌	106 勢	107 批	108 催	109 援	110 興	111 展	112 域
L8	113 局	114 越	115 盟	116 保	117 障	118 委	119 君	120 演	121 豊	122 貧	123 等	124 担	125 払	126 負	127 満	128 算
L9	129 維	130 紛	131 武	132 常	133 非	134 賛	135 採	136 択	137 否	138 拒	139 警	140 隊	141 停	142 守	143 橋	144 助
L10	145 暖	146 昇	147 素	148 酸	149 炭	150 効	151 排	152 量	153 深	154 刻	155 極	156 氷	157 異	158 干	159 削	160 標
L11	161 石	162 油	163 汚	164 背	165 消	166 費	167 残	168 陽	169 再	170 可	171 導	172 換	173 段	174 階	175 晴	176 雲
L12	177 快	178 適	179 般	180 容	181 存	182 迷	183 惑	184 染	185 盗	186 侵	187 破	188 壊	189 害	190 像	191 著	192 許
L13	193 義	194 超	195 普	196 敗	197 備	198 昔	199 募	200 競	201 識	202 審	203 接	204 欲	205 修	206 士	207 程	208 博
L14	209 齢	210 抱	211 歯	212 療	213 介	214 護	215 福	216 祉	217 確	218 老	219 暮	220 応	221 皆	222 笑	223 革	224 整
L15	225 雇	226 徴	227 身	228 就	229 辞	230 条	231 件	232 求	233 企	234 派	235 遣	236 契	237 単	238 簡	239 収	240 横
L16	241 麦	242 豆	243 乳	244 波	245 継	246 従	247 補	248 恐	249 恵	250 耕	251 角	252 模	253 械	254 努	255 優	256 畜
L17	257 羽	258 到	259 召	260 砂	261 旧	262 誤	263 姓	264 富	265 訪	266 阪	267 招	268 頂	269 美	270 完	271 煙	
L18	272 営	273 御	274 欠	275 提	276 案	277 慣	278 流	279 頼	280 携	281 略	282 拠	283 拡	284 将	285 益	286 喜	287 与
L19	288 故	289 亡	290 昨	291 突	292 衝	293 傷	294 困	295 態	296 路	297 凍	298 被	299 忘	300 準	301 座	302 振	303 込
L20	304 疲	305 眠	306 寝	307 血	308 悲	309 鳴	310 師	311 専	312 泳	313 登	314 汗	315 曲	316 伸	317 湯	318 痛	319 逆
L21	320 玉	321 器	322 押	323 緑	324 皿	325 蔵	326 管	327 貝	328 卵	329 焼	330 巻	331 菓	332 甘	333 視	334 浴	335 追
L22	336 納	337 申	338 箱	339 個	340 袋	341 枚	342 紹	343 礼	344 税	345 伺	346 具	347 荷	348 渡	349 郵	350 谷	

『PRACTICAL KANJI 基礎500漢字』漢字リスト

Vol. 1

AB判、本冊248pp＋別冊解答28pp、2,400円（税別）
CD-ROM1枚付：漢字練習シート(PDF)、音声(MP3)
赤シート付、英語・ベトナム語訳付
ISBN978-4-87217-975-0

L1	1 一	2 二	3 三	4 四	5 五	6 六	7 七	8 八	9 九	10 十	11 百	12 千	13 万	14 円
L2	15 年	16 月	17 日	18 曜	19 時	20 分	21 火	22 水	23 木	24 金	25 土	26 平	27 休	
L3	28 今	29 何	30 半	31 前	32 後	33 午	34 行	35 来	36 帰	37 会	38 社			
L4	39 高	40 色	41 赤	42 白	43 青	44 黒	45 買	46 本	47 小	48 大	49 安			
L5	50 電	51 話	52 上	53 下	54 花	55 左	56 中	57 右	58 店					
L6	59 駅	60 南	61 口	62 北	63 西	64 東	65 京	66 央	67 入	68 出				
L7	69 語	70 村	71 名	72 国	73 番	74 号	75 人	76 学	77 生	78 員				
L8	79 私	80 家	81 族	82 母	83 父	84 親	85 両	86 子	87 兄	88 弟	89 姉	90 妹		
L9	91 毎	92 朝	93 昼	94 晩	95 夜	96 食	97 飲	98 見	99 聞	100 読	101 書			
L10	102 場	103 物	104 校	105 市	106 立	107 公	108 園	109 屋	110 交	111 差	112 点			
L11	113 歌	114 気	115 友	116 新	117 車	118 週	119 末	120 先	121 明	122 元	123 働			
L12	124 予	125 定	126 議	127 映	128 画	129 張	130 送	131 別	132 仕	133 事	134 終	135 始		
L13	136 空	137 港	138 地	139 鉄	140 便	141 利	142 線	143 乗	144 降	145 間	146 田			
L14	147 工	148 受	149 付	150 務	151 所	152 部	153 課	154 長						
L15	155 手	156 紙	157 住	158 道	159 府	160 県	161 区	162 町	163 様					
L16	164 旅	165 計	166 内	167 外	168 海	169 都	170 発	171 着	172 近	173 決	174 約			
L17	175 男	176 女	177 洗	178 止	179 禁	180 自	181 動	182 開	183 閉	184 切	185 強	186 弱		
L18	187 古	188 神	189 寺	190 茶	191 料	192 有	193 無	194 要	195 必	196 遠				
L19	197 体	198 頭	199 顔	200 目	201 鼻	202 耳	203 首	204 足	205 指					
L20	206 病	207 院	208 薬	209 熱	210 方	211 夕	212 回	213 度	214 医	215 者				
L21	216 知	217 理	218 待	219 作	220 音	221 楽	222 写	223 真	224 好	225 歴	226 史	227 絵		
L22	228 太	229 洋	230 州	231 山	232 林	233 森	234 川	235 多	236 少	237 島	238 広			
L23	239 春	240 夏	241 秋	242 冬	243 天	244 雨	245 風	246 台	247 暑	248 短	249 寒	250 雪		

Vol. 2

AB判、本冊 280pp ＋別冊解答 36pp、2,600円（税別）
CD-ROM1枚付：漢字練習シート (PDF)、音声 (MP3)
赤シート付、英語・ベトナム語訳付
ISBN978-4-87217-976-7

L1	251 字	252 漢	253 覚	254 勉	255 使	256 言	257 声	258 正	259 順	260 習	261 練	262 形
L2	263 文	264 教	265 育	266 室	267 図	268 館	269 留	270 特	271 研	272 究	273 堂	274 門
L3	275 活	276 式	277 期	278 授	279 業	280 試	281 験	282 祭	283 卒	284 質	285 問	286 答
L4	287 規	288 則	289 限	290 遅	291 持	292 用	293 制	294 注	295 意	296 服	297 恋	298 泊
L5	299 温	300 静	301 集	302 通	303 直	304 宿	305 周	306 辺	307 観	308 光	309 報	310 情
L6	311 然	312 遊	313 歩	314 界	315 世	316 産	317 植	318 鳥	319 牛	320 転	321 貸	322 借
L7	323 席	324 球	325 野	326 代	327 表	328 的	329 勝	330 飛	331 選	332 投	333 走	334 打
L8	335 過	336 去	337 現	338 在	339 未	340 最	341 速	342 全	343 術	344 技	345 進	
L9	346 客	347 引	348 銀	349 置	350 宅	351 配	352 取	353 売	354 販	355 達	356 忙	
L10	357 機	358 類	359 種	360 冷	361 細	362 池	363 品	364 米	365 酒			
L11	366 和	367 合	368 味	369 例	370 魚	371 飯	372 菜	373 季	374 節	375 材	376 当	
L12	377 健	378 康	379 重	380 増	381 肉	382 運	383 吸	384 起	385 考	386 早	387 軽	
L13	388 減	389 状	390 況	391 調	392 査	393 法	394 結	395 果	396 察	397 論	398 次	399 述
L14	400 数	401 以	402 加	403 比	404 変	405 倍	406 続	407 疑	408 題	409 原	410 因	
L15	411 説	412 化	413 英	414 実	415 力	416 割	417 同	418 対	419 不	420 思	421 他	
L16	422 役	423 各	424 民	425 票	426 籍	427 戸	428 死	429 婚	430 離	431 更	432 届	433 氏
L17	434 印	435 連	436 絡	437 記	438 職	439 科	440 資	441 格	442 志	443 望	444 勤	445 希
L18	446 告	447 司	448 相	449 談	450 良	451 悪	452 伝	453 心	454 断	455 判	456 急	
L19	457 面	458 経	459 済	460 政	461 治	462 際	463 律	464 関	465 係	466 第	467 初	
L20	468 夫	469 婦	470 妻	471 建	472 息	473 娘	474 犬	475 奥	476 主	477 違	478 感	
L21	479 向	480 率	481 低	482 暗	483 共	484 反	485 性	486 難	487 若	488 解		
L22	489 複	490 雑	491 紀	492 王	493 易	494 支	495 戦	496 争	497 返	498 還	499 軍	500 基

〈参考資料〉

徳弘康代編著『日本語学習のためのよく使う順漢字2200』2014年9月、三省堂
独立行政法人国際交流基金著作・編集『日本語能力試験出題基準【改訂版】』2006年3月、財団法人日本国際教育協会
内閣告示「常用漢字表」 2010年11月30日
公益社団法人国際日本語普及協会著（執筆代表：政田寛子）『外国人のための専門別漢字導入と練習』1997年9月

L1
http://ghibli.jpn.org/report/academy-honorary-award/「宮崎駿監督、アカデミー賞 名誉賞受賞記者会見全文」2014年11月10日、ジブリのせかい
https://www.nikkei.com/article/DGXLASFK29H05_Z20C14A8000000/「宮崎駿監督にアカデミー名誉賞「クロサワ」以来」2014/8/29付、日本経済新聞

L2
日本相撲協会「星取表」平成30年11月場所

L21
最高裁判所「裁判員等経験者に対するアンケート調査結果報告書（平成24年度）」

監修	戸田佐和
執筆	石田英子、高取直子、滝本いづみ、前川ローザ、松本美樹、水野晴美
執筆協力	栗田恵美子
協力	谷野由佳

以上、公益社団法人国際日本語普及協会（AJALT）所属日本語教師

本教材の開発に際して、公益財団法人石橋財団の助成をいただきました。

写真提供　PIXTA

PRACTICAL KANJI
現代社会を読む 700 漢字 Vol. 2

2019 年 7 月 25 日　初版第 1 刷発行

著者	公益社団法人 国際日本語普及協会（AJALT）
翻訳	Malcolm Hendricks
装丁	岡崎 裕樹
編集協力・DTP	有限会社ギルド
発行人	天谷 修身
発行	株式会社アスク出版
	〒 162-8558 東京都新宿区下宮比町 2-6
	TEL 03-3267-6864　FAX 03-3267-6867
	https://www.ask-books.com/
印刷・製本	日経印刷株式会社

落丁・乱丁はお取り替えいたします。許可なしに転載・複製することを禁じます。
©Association for Japanese-Language Teaching 2019　　Printed in Japan　　ISBN 978-4-86639-283-7

PRACTICAL KANJI
現代社会を読む700漢字 Vol.2

別冊 Supplement
べっさつ

練習問題の答え ……………… 2
Answers to Practice Questions

まとめの問題の答え ……… 17
Answers to Review Questions

練習問題の答え
Answers to Practice Questions

① ▶本冊 Main Text p.16

I．読みましょう 🔊 01

1)
1. かんし
2. めいよ
3. じゅしょうしき
4. しょうきん
5. にゅうしょう
6. ぞうよ
7. おくる
8. おくりもの
9. えらい
10. ぎょうせき
11. せいせき
12. さかえた
13. しゅうだん
14. ちょうへん
15. へんしゅう
16. へんせい
17. さいへん
18. あむ
19. はんい
20. かくす
21. かくれた
22. おおさかじょう
23. しろ、げいじゅつ
24. れんぽう
25. てんさい
26. にじゅうごさい

2)
1. かんさ
2. しょうよ
3. いだいな
4. じっせき
5. しょう、えいよ
6. ちょうさだん
7. げいじゅつてきな
8. げいじゅつか
9. げいのう
10. ぶんげい
11. かんとく、たんぺん、しょう、じゅしょう
12. いんぺい
13. ほうじん
14. ほうが
15. さいのう

II．書きましょう

1)
1. 監督
2. 賞
3. 贈る
4. 偉い
5. 成績
6. 栄誉
7. 団体
8. 芸術
9. 編む
10. 範囲
11. 隠す
12. 大阪城
13. 邦画
14. 才能

2)
1. 贈与
2. 偉大
3. 業績
4. 栄える
5. 城
6. 隠蔽

3)
1. 監視（かんし）
2. 受賞（じゅしょう）
3. 編集（へんしゅう）
4. 成績（せいせき）
5. 天才（てんさい）
6. 隠す（かく）

III．聞きましょう 🔊 02

1. 送る（おくる）
2. 賞与（しょうよ）
3. 邦人（ほうじん）

② ▶本冊 Main Text p.24

I．読みましょう 🔊 03

1)
1. えいせい
2. のぞむ
3. ほし、いたします
4. いっち
5. はじ
6. せいしん
7. おいわい
8. かんそう
9. かわかす
10. かわいた
11. さかずき、はい
12. ごうきゅう
13. ないて
14. しせい
15. かんるい
16. しんぼう
17. からい
18. からくち
19. げんじゅうに
20. おごそかに
21. けん／つるぎ
22. あまった
23. きびしい、きつもん
24. つめる
25. つまって
26. おおづめ

2)
1. かせい
2. りんかい、りんじ

3. しゅくじつ、
   しょうじんりょうり
4. いわって、かんぱい
5. しせい
6. なみだ、
   はずかしかった
7. せいしんてきな、
   なみだぐんで
8. げんかくな、ようし
9. けんどう、すがた
10. しょうち、しんけんに、
    ゆうしょうはい
11. あまり、
    しんぼうづよく
12. よち
13. よぶんに
14. い(ゆ)きづまって
15. よねん、のぼりつめた

II. 書きましょう

1)
1. 星
2. 臨時
3. 招致
4. 恥ずかしい
5. 精進料理
6. 祝日
7. 乾杯
8. 泣く
9. 姿勢
10. 涙
11. 辛抱
12. 厳重
13. 剣道
14. 余地
15. 詰まる

2)
1. 涙ぐむ
2. 祝う
3. 致します
4. 精神的
5. 恥

6. 真剣

3)
1. 辛い（からい）
2. 余り（あまり）
3. 乾かし（かわかし）
4. 詰め（つめ）
5. 厳しい（きびしい）

III. 聞きましょう 04

1. 位置（いち）
2. 衛星（えいせい）
3. 泣く（なく）

③ ▶本冊 Main Text p.32

I. 読みましょう 05

1)
1. しっこう
2. しゅうちゃく
3. こしつ／こしゅう
4. しっこうぶ
5. しっぴつ
6. ひっしゃ
7. ひっとう
8. しゅうしゅう
9. しゅしゃせんたく
10. すてる
11. きりすてる
12. びとく
13. にっし
14. しゅうかんし、
    かんこう
15. ちょうかん、ゆうかん
16. へいこう
17. やね、ならんで
18. れいねんなみ
19. こんぽんてきな
20. ねまわし
21. こがして
22. さっし、うら
23. げきじょう、とりおこなう
24. えんげきぶ、げき

25. はんが、とりあつかい
26. さつ

2)
1. ひつじゅん
2. とく
3. ならびに
4. こんてい
5. こげついた
6. こげた
7. あせり
8. うらがね、うらづけ
9. せんえんさつ、
   うらがわ
10. げきだん、しめん
11. あつかい、ね
12. だいにはん
13. にゅうさつ、らくさつ
14. ねふだ、ならぶ
15. なふだ、ならべて

II. 書きましょう

1)
1. 執着
2. 筆者
3. 拾う
4. 道徳的
5. 日誌
6. 並ぶ
7. 根底
8. 焦点
9. 裏側
10. 演劇
11. 取り扱い
12. 冊子
13. 出版

2)
1. 刊行、列
2. 真っ黒、焦がして
3. 札、礼
4. 雑誌、読

3)
1. 表（おもて）、裏（うら）

2. 捨（す）、拾（ひろ）
4)
1. 1) 並べて（ならべて）
   2) 並んで（ならんで）
2. 1) 焦げた（こげた）
   2) 焦って（あせって）

Ⅲ. 聞きましょう 🔊 06
1. 収拾（しゅうしゅう）
2. 誌面（しめん）
3. 名札（なふだ）

④ ▶本冊 Main Text p.42

Ⅰ. 読みましょう 🔊 11
1)
1. けいい
2. きょじん
3. いわてけん
4. せいしょ
5. じゅうきょ
6. にゅうきょ
7. どうきょ
8. いま
9. じゅんじょ
10. しゅう、しゅうは
11. はいけん
12. おがむ
13. せいさん
14. せいけつに
15. きよければ
16. ちょうほう
17. きゅうでん、ほうせき、たから
18. たからくじ
19. ふこうな
20. きがん
21. いのり
22. しんと
23. とほ
24. かいじょ
25. そうじ
26. さくじょ

2)
1. けいえん
2. けいご
3. きょがく
4. がんせき
5. しんせいな、せいいき
6. ちつじょ
7. どの
8. ちょうほう
9. ようがん、さいわい
10. さち、さち
11. しあわせ
12. せいと
13. じょがい
14. のぞいて
15. とりのぞいた

Ⅱ. 書きましょう
1)
1. 敬う
2. 巨大
3. 岩
4. 聖
5. 居る
6. 順序
7. 秩序
8. 宗教
9. 参拝
10. 拝殿
11. 清める
12. 国宝
13. 幸福
14. 祈る
15. キリスト教徒
16. 排除

2)
1. 大臣、巨額
2. 生徒、従う
3. 精神、清める
4. 辛い、幸せ

3)
1. 排出、拝、秩序、移動
2. 余、除外、宗教、国宝
3. 聖書、岩山、理解、就職
4. 祈、決断、宮殿、設備
5. 居間、事故、敬語、届

Ⅲ. 聞きましょう 🔊 12
1. 祝った（いわった）
2. 経緯（けいい）
3. 原油（げんゆ）

⑤ ▶本冊 Main Text p.50

Ⅰ. 読みましょう 🔊 13
1)
1. じこ
2. かてい
3. こうてい
4. にわ
5. くのう
6. なやみ
7. えがく
8. かく／えがく
9. だいさんしょう
10. かいちょうけんしゃちょう
11. ようせい
12. ようご
13. やしなう
14. てんけいてきな
15. しきてん
16. えいわじてん
17. のうりょう
18. すずしい
19. まざらない
20. かりけいやく
21. ようつう、なやむ
22. こし
23. しゅみ、かんしょう
24. ずかん

25. ろてん
26. おもむき、きっさてん

2)
1. なやます
2. びょうしゃ
3. じこりゅう、えいよう
4. きゅうよう、けんむ
5. じてん、ぶんしょう
6. こんざつ
7. まぜて
8. まじる
9. こんで、かねて
10. かせつ
11. かりに
12. かんてい
13. ひろう
14. しゅこう、まんきつ
15. きつえん

II. 書きましょう

1)
1. 自己
2. 庭
3. 悩み
4. 描く
5. 章
6. 兼務
7. 養成
8. 典型的
9. 涼しい
10. 趣味
11. 混雑
12. 仮設
13. 腰
14. 図鑑
15. 披露
16. 喫煙

2)
1. 栄養
2. 満喫
3. 仮契約
4. 兼ねる

5. 苦悩
6. 文章

3)
1. 混ぜ（まぜ）
2. 兼ね（かね）
3. 養い（やしない）
4. 悩み（なやみ）
5. 描き（えがき）

III. 聞きましょう 14

1. 同僚（どうりょう）
2. 事故（じこ）
3. 腰痛（ようつう）

⑥ 本冊 Main Text p.58

I. 読みましょう 15

1)
1. しんさい
2. めんどうな
3. たおした
4. まえだおし
5. ゆすって
6. ゆらぐ
7. かんご
8. いた
9. かいひ
10. さけて
11. ほうかい
12. ぎんが
13. きふ
14. おしよせた
15. よせた
16. おとしより
17. よる
18. しょめい
19. ぜいむしょ
20. くずれた、きゅうしゅつ
21. さわ、いずみ
22. こうたく
23. くさ、ゆれて
24. そうあん

25. ざっそう
26. くさのね

2)
1. ぼうさい
2. しんど、じしん、どうよう、てんとう
3. あっとう、ゆさぶられた
4. どしゃくずれ、かんばん、たおれた
5. わざわい、くずして
6. かせん、ひなん
7. けいさつしょ、さいがい
8. しょうぼうしょ、かさい、きゅうきゅう、きゅうじょ
9. ひさい、きゅうえん
10. とうさん、きゅうさい
11. くさばな、おんせん
12. たばこ、ゆうどくな
13. ちゅうどく、ふるえ
14. どくガス、かんごし、すくわれた
15. どく、しょくちゅうどく

II. 書きましょう

1)
1. 災害
2. 地震
3. 倒産
4. 揺れる
5. 看板
6. 避難
7. 崩れる
8. 河川
9. 寄る
10. 消防署
11. 救出
12. 温泉
13. 沢

14. 草
15. 有毒

2)
1. 倒れて、到着
2. 看護師、着て
3. 著者、署名
4. 救助、求めた
5. 看板、出版

3)
1. 避け（さけ）
2. 崩し（くずし）
3. 救い（すくい）
4. 倒れ（たおれ）
5. 寄り（より）

Ⅲ. 聞きましょう　🔊 16
1. 再開（さいかい）
2. 地震（じしん）
3. 動揺（どうよう）

⑦　▶本冊 Main Text p.68

Ⅰ. 読みましょう　🔊 20
1)
1. ふせつ
2. きょうさく
3. かたい
4. かたまる
5. こたい
6. だんねん
7. こうばい
8. たいしんせい、けんちく
9. たえる
10. りんしょう
11. ゆか、しく
12. かべ
13. せいさくのはしら
14. ばっぽん
15. ばっぽんてきな
16. ぬけた
17. こうにゅう、すすめる
18. めんきょ
19. めんぜい
20. まぬかれる／まぬがれる
21. だげき
22. ちょくげき
23. かんわ
24. ゆるめる
25. こどものころ、もくげき
26. このごろ

2)
1. しいた
2. げんきょう
3. きずく、かためた
4. きねん、しきち
5. りねん
6. きしょう
7. かちぬき、ねんがん
8. ぬく、おすすめ
9. せんばつ、めんじょ
10. うたれる、きょうあくな、ざんねんに
11. ゆるむ、おんしょう
12. かんわ、しょうへき
13. ゆるい
14. ゆるやかな、こうちく
15. ごろ、でんちゅう、かんこく

Ⅱ. 書きましょう

1)
1. 敷地
2. 元凶
3. 固める
4. 建築
5. 断念
6. 購入
7. 耐震性
8. 床
9. 壁
10. 柱
11. 抜本的
12. お勧め
13. 免除
14. 目撃
15. 緩める
16. 日頃

2)
1. 凶作
2. 電柱
3. 温床
4. 築く
5. 頃
6. 抜く

3)
1. 中古車、固定、事故
2. 購入、構成
3. 駐車、注意、電柱、住宅
4. 観察、勧告、権力
5. 緩和、温暖化、援助

Ⅲ. 聞きましょう　🔊 21
1. 念願（ねんがん）
2. 敷く（しく）
3. 衝撃（しょうげき）

⑧　▶本冊 Main Text p.76

Ⅰ. 読みましょう　🔊 22
1)
1. さわぐ
2. きょうふ
3. こわい
4. しんたく
5. たくす
6. わん、しゅし
7. きし
8. てったい
9. てっかい
10. てっきょ
11. しんせい
12. したうけ
13. せいがん、ようし
14. そうおん、そち

15. えん
16. けつえん
17. ふち
18. おん
19. おんがえし
20. とくめい
21. つなみ
22. えんせん
23. かわぞい
24. すなはま
25. ひそむ
26. もぐって

2)
1. そうどう、そうぜん
2. むね
3. わん、かいがん
4. わんがん
5. せいきゅう
6. うけおった
7. こうわん、ようせい
8. おんけい
9. そって
10. えんがん、さわぎ
11. はま、いたく
12. けいひん、けいひん、よこはま
13. せんざいてきな
14. せんざい
15. せんすいかん

Ⅱ. **書きましょう**

1)
1. 騒音
2. 怖い
3. 委託
4. 趣旨
5. 港湾
6. 海岸
7. 撤去
8. 下請け／下請
9. 措置
10. 血縁
11. 恩
12. 匿名
13. 津波
14. 沿線
15. 砂浜
16. 潜む

2)
1. 縁
2. 沿って
3. 恩返し
4. 託す
5. 騒ぐ
6. 岸

3)
1. 措置
2. 申請
3. 湾岸
4. 恐怖
5. 撤回
6. 津波

Ⅲ. **聞きましょう** 🔊 23

1. 匿名（とくめい）
2. 存在（そんざい）
3. 要旨（ようし）

⑨ ▶ **本冊** Main Text **p.86**

Ⅰ. **読みましょう** 🔊 27

1)
1. せいとう
2. けいば、うま
3. とうぎ
4. とうろん
5. しんかんせん
6. かんじ
7. しげき
8. かんげき
9. きそ
10. ていそ
11. かいどう
12. まちかど
13. ぜせい
14. ぜひ
15. とうしゅう
16. ふまれた
17. あしぶみ
18. きんきゅう
19. ゆうれつ
20. しせつ
21. しこう／せこう
22. よとう、やとう、とうろんかい、じっし
23. ぞうふく
24. はば
25. いっそう
26. せんこう

2)
1. じゅうみんしゅとう、とうしゅ、かんじちょう、とう
2. とういん、かんぶ、りとう
3. こくそ
4. げきげん、ふみこんだ
5. じゅうたくがい、はげしい、こんらん
6. しさく、ふみきった
7. ふまえ、ほどこした
8. しこう／せこう、はんらん
9. おおはばに、みだれて
10. こうそう、らんりつ、げきか
11. むとうはそう、うったえた
12. はばひろい、そう
13. しんこう、きんちょう
14. おとり、れっせい、せめた
15. こうげき、みだされた

Ⅱ. 書きましょう

1)
1. 政党
2. 出馬
3. 討論会
4. 新幹線
5. 激しい
6. 訴える
7. 住宅街
8. 是正
9. 踏まえる
10. 緊張
11. 劣勢
12. 施設
13. 乱立
14. 幅広い
15. 一層
16. 侵攻

2)
1. 党首
2. 幹事
3. 大幅
4. 街頭
5. 踏まえて

3)
1. 実施（じっし）
2. 感激（かんげき）
3. 出馬（しゅつば）
4. 緊張（きんちょう）
5. 混乱（こんらん）
6. 専攻（せんこう）

Ⅲ. 聞きましょう　🔊 28

1. 政党（せいとう）
2. 訴える（うったえる）
3. 責める（せめる）

⑩　▶本冊 Main Text p.94

Ⅰ. 読みましょう　🔊 29

1)
1. ひとのわ
2. ゆびわ
3. はくがい
4. きんぱく
5. とうそう
6. とうぼう
7. のがれ
8. のがす
9. にがす
10. れんあい
11. せんぞ
12. そぼ、にゅうわな
13. やわらかい
14. じどう
15. どうわ
16. かれ、せまった
17. かのじょ、しょうにか
18. はげます
19. おさない
20. いっしょに、みまう
21. ぶたい
22. そふ、かぶき
23. まう
24. かんしゃ
25. きょうい
26. かれら、ゆうき

2)
1. しゃりん
2. ごりん、はくりょく
3. にげて
4. あい
5. そこく
6. やわらかな
7. いくじ
8. じゅうどう、はげむ、げきれい
9. ようちえん、ようじ
10. おみまい
11. まい
12. たいしゃ
13. あやまる
14. むね
15. いさましく

Ⅱ. 書きましょう

1)
1. 車輪
2. 緊迫
3. 逃す
4. 恋愛
5. 祖母
6. 柔道
7. 小児科
8. 児童
9. 彼
10. 励ます
11. 幼い
12. 一緒
13. 見舞い
14. 感謝
15. 胸
16. 勇ましい

2)
1. 迫る
2. 指輪
3. 逃げた
4. 彼女
5. 祖父
6. 童話

3)
1. 育児
2. 激励
3. 感謝
4. 舞台
5. 彼女
6. 勇気

Ⅲ. 聞きましょう　🔊 30

1. 先祖（せんぞ）
2. 幼児（ようじ）
3. 五輪（ごりん）

⑪ ▶本冊 Main Text p.104

Ⅰ. 読みましょう 🔊 34

1)
1. みつゆ
2. かんげい
3. かんげいかい
4. むかえる
5. でむかえる
6. じゅう
7. いつわり、ぎめい
8. しめる
9. しまって
10. けいかい
11. いましめる
12. さとう
13. とうぶん
14. かふん
15. こむぎこ
16. こな
17. くつ、くつした
18. くつぞこ
19. まやく
20. あさ、さがす
21. さぐる
22. くんれん
23. きょうくん
24. おこって、ぼうりょく
25. ぼうりょくだん
26. つむ

2)
1. じゅうき
2. ていけつ、きんみつな
3. ぎぞう、とりしまる
4. しめきり
5. てってい
6. たんちけん
7. たんち
8. かいてい、たんさ
9. そこ、さがしだし
10. くんよみ、おんくん
11. いかり
12. あばれ、ぼうこう
13. ばくろ、あばく
14. てきはつ、ぼうらく
15. してき、げきど

Ⅱ. 書きましょう

1)
1. 緊密
2. 歓迎会
3. 銃器
4. 偽る
5. 締結
6. 戒める
7. 糖分
8. 花粉
9. 靴
10. 徹底
11. 麻
12. 探る
13. 訓読み
14. 怒り
15. 暴力
16. 摘発

2)
1. 小麦粉
2. 銃
3. 探す
4. 怒る
5. 摘む
6. 密輸

3)
1. 取り締まる（とりしまる）
2. 迎える（むかえる）
3. 指摘する（してきする）
4. 暴落する（ぼうらくする）
5. 偽物（にせもの／ぎぶつ）
6. 探す（さがす）

Ⅲ. 聞きましょう 🔊 35

1. 歓迎（かんげい）
2. 海底（かいてい）
3. 短期（たんき）

⑫ ▶本冊 Main Text p.112

Ⅰ. 読みましょう 🔊 36

1)
1. へい
2. へいき
3. へいりょく
4. かくじっけん
5. つつむ
6. そうかつ
7. いっかつ
8. いりょく
9. てっぱい
10. はいあん
11. たつ
12. きんにく
13. すじ
14. しゅくしょう
15. けつあつ
16. あっしゅく
17. はいき
18. はき
19. ばくはつ、へいし
20. ひばく
21. ひく
22. はずむ
23. せんでん
24. せんこく
25. ふたご
26. はり

2)
1. ほうちょう、いかく、ほうい
2. ほうかつ
3. かく、けんい
4. たやさなかった
5. みちすじ
6. ちぢんで
7. ちぢまった
8. たんしゅく、きけん
9. げんばく、かくへいき、はいぜつ

10. だんあつ、たえない
11. ぜんぱい、だいいちだん
12. ぜったい、ちぢめる、せんげん
13. かくほゆうこく、そうほう、ぐんしゅく
14. すたれて、はいし、ほうしん
15. ししん、おおすじ

II. 書きましょう

1)
1. 兵力
2. 核実験
3. 包む
4. 一括
5. 権威
6. 絶対
7. 道筋
8. 縮む
9. 圧力
10. 廃棄
11. 爆弾
12. 弾む
13. 宣伝
14. 双方
15. 方針

2)
1. 爆発
2. 兵器
3. 撤廃
4. 短縮
5. 包括的
6. 弾く

3)
1. 縮小（しゅくしょう）
2. 棄権（きけん）
3. 宣言（せんげん）
4. 一括（いっかつ）
5. 大筋（おおすじ）

III. 聞きましょう 🔊 37

1. 棄権（きけん）
2. 核（かく）
3. 耐える（たえる）

⑬ ▶本冊 Main Text p.122

I. 読みましょう 🔊 42

1)
1. しょうだく
2. しょうち
3. うけたまわりました
4. わくぐみ
5. わくない
6. ゆうち、ねらって
7. さそう
8. さそい
9. えいじゅう
10. ひさしい
11. ひさしぶり
12. けんあん
13. いっしょうけんめい
14. たんじょうび
15. しょうして
16. めいしょう
17. りゃくしょう
18. ていたい
19. とどこおって
20. そうぞう
21. そうりつ
22. つくる
23. かんき
24. むさくい
25. よゆう
26. ひっし

2)
1. ねらわれ、そげき
2. わく
3. かんゆう
4. えいえん
5. ながたちょう

6. すえながく
7. けねん
8. けいじ
9. たいざい
10. そうせつ
11. かんもん
12. こうい
13. がいこくかわせ（がいため）
14. ゆうふくな
15. しきゅう

II. 書きましょう

1)
1. 承る
2. 枠
3. 誘う
4. 狙う
5. 末永く
6. 久しぶり
7. 懸念
8. 誕生日
9. 略称
10. 掲げる
11. 滞る
12. 創立
13. 喚起
14. 無作為
15. 富裕層
16. 至急

2)
1. 狙い
2. 永久
3. 停滞
4. 至る
5. 誕生

3)
1. 承諾（しょうだく）
2. 誘導（ゆうどう）
3. 略称（りゃくしょう）
4. 創立（そうりつ）
5. 至急（しきゅう）

6. 余裕（よゆう）

Ⅲ. 聞きましょう 🔊 43
1. 誘致（ゆうち）
2. 景気（けいき）
3. 停滞（ていたい）

---

⑭ ▶本冊 Main Text **p.130**

Ⅰ. 読みましょう 🔊 44
1)
1. だきょう
2. だとう
3. かんしょう
4. ちんあげ
5. うんちん
6. よくあつ
7. おさえる
8. やくそく
9. はなたば
10. たば
11. こうそく
12. しょばつ
13. えんき
14. のばした
15. のびた
16. ゆうぐう
17. さいぜん
18. よか
19. ひま
20. じゅうなんに
21. しょうにん
22. にんてい
23. とうとぶ／たっとぶ
24. こうえん
25. こうざ
26. みゃく

2)
1. ちんたい、やちん
2. けっそく
3. こうちょ
4. ばっきん

5. のべ
6. しょぐう
7. しんぜん
8. かくにん
9. にんしき
10. こうにん
11. ひにん
12. とうとい
13. そんけい、こうぎ
14. こうじる
15. どうみゃく

Ⅱ. 書きましょう
1)
1. 妥協
2. 交渉
3. 賃金
4. 抑制
5. 花束
6. 拘束力
7. 処罰
8. 延ばす
9. 優遇
10. 最善
11. 暇
12. 柔軟
13. 認める
14. 尊敬
15. 講座
16. 動脈

2)
1. 家賃
2. 講演
3. 抑える
4. 改善
5. 干渉
6. 脈

3)
1. 休暇（きゅうか）
2. 待遇（たいぐう）
3. 延長（えんちょう）
4. 妥結（だけつ）

5. 尊重（そんちょう）
2. 拘束（こうそく）

Ⅲ. 聞きましょう 🔊 45
1. 延期（えんき）
2. 常任（じょうにん）
3. 工事（こうじ）

---

⑮ ▶本冊 Main Text **p.138**

Ⅰ. 読みましょう 🔊 46
1)
1. ひっす
2. たいしょうてき
3. しょうめい
4. てって
5. てらす
6. てれて
7. そん
8. そこなう
9. ろくおん、がいよう
10. ついきゅう
11. あずける
12. あずかる
13. しょうげん、ろくが、ぶんせき
14. しょうにん
15. しょうめい
16. けん
17. しょうけんがいしゃ
18. かかる
19. かける
20. しかけた
21. こくさい
22. さいけん
23. たんじゅんな
24. つぐなう
25. ばいきゃく
26. きゃっか

2)
1. とうろく
2. さんしょう

3. そこねた
4. かいせき
5. がいねん
6. ふきゅう
7. げんきゅう
8. およぶ
9. およぼして
10. ほしょう
11. りっしょう、しょうこ
12. しょうけん
13. さいけん
14. さいむ
15. そんがい、そんしつ、ほしょう

II. 書きましょう

1)
1. 必須
2. 記録
3. 参照
4. 損なう
5. 分析
6. 概要
7. 及び
8. 預ける
9. 証券会社
10. 売掛金
11. 負債
12. 純利益
13. 償う
14. 売却

2)
1. 録音
2. 及んだ
3. 損
4. 預金
5. 債務
6. 補償

3)
1. 必須（ひっす）
2. 記録（きろく）
3. 参照（さんしょう）

4. 追及（ついきゅう）
5. 保証（ほしょう）
6. 損失（そんしつ）

III. 聞きましょう 🔊 47

1. 普及（ふきゅう）
2. 署名（しょめい）
3. 解決（かいけつ）

⑯ ▶ 本冊 Main Text **p.148**

I. 読みましょう 🔊 52

1)
1. じゅみょう
2. ちょうじゅ
3. いでん
4. いでんし
5. いぞく
6. ゆいごん
7. しんりょう
8. へいよう
9. がっぺい
10. しょうじょう
11. こういしょう
12. しお
13. こい
14. あさい
15. むれて
16. ぐんしゅう
17. はたけ
18. きちょうな
19. ききんぞく
20. とうとい
21. とうとぶ
22. むし
23. きん
24. いりえ
25. ふもうな
26. いたい、しずめた

2)
1. だしん
2. へいごう

3. しんさつ、にんちしょう、しんだん
4. みて、えんぶん
5. えんそ
6. のうど
7. のうしゅく
8. きしゃ、あわせて
9. がいちゅう
10. さいきん、かんせんしょう
11. えどじだい
12. け
13. いさん、ちんせい
14. じばんちんか
15. ぐん、しずむ

II. 書きましょう

1)
1. 寿命
2. 遺伝子
3. 診断
4. 合併
5. 症状
6. 塩
7. 濃い
8. 浅い
9. 群れ
10. 畑
11. 貴重
12. 虫
13. 細菌
14. 江
15. 不毛
16. 地盤沈下

2)
1. 濃度
2. 感染症
3. 遺言
4. 貴社
5. 江戸
6. 群衆

3)
1. 合併（がっぺい）

2. 診断（しんだん）
3. 遺産（いさん）
4. 濃縮（のうしゅく）
5. 寿命（じゅみょう）
6. 沈む（しずむ）

Ⅲ．聞きましょう 🔊 53

1. 濃い（こい）
2. 貴社（きしゃ）
3. 痛い（いたい）

⑰ ▶本冊 Main Text p.156

Ⅰ．読みましょう 🔊 54

1)
1. ぞうき
2. い
3. かた
4. かたがき
5. かたがわり
6. はい
7. ほのお
8. たいそう
9. そうさ
10. そうぎょう
11. きょじゃく
12. たいこう
13. ていこう
14. さくいん
15. たんさく
16. えきたい
17. いえき、いさん
18. えき
19. ひしょ
20. ひみつ
21. ひめて
22. ほね、おれる
23. ほね、おった
24. しゅっちょうのおり
25. はだ
26. かわ

2)
1. しんぞう、はい、ぞうきいしょく
2. はいけっかく、そうけん
3. えんじょう
4. きょぎ、あやつる
5. きょこう
6. こうぎ
7. こうそう
8. ないぞう、ていこうりょく
9. もさく
10. はいえん、けつえき、はい
11. ごくひ
12. いこつ
13. こっし、せっしょう
14. こっせつ、ひふ
15. ひにく

Ⅱ．書きましょう

1)
1. 心臓
2. 胃酸
3. 双肩
4. 肺結核
5. 炎上
6. 体操
7. 虚弱
8. 抵抗力
9. 索引
10. 液体
11. 秘書
12. 遺骨
13. 折衝
14. 肌
15. 皮

2)
1. 胃
2. 抵抗
3. 臓器
4. 炎
5. 肌
6. 血液

3)
1. 被害、皮肉、破壊、電波、彼
2. 極秘、必要、密輸
3. 肩代、雇用、戸籍、官房長官
4. 分析、骨折、住所、祈

Ⅲ．聞きましょう 🔊 55

1. 肺（はい）
2. 操業（そうぎょう）
3. 虚偽（きょぎ）

⑱ ▶本冊 Main Text p.166

Ⅰ．読みましょう 🔊 60

1)
1. びちく
2. たくわえる
3. ちゅうしゃじょう
4. ちゅうざい
5. ちゅうにちベトナムたいし
6. ざいこ
7. そうこ
8. れいぞうこ
9. きとくけん
10. ともなって
11. はくじょうな
12. のせる
13. のって
14. いせき
15. あと
16. とる
17. せんたん
18. さいせんたん
19. きょくたんに、うすく
20. はし
21. そくし

22. がまん
23. ちゅうしゅつ
24. ちゅうせん
25. かたむいた
26. かたむける

2)
1. おろしうり、おろす
2. ちゅうりゅう
3. きせい
4. きてい
5. ばんそう
6. きはくな
7. うすれて
8. けいさい
9. そくせき
10. はすう、きさい
11. ちゅうとはんぱな
12. そくじ
13. わがくに、うばわれる
14. うばわれた、だっかん
15. りゃくだつ

Ⅱ. 書きましょう

1)
1. 卸す
2. 蓄える
3. 駐車
4. 在庫
5. 既
6. 伴走
7. 薄い
8. 搭載
9. 追跡
10. 撮る
11. 端末
12. 即座
13. 我
14. 抽象的
15. 傾向

2)
1. 卸売業
2. 備蓄

3. 既存
4. 伴い
5. 傾く

3)
1. 蓄積（ちくせき）
2. 駐留（ちゅうりゅう）
3. 希薄（きはく）
4. 記載（きさい）
5. 抽選（ちゅうせん）
6. 既存（きぞん／きそん）

Ⅲ. 聞きましょう 🔊 61
1. 乗る（のる）
2. 傾向（けいこう）
3. 後（あと）

⑲ ▶ 本冊 Main Text p.174

Ⅰ. 読みましょう 🔊 62

1)
1. うちゅう
2. すいそく
3. はかる
4. こうくうき、かんそく
5. かいほう
6. はいふ
7. ぬの、さいふ
8. こうせき
9. ぞうせん
10. ふね、うんこう
11. いしょう
12. よそおって
13. たいようけい
14. たいけい
15. けいれつ
16. ふじょう
17. ういた
18. うかべる
19. ぎょせん、うかんで
20. ほうしゃのう、そくてい
21. はなち、いる
22. ほうしゃせん

23. ちゅうしゃ
24. かたて、ほうる
25. かたほう
26. もどした

2)
1. しゅうこう
2. よそく
3. ほうそう
4. ほうき
5. つきはなす
6. びょう
7. いりょう
8. ぶそう、かいほう、なんこう
9. そうび
10. ふくそう
11. ほうち、けいとう
12. にっけい、がいしけい
13. ころもがえ、いふく、かたづける
14. はへん
15. うちゅうひこうし、もどった

Ⅱ. 書きましょう

1)
1. 航空
2. 宇宙
3. 予測
4. 放送
5. 分布
6. 10秒
7. 功績
8. 漁船
9. 衣類
10. 装置
11. 外資系
12. 浮上
13. 発射
14. 片方
15. 戻る

2)
1. 浮かび（うかび）、浮き（うき）、浮かべ（うかべ）
2. 戻り（もどり）、戻し（もどし）
3. 測り（はかり）

3)
1. 船、運航
2. 右側、測った
3. 成功、大切
4. 官房、戻る
5. 恐怖、配布
6. 宇宙、届けた

Ⅲ. 聞きましょう　🔊 63

1. 量る（はかる）
2. 駐車（ちゅうしゃ）
3. 解放（かいほう）

⑳　▶本冊 Main Text p.184

Ⅰ. 読みましょう　🔊 67

1)
1. けいばつ
2. けいむしょ
3. しゃざい
4. つみ、おかす
5. はんこう
6. はんざい、そうさ
7. そうさく
8. さがして
9. けんとう
10. けんさ
11. けんさく
12. けんしょう
13. とる
14. とらわれる
15. はんにん、つかまえる
16. たいほ
17. そしょう、ほうてい
18. とうべん
19. ごうべん
20. べんとう
21. しゅうりょう
22. かんりょう
23. ひかえて
24. こうちょうかい
25. けいじさいばん、ぼうちょう
26. ゆうよ

2)
1. けい、りょうけい
2. みんじそしょう
3. けんさつ、きゅうけい、ゆうざい、じっけい
4. ほりょ
5. けんじ、けんさつかん
6. つかまる
7. べんご、べんごし、むざい
8. りょうかい
9. てんけん、りょうしょう
10. こうじょ
11. こうそ
12. しけい、きく
13. ちょうしゅ
14. しちょうりつ
15. ちょうしゅう

Ⅱ. 書きましょう

1)
1. 刑罰
2. 犯罪、犯す
3. 訴訟
4. 捜査
5. 検証
6. 捕る
7. 逮捕
8. 法廷
9. 弁護士
10. 終了
11. 控除
12. 控える
13. 傍聴
14. 猶予

2)
1. 控訴
2. 点検
3. 捕まった
4. 罪
5. 実刑
6. 公聴会

3)
1. 検査（けんさ）
2. 検討（けんとう）
3. 答弁（とうべん）
4. 終了（しゅうりょう）
5. 捜して（さがして）
6. 捕まえる（つかまえる）

Ⅲ. 聞きましょう　🔊 68

1. 検察（けんさつ）
2. 聴衆（ちょうしゅう）
3. 捜査（そうさ）

㉑　▶本冊 Main Text p.192

Ⅰ. 読みましょう　🔊 69

1)
1. ちゅうこく
2. しょうちょう
3. いんしょう
4. さっしょう
5. そうさい
6. じんもん
7. たずねた
8. ひょうか
9. ひょうばん
10. たがいに
11. しょうさい
12. はいりょ
13. きょうはく、こうりょ
14. えんりょ
15. ほじゅう
16. じゅうでん

15

17. そくしん
18. うながす
19. とじょう
20. ようと
21. ぜんと
22. せっしょく
23. にて
24. にあう
25. ばいしんいん、ひょうぎ
26. かいしゃく

2)
1. ちゅうじつに
2. そうひょう
3. きしょうちょう、くわしい
4. あてる
5. じさつ、かくじゅう
6. おどかさない
7. そうご、めど
8. とちゅう、ころす、おどされ
9. かいはつとじょうこく、げんしょう、おびやかされて
10. ふれないで
11. ぞう、さわる、こうひょう
12. かんしょく
13. るいじ、きょうい
14. さつがい、しゃくほう
15. しと、しゃくめい

Ⅱ. 書きましょう

1)
1. 忠告
2. 対象
3. 殺す
4. 尋ねる
5. 評議
6. 互い
7. 詳しい
8. 配慮

9. 充実
10. 促す
11. 脅す
12. 途中
13. 触れる
14. 似る
15. 陪審制
16. 釈明

2)
1. 殺人
2. 促進
3. 尋問
4. 詳細
5. 解釈
6. 象

3)
1. 現象（げんしょう）
2. 相殺（そうさい）
3. 評判（ひょうばん）
4. 考慮（こうりょ）
5. 補充（ほじゅう）
6. 途上（とじょう）

Ⅲ. 聞きましょう　70
1. 訪ねる（たずねる）
2. 脅かす（おびやかす）
3. 相互（そうご）

㉒　▶本冊 Main Text p.200

Ⅰ. 読みましょう　71

1)
1. めいれい
2. しれい
3. ちんしゃ
4. だつぜい
5. だっしゅつ
6. ぬぐ
7. ぬげた
8. なか
9. ちょぞう
10. ちょきん
11. まかなった
12. ちんもく
13. だまって
14. こうしつ
15. こうきょ
16. おんしゃ
17. しもん
18. ゆうかい
19. ていさつき
20. ていさつ
21. じょうと
22. ゆずった
23. ぜつめつ
24. ほろびる
25. ほろぼす
26. はかる

2)
1. せいれい
2. ちんじゅつ
3. りだつ
4. ちゅうかい
5. なかま
6. ちょちく
7. ぞうわい
8. しゅうわい
9. もくひ
10. こうたいし
11. ほうれい、はもん
12. じょうほ
13. しょうめつ
14. きょうぼう
15. ちっそく

Ⅱ. 書きましょう

1)
1. 命令
2. 陳述
3. 脱出
4. 仲介
5. 貯金
6. 贈賄
7. 黙秘

8. 天皇
9. 恩赦
10. 指紋
11. 誘拐
12. 偵察
13. 譲歩
14. 絶滅
15. 共謀
16. 窒息

2)
1. 脱税
2. 保護、譲渡
3. 指令
4. 陳謝
5. 消滅

3)
1. 貯金
2. 誘拐

3. 指紋
4. 贈賄
5. 仲間、共謀
6. 天皇

Ⅲ. 聞きましょう 🔊 72
1. 御社（おんしゃ）
2. 皇居（こうきょ）
3. 譲歩（じょうほ）

まとめの問題の答え Answers to Review Questions

まとめの問題 1（①―③）　▶本冊 Main Text p.36

Ⅰ.
① 精進料理（しょうじんりょうり）、精神的な（せいしんてきな）
② 乾杯（かんぱい）、2杯（にはい）
③ 版画（はんが）、出版（しゅっぱん）
④ 執行部（しっこうぶ）、執着（しゅうちゃく）
⑤ 長編（ちょうへん）、短編（たんぺん）

Ⅱ.
① に、臨む（のぞむ）
② を、乾かす（かわかす）／が、乾く（かわく）
③ が、乾く（かわく）／を、乾かす（かわかす）
④ が、並んでいる（ならんでいる）
⑤ を、並べる（ならべる）
⑥ を、捨てる（すてる）／を、拾う（ひろう）
⑦ を、拾った（ひろった）
⑧ が、詰まっている（つまっている）
⑨ 致します（いたします）

Ⅲ. 🔊 7-10

① 「SUKIYAKI」
　芸術の世界では、海外から賞が贈られることがある。1964年に全米レコード協会から栄誉あるゴールデン・ディスクを贈られた「SUKIYAKI」は日本の歌で、「上を向いて歩こう」が日本語のタイトルだ。悲しくて泣く若者が、辛抱して涙がこぼれないように、星を見ながら上を向いて歩くという歌詞だ。この若者の姿は、海外の人にもわかるものだったのだろう。

② フェンシング
　オリンピックの種目にフェンシングがある。西洋の騎士たちによる剣術から始まったと言われている。演劇や映画で見るのとは違い、剣は長さや重さなどの範囲が決められている。勝負は電気信号で判定され、個人戦と団体戦が行われる。日本も才能のある選手を集め、ナショナルチームを編成し、国際経験が豊富な監督が指導している。

③ 日本文化を知る本
　日本文化を説明する本は数多くある。執筆された本の中には、日本独自の美意識や武士道の精神に着目したものがある。また、「恥の文化」などのキーワードで有名なものもある。これらは日本文化を理

解する助けになるが、著者や出版された時代によって扱う話題の取捨選択が異なる。何冊か読み比べることをすすめる。

④ お札のデザイン

お札（紙幣）のデザインには、その国の文化が反映される。日本では、表側に偉い人の肖像画が使われることがある。昔は厳しい顔をした政治家が選ばれたが、最近は教育者や小説家や医学者が選ばれている。裏側は富士山や日本銀行本店が多く、沖縄の城が使われたお札もある。偽造を防止するため、お札には様々な隠れた工夫がされているが、最近はコピー機が進歩したため、ホログラムなどの新しい技術が導入されている。

まとめの問題2（④〜⑥）　▶本冊 Main Text p.62

I．

① 国宝（こくほう）
② 食中毒（しょくちゅうどく）
③ 看板（かんばん）
④ 仮設（かせつ）
⑤ 仏教徒（ぶっきょうと）

II．

① を、敬う（うやまう）
② が、崩れる（くずれる）
③ が、倒れる（たおれる）
④ を、避ける（さける）
⑤ を、祈る（いのる）
⑥ に、悩む（なやむ）
⑦ を、兼ねる（かねる）
⑧ を、救う（すくう）

III．

① 動揺（どうよう）、揺（ゆ）
② 解除（かいじょ）、除（のぞ）
③ 寄付（きふ）、寄（よ）
④ 栄養（えいよう）、養（やしな）
⑤ 入居（にゅうきょ）、居（い）
⑥ 混雑（こんざつ）、混（ま）

IV．　🔊 17-19

① SF小説家星新一

SF短編小説の天才といわれる小説家星新一は、1,000余りの小説を執筆した。その文章は、ユーモアにあふれ、これからの世界を予見するような未来も描いている。また、ファンタジー、宗教、信仰などジャンルは幅広い。

若いころに、父の会社を継いだが、会社が倒産し、厳しい状況に直面した。その後、小説家になった。趣味で、江戸時代の看板や根付を集めていたという。

② 自然の中で美術鑑賞

四国の直島は、海と山の景観とともに芸術が鑑賞できる島として知られる。島にはいくつか美術館があるが、作品を鑑賞するだけでなく、庭でもアートを楽しむことができる。例えば、大きな石と板のオブジェが配置されていたり、200種類もの草花や木がまるで芸術作品のように植えられていたりしている。さらに、居住地にもアートを共存させ、訪れた人は、趣のある島で作品を満喫できる。

かつて、直島は公園や国際キャンプ場があり観光客でにぎわっていたが、バブル崩壊と共に観光客が減った。その後、芸術の島に生まれ変わった。

③ 岩手県山中で男性救助

18日午前6時半ごろ、岩手県花巻温泉の近くで沢を登っていた男性が、転倒して腰を打ち、動けなくなっていると消防

署に連絡があった。防災ヘリコプターが付近を捜索し、無事救助された。付近は気温が下がっていたが、幸い命に別状はなかった。

まとめの問題3 (⑦-⑧) ▶ 本冊 Main Text p.80

I.
① 強固（きょうこ）、固（かた）、固（かた）
② 緩和（かんわ）、緩（ゆる）、緩（ゆる）
③ 騒音（そうおん）、騒動（そうどう）、騒（さわ）
④ 申請（しんせい）、要請（ようせい）、請（う）
⑤ 潜在（せんざい）、潜（もぐ）、潜（ひそ）

II. 🔊 24-26

① ダイビングを始めるには
ダイビングをするには、国が与える法的な免許は必要ない。しかし、ダイビングについて何も知らずに海に潜るのは、非常に危険で恐怖をともなうことである。そこで、ダイビングを始めたい人は、指導団体の講習を受け、知識と技術を身に付けたことを認定するCカードの取得が必要である。沖縄には、多くのお勧めのダイビングスポットがあるが、東京湾や東北沿岸でもできるので、近い海から始めてみるといいかもしれない。

② リフォーム
転勤になった、家族が増え部屋が足りなくなった等の理由で、今の住宅から引っ越す必要が生じることがある。予算の問題で、希望する住宅の購入を断念する場合は、中古住宅を購入し、リフォームしてもらうことも一案だ。希望を伝えておくと、建築業者が柱を抜いたり、壁を撤去したりし、好みの間取りにリフォームしてくれる。また、畳の部屋を木の床の洋室に変えたり、耐震構造にしてもらうこともできる。ただし、事前に見積書を取っておかないと、請求金額を見て衝撃を受けることになるので気をつけたい。

③ 3月11日
2011年3月11日の東日本大震災で発生した津波で両親を失ったA子さんは、今年も命日に砂浜を訪れた。震災後、しばらくの間は落ち込む日が多かったが、匿名の手紙に元気づけられたり、同じような状況の人と会い、新しい縁を作ったりしながら、次第に明るい気持ちになってきた。この頃は、支えてくれている人達に恩返しをしようと、看護師になる勉強をしている。

まとめの問題4 (⑨-⑩) ▶ 本冊 Main Text p.98

I.
① 離党　② 激減　③ 起訴　④ 劣勢
⑤ 恋愛　⑥ 勇気　⑦ 育児

II.
① 逃走（とうそう）、逃（のが）、逃（に）
② 柔和（にゅうわ）、柔道（じゅうどう）、柔（やわ）
③ 専攻（せんこう）、侵攻（しんこう）、攻（せ）
④ 街頭（がいとう）、住宅街（じゅうたくがい）、街道（かいどう）
⑤ 迫害（はくがい）、緊迫（きんぱく）、迫（せま）

III. 🔊 31-33

① 緊張してしまうあなたへ
スピーチやプレゼンテーションなど、人前で話をする時に緊張する人がいる。話

す時間が迫ってくると、胸がドキドキし、緊張で逃げ出したくなる人もいるだろう。そのような人のために心理学者20人が執筆した『緊張しないための20の方法』という本が出版される。困っている人は、読んでみたらどうだろうか。

② 待機児童

日本では、ほとんどの子供が小学校に入る前に保育園、または幼稚園に通う。保育園と幼稚園の大きな違いは右図の通りである。共働きの家庭は保育時間が長く、預けられる年齢に幅がある保育園を選択する場合が多い。しかし、保育園が不足し、入りたいのに入れない子供（待機児童）が都市部を中心に増えている。待機児童になってしまった場合は、認可外保育所に入れる、産休の期間を延長するなどで対応をする。祖父、祖母が近くに住んでいる時は、世話を頼むこともある。

	保育園	幼稚園
年齢	0歳から小学校入学前までの乳児*や幼児	3歳になった春から小学校入学前の幼児
標準的な保育時間	7時半〜18時半頃まで	9時〜14時頃まで

③ パラリンピック

身体障害者を対象としたスポーツ大会、パラリンピック（パラ五輪）が4年に1回、オリンピック開催地で開かれる。パラリンピックでは、視覚障害者による柔道、車いすテニスなど、22競技が実施される。A君はそんなパラリンピックへの出場を目指している一人だ。彼は高校生の時に交通事故で右足を切断することに

なってしまった。両足で地面を踏めない悲しさに、事故直後は精神的に混乱していた。しかし、初めて見た車いすマラソンで、選手が限界に挑戦する勇気に感動してからは、自身もパラリンピックへの出場を目標にするようになった。現在も、周囲の励ましに感謝しながら、パラリンピックの舞台を夢見て努力を続けている。

まとめの問題5 ⑪-⑫ ▶本冊 Main Text p.116

I.

① 廃棄、はいき
② 廃止、はいし
③ 破棄、はき
④ 縮小、しゅくしょう
⑤ 撤廃、てっぱい

II. 🔊 38-41

① 双子のパンダの赤ちゃん

先月、さくら町の動物園で双子のパンダが生まれ、町は歓迎ムードに包まれている。この2頭の両親は8年前に中国から迎えたルールーとトントンだ。パンダは生後3カ月まで飼育が難しいため、動物園では24時間体制で徹底した観察を続けるという。2頭は約1年半後に母親から独り立ちをするための訓練を始め、一定期間後に中国に返還されることになっている。

② 健康づくり

血圧が高いなどの生活習慣病の予防として、体を鍛える人が増えている。トレーニングで筋肉の量を増やすと、代謝が上がって脂肪が燃焼しやすくなり、太りにくい体になる。筋トレが苦手な人には、手

軽な運動としてジョギングが人気だ。最近では速く走れるという靴の底が厚いスニーカーも登場し、話題を呼んでいる。

③ 親から子供を守れ

親が自分の子供に暴力をふるい、摘発される事件が増えている。しつけだと言って、大声で子供を怒り、暴行を加え、死亡させてしまうケースもある。専門家は、「社会と関係機関の緊密な連携が事件防止のカギだ」と指摘する。児童虐待の問題は深刻だ。過去の事件を教訓にし、子供たちを見守る体制の強化が急がれる。

④ 世界が注目　日本のギョーザ

ギョーザは小麦粉で作った生地で肉や野菜を包んで食べる中国の料理で、100年ほど前から日本の家庭でも食べられるようになった。中国では主にゆでたり、蒸したりするが、日本では焼いて食べるのが一般的だ。最近、この日本式のギョーザが海外で「Gyoza」と呼ばれ、人気を集めているという。行列が絶えない人気店のAさんは、「ギョーザは日本の食文化。日本に来たら、絶対に食べてほしい。日本のギョーザを世界中にもっと宣伝したい」と話している。

まとめの問題6（⑬—⑮）　▶本冊 Main Text p.142

I.

① 誘導、ゆうどう
② 懸念、けねん
③ 喚起、かんき
④ 抑制、よくせい
⑤ 延長、えんちょう
⑥ 柔軟、じゅうなん
⑦ 尊重、そんちょう

II.

① 妥協（だきょう）
② 約束（やくそく）
③ 干渉（かんしょう）
④ 分析（ぶんせき）
⑤ 罰金（ばっきん）
⑥ 創立（そうりつ）

III.　🔊 48-51

① 新しいタイプの富裕層

ある調査によると、純金融資産5億円以上の富裕層が増加しているそうだ。近年、ネット・インフラの普及によって、初期投資が少なくても起業できるようになってきた。次々と起業し、これらを売却することで、短期間で大きな金融資産を手にすることができる時代になったのだそうだ。

② 働き方改革

厚生労働省は、政府が掲げる「働き方改革」を実現させようとしている。具体的には、働き方の多様性を尊重し、法律を整備する、働き方・休み方の改善例を示す、非正規雇用の処遇を改善する、賃金を引き上げる、柔軟な働き方がしやすい環境を整備するなどである。柔軟な働き方には、副業・兼業を普及させる狙いもある。

副業の例　＜Aさん＞

「仕事の後、昔していた英会話講師をしています。友人の誘いで始めました。教えるのは久しぶりですが、いろいろな人に会えて楽しいです。週2回で収入は月5万程度。家賃が高いので助かります。預金も増えました。副業が認められているので、会社には感謝しています。」

③ **株主・投資家の皆様へ**

当社のホームページで、過去5年分の財務諸表（損益計算書、貸借対照表等）及び業績の推移を示した資料、よくいただくご質問等がご覧いただけます。ぜひご参照ください。

④ **AJAトラベルは、すばらしい休暇をお約束します！**

「当社では、芸術鑑賞のための講座が付いた、長期滞在プランをご用意しております。ご予約はお一人様から承ります。メールアドレスをご登録いただきますと、お知らせをお送りします。お時間に余裕がありましたら、ぜひお申込みを！」

まとめの問題7 （⑯-⑰） ▶本冊 Main Text p.160

I.

① 認知症（にんちしょう）、
　感染症（かんせんしょう）
② 遺族（いぞく）、遺言（ゆいごん）
③ 骨折（こっせつ）、骨子（こっし）
④ 併用（へいよう）、併合（へいごう）、
　合併（がっぺい）
⑤ 探索（たんさく）、模索（もさく）
⑥ 抗議（こうぎ）、抗争（こうそう）、
　対抗（たいこう）

II.

① を、秘める（ひめる）
② を、操る（あやつる）
③ を、沈める（しずめる）
④ が、沈む（しずむ）
⑤ が、折れる（おれる）／を、折る（おる）
⑥ を、折る（おる）／が、折れる（おれる）

III. 🔊 56-59

① **秘湯**

秘湯とは、人にあまり知られていない温泉のことだ。秘湯の中には、サルの群れが入浴するものや、お湯を飲むことで胃などの内臓の働きが良くなるものもある。だいたいは、鉄道の駅やバス停から離れた場所にある。宿で豊富なお湯に体を沈め、肩の力を抜き、土地の料理を楽しむというのは貴重なひとときだ。

② **駅弁**

旅の楽しみの一つに駅弁がある。駅弁には、地元の畑や海で採れた食材が使われているので、旅情が感じられる。冷めてもおいしいように、味は少し濃いことが多い。以前は駅のホームに売り歩く人がいて、短い停車時間に買うことができた。最近は、そうしたサービスが減り、乗車する前に駅の売店で並んで買うのが普通だ。

③ **健康で長生き**

江戸から明治にかけて、日本にも西洋医学が導入された。国内でも寄生虫や細菌の研究が行われ、公衆衛生が改善された。薬や遺伝子の研究が発展するとともに、塩分を減らしたり、禁煙したりするなど、個人の生活習慣の改善も進んでいる。その結果、日本人の平均寿命は長くなった。一方で、介護が必要な高齢者は増加しており、新しい福祉政策が模索されている。

④ **美容**

美容とは、顔や髪の毛、肌などを美しく整えることとされ、インターネットで「美容」と入力すると、体操やヨガ、さらには食品まで大量の情報が出てくる。皮膚に使う液体だけでも、美容液、乳液など各種あるそうだ。知識が浅い多くの男性には違いが全くわからないだろう。

まとめの問題 8 (⑱—⑲) ▶ 本冊 Main Text p.178

I.
① 掲載、けいさい
② 測定、そくてい
③ 撮影、さつえい
④ 略奪、りゃくだつ
⑤ 備蓄、びちく
⑥ 希薄、きはく

II.
① 駐車（ちゅうしゃ）、駐在（ちゅうざい）
② 追跡（ついせき）、遺跡（いせき）
③ 極端（きょくたん）、端数（はすう）
④ 難航（なんこう）、就航（しゅうこう）
⑤ 分布（ぶんぷ）、配布（はいふ）

III.
① 外資系（がいしけい）
② 既得権（きとくけん）
③ 最先端（さいせんたん）
④ 放射線（ほうしゃせん）
⑤ 卸売業（おろしうりぎょう）

IV. 🔊 64-66

① AIタクシーで売上増加
　少子高齢化に伴い、タクシー業界も人材不足の傾向にある。最近は、タクシーにAI（人工知能）装置が搭載され始めた。この装置は過去の営業データや天候の情報を総合的に判断し、乗車が集中する場所や時間を予測してくれる。AIの導入により、経験の少ない新人ドライバーでも、車庫を出てから戻るまでの間、効率よく売り上げを上げて成功している。

② 人工知能と人間の対局
　将棋の対局で、一方にロボットがいるのを見ても驚かなくなった。人工知能は、人間の対局の数え切れない蓄積の中から、即座に適切な手を抽出する。2017年に功績のある棋士が敗北する様子が放送されたが、相手のロボットが薄情に見えたものだ。我々人間がAIから勝利を奪還する日は来るのだろうか。

③ 宇宙旅行の募集開始
　従来、観測調査や実験が目的だった宇宙科学技術が一般にも活用される時代になった。米国の民間宇宙船スペースシップによる宇宙旅行の募集が開始された。民間人の太陽系の観光の実現も秒読みの段階で、普通の人々が宇宙を訪れた足跡を残す日もそれほど遠くない。

まとめの問題 9 (⑳—㉒) ▶ 本冊 Main Text p.204

I.
① 殺害、さつがい
② 脅迫、きょうはく
③ 譲渡、じょうと
④ 逮捕、たいほ
⑤ 謝罪、しゃざい
⑥ 完了、かんりょう
⑦ 沈黙、ちんもく
⑧ 類似、るいじ

II.
① 刑事 l 訴訟 l 法（けいじそしょうほう）
② 弁護 l 士（べんごし）
③ 視聴 l 率（しちょうりつ）
④ 執行 l 猶予（しっこうゆうよ）
⑤ 気象 l 庁（きしょうちょう）
⑥ 開発 l 途上 l 国（かいはつとじょうこく）

III. 🔊 73-76

① 新天皇即位
　2016年に天皇が国民に向けたビデオメッセージを発表し、高齢のため、憲法に定められた「象徴の務めを果たしていくことが、難しくなるのではないか」と

述べた。2017年に退位を認める法律が成立し、2019年に天皇は皇太子に位を譲った。2019年4月までは平成31年だったが、新天皇の即位に伴い、5月からは令和元年になった。他の国を見ると、カンボジアでは2004年に国王が退位を表明。首相らによる評議会が新国王を選んだ。

② 裁判員脅迫事件、有罪判決

昨年福岡地方裁判所で暴力団幹部の殺人未遂事件の裁判員裁判が行われた。その際、この幹部の知り合いの元暴力団員ら2人が、裁判所の外で裁判員に対して「顔は覚えている」などと声をかけて、脅した。2人は裁判員法違反で逮捕され、その判決公判が、1月6日にあった。裁判長は被告人Aに懲役9カ月、執行猶予3年（求刑・懲役1年）、被告人Bに懲役1年、執行猶予3年（同）を言い渡した。

③ ゆるキャラ

ゆるキャラは「緩いマスコットキャラクター」を省略した言葉だ。多くのゆるキャラは、地方自治体や地域の催しに着ぐるみ姿で登場し、参加者と触れ合ったり、特産品の販売を促進したりして、評価を得ている。2000年頃から脱力系のキャラクターが評判を呼ぶようになった。その後毎年「ゆるキャラグランプリ」が開催されている。

④ カワウソ生息情報

日本全国に生息していたニホンカワウソは、1979年以降目撃例がなく、絶滅したとされていた。ところが、2017年に長崎県対馬市でカワウソが撮影され、話題になった。しかし、遺伝子を詳しく解析した結果、類似する別の種類であることがわかった。韓国沿岸から対馬に流れついた可能性がある。